本书由
山东青年政治学院第九届学术专著出版基金
资助出版

山东青年政治学院
SHANDONG YOUTH UNIVERSITY OF POLITICAL SCIENCE

主持人节目受众审美经验研究

尹 航 著

中国社会科学出版社

图书在版编目（CIP）数据

主持人节目受众审美经验研究／尹航著.—北京：中国社会科学出版社，
2022.1

ISBN 978 – 7 – 5203 – 9474 – 1

Ⅰ.①主…　Ⅱ.①尹…　Ⅲ.①节目—受众—审美分析—研究　Ⅳ.①G222

中国版本图书馆 CIP 数据核字（2021）第 273720 号

出 版 人　赵剑英
责任编辑　彭莎莉
责任校对　李　惠
责任印制　张雪娇

出　　　版　中国社会科学出版社
社　　　址　北京鼓楼西大街甲 158 号
邮　　　编　100720
网　　　址　http://www.csspw.cn
发 行 部　010 – 84083685
门 市 部　010 – 84029450
经　　　销　新华书店及其他书店

印　　　刷　北京明恒达印务有限公司
装　　　订　廊坊市广阳区广增装订厂
版　　　次　2022 年 1 月第 1 版
印　　　次　2022 年 1 月第 1 次印刷

开　　　本　710 × 1000　1/16
印　　　张　17.5
插　　　页　2
字　　　数　238 千字
定　　　价　118.00 元

序　言

　　屈指算来，认识尹航已有近 20 年之久。刚见她那会儿，她还是个稚气满满且朝气蓬勃的大学生，如今已成为一名堂堂的大学教授了。经多年交往，尹航给我最深的感受，除了她气质上的文雅恬静，就是她对学问的执著和孜孜不倦地追求了。她的长辈家人多次和我说过，尹航读书写作忙起来不要命，吃饭叫好几次，还经常熬夜。可见她做学问真到了"废寝忘食"的地步。后来，我还进一步发现，尹航做学问时的认真刻苦，不只是为了应对某种外来的任务要求，而是一种发自内心深处的热情，即对于学问本身的痴迷和对于真知的渴望。她对学问能如此心往神驰而又忘情其中，主要还是受了她天性中自发求知欲的推动，这或许就是古希腊先哲们所说的"爱智慧"吧。尹航始终坚守轻功利的学术品性，好似有些不合时宜，但实际上却正显示出她的难能可贵之处。我觉得，正是这一品性造就了她学术研究上的两个优点：一是不随风逐潮赶时髦，选定的研究论题必与自己的学术旨趣相合，即使是极有现实性的热点问题也要被自己的旨趣同化后，才能得到自己的关注；二是不人云亦云轻信盲从，凡有结论和观点全经自己的思考来确定，即使再权威的理论也不盲目搬用，而是经过自己头脑仔细过滤后再决定对它的用废取舍。这种既讲独立自主又能广集博采并力图创新的学术品性，在她这本即将付梓的新著《主持人节目受众审美经验研究》

中，得到了集中的体现和印证。

鉴别一部学术著作的首要指标是看它有无创造性。说实话，尹航的这本新书讨论的话题并不新，"主持人节目"都是大众司空见惯、极为熟悉的东西，也是电视学术界一直普遍关注的问题。但她研究这个问题的视角和切入点是新的，她借鉴运用的理论和方法是新的，她提出的一些论点和结论是新的。她这叫"老题新做"，若能有所出新，实属不易。

首先，以往相关研究大多聚焦在主持人及其主持活动上，即使有注意到受众，也多从节目收视率的提高乃至如何抓住观众的"眼球"入手。这种研究很有实用价值，但可能缺乏人文高度。尹航的这本书在以往研究的基础上，别出心裁地将研究触角探及了一个以往相关研究很少注意却又极为重要的问题，从而开出了"主持人节目"研究的新领域，这就是"受众审美经验"问题。从美学的角度研究主持人节目已不少见，但从美学的角度研究主持人节目受众审美经验，这本书可能是第一个。"审美经验"属现代美学的核心概念之一，如何定义和理解这个概念，在现代美学研究中一直争议不断。尹航不惮烦难，经过梳理、辨析进而重新界定了这一概念之后，将其用于"受众审美经验"的研究中。很明显，这一研究课题难度大，意义也重大。它在理论上真正赋予了主持人节目中受众与主持人同等的主体地位，强化了主持人节目实践活动中往往被忽略的审美和人文取向，同时，也确实开出了主持人节目人文学研究的新空间。

其次，从研究方法看，以往研究大多偏于实证，将主持人节目作为一种纯客观的物件进行观察、调查、统计，由此得出某些结论。这种研究方法可称为"主客二分"的方法，其长处是比较切实确定，短处是可能使研究停留在对象的表层而缺乏理论深度。尹航这部新著显示出一种与以往研究完全不同的新方法，即"主体间性"的方法。这种方法与主客二分的方法的主要区别可简要概括如下：一是逻辑原点不同，主客二分起源于一种主体与客体关联的认识发生论，主体间性起源于一种主体与主体互动的人际交往论；二是意向对象不同，主客二分意向上把研究对象视为一种客观现象，主体间性意向上把研究对象视为一种人文现象；三是致思方式不同，主客二分侧重探知客体自身的规律性，主体间性侧重澄明主体之间的交互性；四是表达手段不同，主客二分侧重于对客体规律的验证和说明，主体间性侧重于对主体关系的阐释和理解。一般来说，主客二分的方法适用于自然科学的研究，主体间性的方法适用于人文学科的研究。主持人节目的研究大致属于处于自然科学与人文学科之间的社会科学，在方法论上似应将主客二分与主体间性结合起来为佳。因为，只有这种方法论才有可能将研究对象表层的自然因素与深层的人文因素完美地融合起来。尹航的专著为此领域的研究提供了一种主体间性新方法的尝试，而且，在我看来，这种尝试还是基本成功的，这就为该研究领域方法论的构建起到了拾遗补缺的重要作用，有益于推动该研究领域的理论水准和人文指向的进一步提升和深化。

再次，本书中提出的某些具体观点和理念也有明显的创新意义，例如：主持人传播话语内外"双重文本"的概念以及由双重文本引发双向传播活动的观点，主持人节目实质上是以信息为中介而进行的主持人与受众之间的主体间性的交流和构建的论断，与主持人节目从信息传播形式向审美经验形式的转化相对应在受众那里也发生了由信息接收主体到审美构建主体转变的论述，在受众审美主体的审美知觉意向的三重维度中"人—人"维度居核心地位的观点，受众审美经验的建构体现为四个向度（向上、向美、向优、向善）和三个层次（对话层、商谈层、责任层）的观点，等等，恕不一一列举。其中，有些观点及论述虽在论证推理和说服力方面尚有待完善，但总的来说，都有其独到之处，读来令人耳目一新。

从创新性的标准看，尹航的这本书确实达到了视角新、方法新、观点新，堪称名副其实的"新著"了。而且尹航的创新不是无凭借的创新，也不是无目标的创新。她素朴本色的学术品格决定了她的创新是有所据，有所为的。她在书里提出的新观点、运用的新理论和新方法，无不是在借鉴和吸取前人有关研究成果的基础上加以发挥的，并且无不指向她的研究对象在实践和理论中所表现出的问题。当然，这本书绝非完美，还不免存在这样那样的不足，问世后有待专家学者的评论使之得到修正和改进。现在我先提出一点供参考，这本书主要讲广播、电视的主持人节目，对当下大兴的自媒体主持人节目虽稍有提及，但未做深入阐述及与广播、电视比较，这不能不说是一个缺失。也许作者尚有后续研究计划，可能将在以后的著述中对自媒体主持人节目做出专门探讨。

尹航教授还很年轻，在学术界属青年才俊一辈，以后要走的路很长。她这部新著所取得的出色成果，既证实了她已有的学术实力，也预示着她内含的学术潜力和后劲。相信她坚守的求真创新的学术精神会继续和持续地给她带来更出色的研究成果。让我们殷切期待！

王汶成

2020 年 5 月 12 日

目　　录

前　言

　　主持人节目是当今大众传播的一种广受青睐的、独特而重要的实现形式。节目主持传播活动，就其本质来看，归属于一般的信息传播活动，但从实现形式来讲，传播主体与受众之间鲜明的交互主体性与审美价值导向性，又使之明显区别于传统的非主持人节目，更在若干条件与特定时刻下，能够超越纯粹的信息传播活动，而促发受众在信息接受过程中审美经验的生成。尤其是在大众传播（主要是以广播、电视、网络为实现形式的视听化的大众传播）已成为人们认知世界的重要方式、主持人节目成为广受欢迎的传播形式、广大受众审美意识日益强烈的今天，这种审美经验一经产生，便愈加活跃，成为当前崭新的时代背景下一种新生的、重要的且不可忽略的美学现象。它跨越文艺美学、新闻传播学及播音主持艺术学等多个学科领域，既扎根于传统美学的土壤，又渗透着多元、新生的社会审美心理，表现出强烈的特殊性与复杂性，是人类审美经验在新的社会历史条件下的一大新发展，值得加以深入地研究。

　　在这个意义上，我们需要尝试在跨学科的视域中就节目主持人对其受众审美经验的建构及这一建构活动下节目受众审美经验的特点加以系统考察。具体而言，即一方面重点研究节目主持传播活动中受众的审美经验，在新的时代背景与社会环境之下充实文艺美学界对人类审美经验的既有认知；另一方面，将侧重于实践操作层面的受众传播效果研究，深入到美学理论层面的审美经验范畴系统全面地加以推进，从文艺美学的视角深化认识。也就是说，将美学、文艺学和新闻传播学、播音主持艺术学进行更加紧密的结合，促成双向拓展。一方面，以美学领域的审美经验理论深化与丰富大众传播理论和节目主持艺术理论的深度与视野；另一方面，在新的社会背景下对审美经验这一重要的文艺美学研究范畴做内涵的扩展与外延的丰富。

但也许是由于节目主持传播活动的信息传播本质及其在当下消费社会语境中的娱乐化追求态势，主持人节目信息接受的受众审美经验层面却很少得到文艺美学界的关注，而仅仅在新闻传播学与播音主持艺术学领域做浅层的探讨。目前，相关研究大致集中于以下三个方面：一是借鉴一定的文艺美学研究方法和观点，剖析主持人节目传播与接受的审美特性、其对受众的审美价值导向和受众信息接受活动的审美倾向。二是从文艺美学的视角出发，探究主持人节目的各种美学元素及审美特质，重点分析受众所观照的审美对象。三是聚焦节目主持人的审美素养、文化底蕴和审美影响能力，专门研究受众审美经验中审美对象的形成因素。但目前的成果对这一新时期传媒语境下的崭新审美现象的研究，存在以下局限：其一，理论性相对较弱。多数研究仅着眼于节目主持艺术的技巧性层面，较少理论性剖析而多鉴赏性分析，也就无法从根本上理性地认识这一现象。其二，缺乏严密的系统性，尚未形成完备的体系，过多关注受众审美经验活动中的审美对象及其生成因素，对审美主体（受众）及其与审美对象的交互作用关注很少，这就无法全面、准确地把握这一现象的基本原理和规律。其三，大多数研究仅是播音主持艺术学论者借鉴文艺美学的观点来思考相关问题，罕有美学、文艺学领域的学者从自己的学科视野出发，自觉以节目主持传播活动过程中受众的审美经验活动为直接对象来研究，尚未对这一新兴且日益重要的审美经验现象表现出足够的关注。而在少量借鉴文艺美学观点或美学研究方法来探讨相关问题的研究中，也往往浅尝辄止而没有触及审美经验的学理核心，这就无法看到这一新生现象所蕴含的丰富、深刻的美学内涵。

而本书正是针对当前研究"关注少、理论弱、不系统、深度浅"的不足，尝试将关于主持人节目受众审美经验的学术探讨推进一步。目的在于充分认识这一独特审美经验的重要性，以此为基础，首先，将研究的侧重点从主持艺术技巧对受众影响的感性层面，转移至主持人节目信息传受结构对受众信息接受的作用，重在理性地剖析受众审美经验的生成与形态；其次，以系统性的观照来审视研究对象，深入研究这一审美经验中的审美主体、审美对象及其之间的意向性关联，为此种审美经验的研究建立较为完备的研究体系；最后，将思考的触角探入人类文化与哲学层面，来更加深入地理解主持人节目受众审美经验的根本属性与核心特征。从而促进学界对这一新生的审美经验活动更加准确、深入与细致的把握。

为达到上述研究目标，本书从文艺美学审美经验的视角切入作为大众传播活动重要形式之一的节目主持传播活动，具体考察、分析并研究主持人节目的信息传受结构特点所引发的受众审美经验的生成以及此种审美经验的基本性质、特点与节目主持人的审美素养对其的具体建构。内容包括以下四大部分。

第一章重点研究主持人节目信息传受结构。结合当前大众传播语境下节目主持传播活动的本质内涵与基本特征，剖析主持人节目的信息传受结构。由节目主持传播活动的"对话交谈式"传播方式及其传播主体与传播受众的身份定位，剖析主持人节目信息传受结构的独特性，总结出其与一般大众传播形式有别的信息传受模式。第一节在概略式回顾主持人节目诞生历史的基础上，重点考察主持人节目信息传播的话语文本，首先对其话语要素——信息传播者

（主持人）、信息接受者（受众）及信息内容——进行界定，描述主持人节目信息传播的话语特征并分析其话语独特的内、外双层文本。第二节深入信息传受层面，通过将主持人节目与非主持人节目的信息传受结构作对比，得出前者所独具的双层双向性，揭示其与非主持人节目"信息—受众"传受结构模式相区别的"主持人—信息—受众"交互主体结构模式。第三节聚焦这一交互主体性结构，分别结合内、外双层文本，且深入到主体间性哲学、美学层面探讨了其生成机制并深度剖析其在哲学、美学层面的意义和社会现实价值。

第二章重点研究主持人节目受众审美经验的生成。第一节以上述主持人节目信息传受结构的主体间性特征为基础，研究其受众在信息接受过程中产生审美经验何以可能。第二节在此前提下界定了主持人节目受众审美经验的审美主体与审美对象，探讨了受众在主持人节目的信息接受中成为审美主体的条件限定，并分析了主持人节目中可被受众作为审美对象的对象范围。第三节和第四节从现象学、美学的视角出发，对这种审美经验的审美知觉意向性及其结构加以分析与分类并由此指出主持人的审美素养在对受众审美经验构成中的决定作用与中心地位。为下面两章分别研究主持人审美素养在内、外两个文本层级建构受众审美经验做了理论的指引与奠基。

第三章与第四章从主持人节目信息传受结构双层双向性的特点出发，分别从主持人节目传播话语的内、外两个文本层级展开研究。

第三章重点研究主持人节目内文本受众审美经验的建构。在其中，特别强调节目主持传播活动的主体——主持人审美素养在类人际化的对话交谈情境中对受众审美经验的建构。在此基础上，这一部分主要立足于主持人节目传播话语形态的内文本，从主持人的审美态度（第一节）、审美能力（第二节）、审美趣味（第三节）和人文关怀意识（第四节）四大方面入手，研究主持人节目受众审美经验在内文本层面的生成及体系。

第四章重点研究主持人节目外文本受众审美经验的建构。主要立足于主持人节目传播话语形态的外文本，不仅从主持人的审美态度、审美能力、审美趣味、人文关怀意识方面分析受众审美经验的建构（第一节），更立足话语形态外文本的基本特点，分析这种审美经验的基本性质和特点（第二节），并将对受众审美经验的研究延伸至对主持人节目在当今社会的美育功能的研究，剖析受众此种独特的审美经验对当前视听化媒体借助节目形式进行大众审美教育的积极影响及可操作性（第三节）。

四章具有严密的逻辑关系，成为整体。采取"总—分"的思路，首先从主持人节目所属的大众信息传播属性出发，深入挖掘其中的信息传受结构及建基其上的信息传播主体与信息传播对象的内在联系，为研究主持人节目受众审美经验的生成与特点做好学理上的剖析与逻辑上的辅垫（第一章）。在此基础上，进入本书的研究对象——主持人节目受众审美经验本身的探讨，先由作为前提的主持人节目信息传受结构的特点，分析这种审美经验的产生何以可能，再对这一经验的内在结构进行细致的解剖，分别从审美主体、审美对象及二者之间产生的意向性关联来描述并阐释其审美经验内在结构，并明确区分出这一结构的多元层次（第二章）。随后，沿着主持人节目话语文本的内、外两层分别开展研究，从内文本层面和外文本层面，细致观照这一审美经验的发生、进行与效果、意义（第三、第四章）。

在这样的逻辑体系架构下，本书的主要观点如下：

节目主持传播活动，是经由广播、电视、网络视频等媒介，以主持人节目的具体形态所实现的大众信息传播活动。主持人节目，指由主持人引导、运用交谈方式进行双向传播的节目结构形态。

"交谈式"使主持人节目的传播话语产生了双重文本:"内文本"是主持人朝内对节目信息本身内容与进程的引导与组织而生成的话语文本;"外文本"是主持人从节目信息内部跳脱出来,直接向广大受众发话,以实现信息实际传播而生成的话语文本。由内、外文本组合而成的传播话语,使主持人节目与一般的大众传播形式相比,推出"主持人"这一活生生的具体人作为传播行为的实现者,同时将原本隐没于信息传播语境的作为接受者的受众引向了话语的前台,实现的是更加类似于人际传播、具备一定双向互动特征的传播活动。这样,双层的话语文本产生了双向的传播活动:受众已然不再隐没于传播话语的暗处,而是存在于主持人的潜在对话场域中。主持人在行使话语权利的同时,也必然于心中预设着与之对话的受众,仿佛交谈中自己的每一句话语都会迎来受众的回应,而受众也会在每一句话语信息的接受中感到主持人对自己的话语指向,会时时产生与主持人对话的虚拟情景以及与后者展开交谈的无形欲望。由此,主持人节目的内在信息结构,就由非主持人节目的"信息—受众",而转变成"主持人—信息—受众"。表面上进行的是信息的播出与接收活动,实质上是以信息为中介而进行的主持人与受众之间的主体间性交流与沟通。在这里,由于主持人与受众的关联离不开节目的实现方式——对话、交谈,所以两者永远处于现象学意向性意义上的关系当中,建立起马丁·布伯哲学意义中的以"之间"为根基的"我—你"关系,而这恰恰是一种相互依存、绝然不可分离的主体间性关系,追求的是平等对话氛围的营造与和谐共生关系的缔结。更进一步,这种主持人与受众之间的主体间性关系有着十分深远的社会意义。它一方面处处渗透着哈贝马斯哲学中的"交往理性",折射着人与人和谐理想的交往状态,促进着个体之间的沟通与调解,另一方面也是列维纳斯"绝对他者"责任关系的体现,在频繁的收听与观看经验中潜移默化地转化为一股无形的影响与感染力量，在一种责任关怀意识的养成中将社会导向一种理想和谐的状态。

上述信息传受结构的复杂性、信息传播话语的特殊性以及传受主体类人际传播的交往对话性，内在地将主持人节目由一种信息传播形式向审美经验形式转化。具体而言，随着从功利态度向审美态度的转换、从信息接收向审美经验的转变、从客观认知向情感体验的转化、从被动接受到参与共享的转向，受众对信息的接收活动转化为审美经验活动得以可能。当受众在信息接受过程中达到了超越认识活动与感官享受的功利目的，而达到将理性思考与感性体验高度融合的精神状态时，便成为了审美主体，与主持人节目中作为审美对象的"信息本身之美""传播行为之美"和"传受关系之美"发生着审美知觉意向性关系（这种关系是与单纯的信息接受活动中的一般意识意向性根本区别的），从而进行着审美经验活动。由节目传播话语的双重文本所决定，这里的审美知觉意向性具有三重向度，分别是内文本层面的"人—物"向度、外文本层面的"人—关系"向度和内/外文本交汇处的"人—人"向度。其中，"人—人"向度的审美知觉意向性处在三重结构的中心地位，表明了主持人的人格形象在主持人节目受众审美经验当中所起到的核心作用。而受众的审美经验，就是由主持人的人格形象与审美素养在节目的内、外文本分别具体建立起来的。

分别来看，主持人审美素养对节目内文本受众审美经验的建构由四部分组成：其一，是主持人的审美态度对受众审美经验的建构，即主持人超越日常生活的利害关系，以纯粹的眼光和豁达的心胸来描述、解读世界，促生了受众的审美态度，引领其进入审美经验世界。其二，是主持人审美能力对受众审美经验的建构，即主持人以自身的审美接受力、欣赏力、创造力与表现力，丰富、深化与提升受众的审美体验。其三，是主持人审美趣味对受众审美经验的建构，即主持人在节目中所建构的公共话语空间，追求体现美与美感三层一体的较高的审美趣味，以此提升受众的审美品位与精神境界。其四，是主持人的人文关怀对受众审美经验的建构，即主持人在节目中关注人、关心人、尊重人并爱护人，与节目内的人形成互敬、互动、互爱的和谐关系，从而在受众的关注中形成审美知觉意向对"真、善、美"统一体的指向，进而潜移默化地影响受众形成设身处地与他人协调和睦交往相处的人文关怀习惯和行为模式。

当主持人的审美态度、审美能力、审美趣味和人文关怀四大审美素养，从向内面向节目信息文本世界进行信息话语的审美化，转而向外面对大众传播语境当中的受众发起审美化的对话交往时，便发生了对外文本受众审美经验的建构。这体现为朝向受众的主持人审美态度及其所建构的"引人向上"的传受关系之美、朝向受众的主持人审美能力及其所建构的"引人向美"的传受关系之美、朝向受众的主持人审美趣味及其所建构的"引人向优"的传受关系之美以及朝向受众的主持人人文关怀及其所建构的"引人向善"的传受关系之美。与内文本不同，由于"交谈"这一话语传播方式的存在，外文本层面的受众审美经验体现出直接呈现性、与己相关性、理想融洽性等特点，又由于外文本层面上主持人与受众主体间性关系的多重内涵，可以区分出对话层、商谈层和责任层三大层次。在此基础上，主持人节目外文本受众审美经验的美育功能便体现了出来。分别体现在受众审美经验中主持人审美素养对受众的审美引导、审美传授、价值建构与境界提升功能。这充分展示了主持人节目审美经验的强大感染力与感召力，也彰显了主持人节目的时代意义与现实价值。

由此，本书欲在理论研究上实现三方面的创新与突破：

第一，是审美经验研究对象的扩展。以主持人节目受众信息接受为崭新的对象来研究人类审美经验，在新的历史背景下拓展审美经验研究对象的原有疆界。

第二，是研究视角的创新。从文艺美学角度来观照大众传播活动中主持人节目受众的信息接受，上升至美学层面研究其审美经验的生成与建构；又通过传播学视角，对大众传播语境下的审美经验加以审视与研讨，扩展了审美经验研究的对象范围，为审美经验的研究注入崭新的时代气息。

第三，是研究观点的突破。首先，相比于以往的相关研究，厘清了主持人节目与非主持人节目在传播学意义上信息传受结构的差异，首次从话语文本的理论层面找到了主持人节目独特性的本质所在。其次，在主持人节目主体间性的信息传受结构上，找到了受众由一般信息接收的功利性转变为主持人节目信息接收的非功利性、形象性与情感性等特点，开创性地系统梳理出主持人节目受众审美经验得以可能的五大条件。在此基础上，首次系统地研究了节目主持传播活动的主体——主持人及其自身的审美素养以节目的交谈话语情境为中介对受众审美经验的建构。最后，将主持人节目看作信息化时代的一种重要的面向社会的美育手段，看到了主持人节目受众的审美经验与美育之间必然的逻辑关联，并对其审美教育的功能进行了归类分析。这在当今学界也是一大突破。

在实践层面，本书所提出的观点对节目主持传播活动或将具有指导意义。如上所述，从学理上讲，主持人的审美素养对节目受众审美经验的建构具有极其重要的作用，而优秀的节目主持人也在长期的实践中验证了这一作用。但由于复杂的社会、时代因素，我们也不可否认当前的主持人队伍存在着较为严重的良莠不齐现象。这突出表现在以下几个方面：

有的节目主持人表现肤浅，没有内涵和深度，片面追求声音的动听、语言的华丽和外形的美观。其审美素养仅仅停留在形式表象而没有深入到审美活动的肌理，无法在心灵的层面与受众进行内在的共鸣，较少达成传受双方的精神交流，也就无法将美育的本质内涵实施于受众。

有的节目主持人缺少自觉的审美发现意识和生活情趣，无法超脱于功利性的生活表象而挖掘出生存本身的美妙。这也就无法引导受众站在审美的角度看待世界与人生，更无法以此为前提培养受众的审美能力、提升其审美趣味和理想、塑成其人文关怀的境界与胸襟。

有的节目主持人审美鉴赏能力不强。无法用丰富深入的审美感受、活脱跳跃的审美想象、细腻强烈的审美情感和深刻浓郁的审美领悟扩展和深化受众的美感世界，也就不能很好地影响受众的审美心理且对受众的审美能力的提高起到示范和表率作用。

有的节目主持人趣味不雅、格调不高，缺失向上的审美理想。为了片面追求收视率和受众缘，一味迎合大众的猎奇心理，甚至在语言、思想方面盲目媚俗，使节目的快感膨胀而美感丧失。这种对受众只管俯就而不讲提升的做法，自然难以实现主持人审美素养的美育功能。

还有的节目主持人对自身定位不准，自恃清高，造成人文关怀的缺失。特别是在一些广播情感类热线服务节目和竞赛类真人秀节目中，面对求助听众的疑难问题和参与选手的临场表现，往往自以为是、自视清高，甚至大加呵斥、讽刺挖苦，无视对方的人格和尊严，造成恶劣影响。

本书通过研究，深入分析了何为"美的信息"以及主持人的审美素养作为审美对象在审美经验结构中对广大受众（审美主体）的深广影响，进而揭示出节目主持传播活动的美育功能，启迪"美的信息"的传播、建构主持人的审美自觉意识，增强主持人的社会责任感。这对反思当前节目主持人队伍普遍存在的相关问题，提升主持人队伍的整体素质与社会形象，提高节目主持传播活动的质量和水平，推进我国传媒事业的发展与大众传播语境下人民精神素养的提升，或将起到启发和指导作用。

第 一 章

主持人节目信息传受结构

主持人节目受众的审美经验肇始于其从节目中获取信息的具体方式，而这又取决于该类节目的信息传受结构。主持人独特的对话、交流式传播话语，使主持人节目的信息传受超越了各类非主持人节目单一的"信息—受众"结构，而具有了崭新的"主持人—信息—受众"结构。主持人作为一个具体人的元素加入到信息传播渠道中来，使传播活动具有了鲜明的主体间性色彩，使受众在信息接受的过程中获得了焕然一新的感受，从而为其审美经验的生成打开了通路。

第一节 主持人节目信息传播的话语文本

节目主持传播活动，是经由广播、电视、网络视频等媒介，以主持人节目的具体形态所进行的大众信息传播活动。其中，"主持人节目"指"由主持人引导、运用交谈方式进行双向传播的节目结构形态"[1]。相比于其他节目形态，主持人节目在信息传播的内在结构与实现方式上具有十分鲜明的独特性，广为受众所接受并喜爱，已发展成为当前广播、电视、网络信息传播的一种重要形式。

---

① 陆锡初：《中国主持人节目学》，中国广播电视出版社 2014 年版，第 1 页。

在诸种视听化大众信息传播渠道中，"节目"概念久已有之，它是广播、电视、网络信息传播的基本信息单元。如果说一般意义上的节目仅局限于视听化传媒渠道实现其大众传播行为的一种普遍方式、一种信息传达的外在表现形式，那么，"主持人节目"是一定历史阶段的产物，它孕育于人类崭新的社会文化土壤，回应于崭新的时代需求，生存于崭新的传媒环境。

在众多分析主持人节目诞生背景的论著与文章中，刘云丹编著的《主持艺术概论》的论述可谓比较全面。根据该书的观点，在主持人节目诞生较早的西方，20 世纪（特别是第二次世界大战之后）的文化重建对回归人文主义与人道主义的深层诉求、信息增值对多元化传播形态的形式需求、新兴的传播学及相关崭新学科对受众接受心理的科学探索、广电传媒竞争机制对传播形式推陈出新的紧迫要求以及传播手段日益现代化、先进化所能提供的技术保障，无不是催生此一新型传播方式产生的时代因素。[①] 而其中最重要的，是社会重建时代对人文主义与人道主义回归的迫切要求。一种能够体现人性、人格、人情且形态多元、更易被受众接受的传播方式呼之欲出，主持人节目应运而生。无论是 1928 年在荷兰对外广播开播的《快乐的电台》将包罗万象的节目内容以主持人专题串联的形式加以展示，还是 1948 年于美国出现的电视综艺节目《明星剧场》和《城中大受欢迎的人》（它们分别被认为是西方广播传媒与电视传媒史上最早的主持人节目[②]），通过主持人机智风趣的串联来调节节目，都是对上述要求的有力呼应。

而在中国，"文化大革命"之后改革开放的时代新气象也催生了崭新的社会文化环境与信息传播语境，严肃、生硬、高高在上的

---

① 参见刘云丹编著《主持艺术概论》，中国电影出版社 2009 年版，第 1—8 页。
② 参见刘云丹编著《主持艺术概论》，中国电影出版社 2009 年版，第 8、11 页。

宣传话语急需向更加亲和、生动、多元的传播话语转变，来缓解长久以来政治高压下的紧张氛围，建立宽松、开放的文化环境，同时挖掘大众传播在政令信息宣讲之外的多种功能。与此同时，在日渐频繁的中西文化交流中，国外先进的传播学等学科思想被引入国内，令国人更加深化了对传播规律的认识。[①] 再加上计划经济向市场经济的转变，也促使广播电视的信息传播者更加注重考虑受众一方的接受心理与实际需求，从而提高节目的受欢迎程度，在日益激烈的竞争环境中得以生存并持续发展。在此背景下，无论是广播节目中成功尝试以亲和、平易的个性化"朋友式"口吻播送的《空中之友》，还是电视节目中出现的以老师的形象串联赛场的《北京中学生智力竞赛》，以及首次以主持人作为节目传播者身份冠名的《观察与思考》，都受到了当时大众的热烈欢迎。尽管三者之中谁为中国主持人节目之"第一个"尚存在学界的普遍争论，[②] 但显而易见的是，它们无不体现着上述节目形态革新的时代文化诉求。

　　主持人节目这一新型的大众信息传播方式自诞生以来，产生了良好的传播效果。无论是西方国家还是中国，主持人节目经过不断发展，逐渐成为了广受大众欢迎的一种传播形态，也日渐成为当今广播电视传媒受众接受信息的一种极其重要的形态来源。

　　本书无意从"史"的角度出发来整理、撰写主持人节目的诞生、发展历程。上面对主持人节目诞生情况的回顾，是为了找到其与传统的非主持人节目类型的区别以及前者相较于后者而表现出的独特性和优越性，以考察其独特的传播话语文本和信息传受结构。从传播学视角来分析，主持人节目一经诞生便飞速发展成为广受大众与媒体青睐的信息传播形式，这一局面应当归因于主持人节目相

---

① 参见刘云丹编著《主持艺术概论》，中国电影出版社2009年版，第15—19页。

② 参见陆锡初《节目主持人导论》，中国传媒大学出版社2013年版，第30—33页。

比于其他一般的节目形态，更加符合人类信息传播的内在规律，契合受众的信息接受心理。

主持人节目作为"由主持人引导、运用交谈方式进行双向传播的节目结构形态"，[①] 其传播方式与一般节目的大众传播相比，更加类似于人际传播。虽然本质上归属于大众传播，但富有强烈的人际传播特征。所谓大众传播，"就是专业化的媒体组织运用先进的传播技术和专业化的手段，以社会上一般大众为对象而进行的大规模的信息生产和传播活动"。[②] 与人类传播历史上的其他传播形态相比，这种传播方式运用先进的传播技术和专业化手段，具有极强的及时、迅速、准确的传播优势，是当前信息化社会人们获取信息的主要方式。但"由于大众传播属于单向性很强的传播活动，传播活动的主客体之间一般很难实现信息的共享和对称，其传播过程中亦往往缺乏灵活有效的反馈途径"。[③] 与此相对，人际传播则是"个人与个人之间的信息传播活动，也是由两个个体系统相互连接组成的新的信息传播系统"。[④] 与大众传播不同，"人际传播的双向性强、反馈及时、互动频率高，传受双方地位相对平等，信息较为对称，是一种高质量的传播活动"。[⑤] 而主持人节目推出"主持人"作为传播行为的具体实现者，其采用"引导"与"交谈"的方式，将原本隐没于信息传播语境的作为接受者的受众引向了话语的前台，实现的是类似于人际传播、具备一定双向互动特征的传播活动。虽然其本质上仍为一种"一对多"的大众传播形式，但实为"大众传播与人际传播的有机结合"，[⑥] 具有人格的"主持人"形象

① 陆锡初：《中国主持人节目学》，中国广播电视出版社 2014 年版，第 1 页。
② 郭庆光：《传播学教程》，中国人民大学出版社 1999 年版，第 111 页。
③ 高贵武：《主持传播学概论》，中国传媒大学出版社 2007 年版，第 3 页。
④ 郭庆光：《传播学教程》，中国人民大学出版社 1999 年版，第 111 页。
⑤ 高贵武：《主持传播学概论》，中国传媒大学出版社 2007 年版，第 4 页。
⑥ 王群、沈慧萍主编：《电视主持传播概论》，华东师范大学出版社 2008 年版，第 7 页。

和功用的显现与"受众"身份意识和话语权利的出现，无疑将"一对一"的人际传播因素纳入到传播话语之中。在这里，"单一化的话语体系被解构，多元化的话语体系得以建构。传播层级逐渐消解，受众与传播者之间的角色定位不再是上对下而是平行互动地传播"。① 从下面的主持人节目传播话语中，我们能够管窥一二：

> 这几天，我们已经在《东方之子》节目里结识了几位市领导。对他们的关注其实也是对一个城市的关注，是对中国城市化进程的关注。城市的发展无疑在推进现代化，但这种发展离不开科学和实际的态度。
>
> 最近，我们不时会听到一个声音："在多长多长的时间内，把我市建成国际大都市。"这声音来自北京、上海、广州，也来自东南西北十几个城市。这些城市确实是举足轻重的知名城市，但它们离国际大都市还有多远？国际大都市有哪些衡量的指标呢？包括：国内生产总值；金融保险和社会服务业占国内生产总值的比重；人均国内生产总值……电话普及率；从业人员比例；外籍居民比例；等等。听起来也许挺枯燥的，比较一下就形象、具体了：国际大都市的人均国内生产总值大致在3000美元到5000美元，香港、新加坡是国际公认的国际大都市，比较起来北京、上海、广州人均国内生产总值是香港、新加坡的十分之一。
>
> 金融保险业和社会服务业从业人员比例代表着经济竞争实力，纽约、东京第三产业从业人员占总从业人员的比重为百分之七八十，北京、上海、广州不足50%。
>
> 国际大都市的地铁客运量占客运总量的60%—80%，纽约

---

① 王群、沈慧萍主编：《电视主持传播概论》，华东师范大学出版社2008年版，第7页。

地铁线路 1179 公里，而北京、上海地铁加在一起，运营线路不足百公里。

国际大都市经济增长和劳动生产率提高的因素中，科技所占的比重达 60%—80%，北京、上海、广州大约 30%。巴黎有 64 个图书馆，北京有 23 个，上海有 32 个，广州有 15 个。目前世界公认的国际大都市主要有纽约、伦敦、巴黎、芝加哥、莫斯科、法兰克福、东京、香港、新加坡、汉城等。这些城市都是经历了相当长的过程才成为现在的模样。冷静地比一比，差距有多大？起点怎么样？预定的时间里能不能达到？

应当说，我们每个中国人都希望在国际大都市的名单上有咱们中国的城市，但更应当说，从实际出发，认识自己的位置和差距，比雄心勃勃更重要。①

——摘自 1998 年 3 月 27 日《东方时空·面对面》的主持人话语

这段主持人话语意在提醒国人多从理性上认识国际大都市的内在含义，倡导要从实际出发，在希望与雄心之外，找准我国目前在世界国家中的位置及与其他大国之间的真实差距，才更有助于在国际大都市的建设中取得实效。显然，主持人的话语意义本质上归属于政府权力话语，代表着国家集体意识。如果将其转换成传统非主持人节目的新闻评论播报，其话语样态如下：

城市的发展无疑在推进现代化，但这种发展离不开科学和实际的态度。最近，"把我市建成国际大都市"这样的声音经常响起，它来自北京、上海、广州，也来自东南西北十几个城

---

① 吴郁：《主持人的语言艺术》，北京广播学院出版社 1999 年版，第 346—347 页。

市。这些城市确实是举足轻重的知名城市，但它们离国际大都市还有多远？国际大都市的衡量指标，包括国内生产总值、金融保险和社会服务业占国内生产总值的比重、人均国内生产总值……电话普及率、从业人员比例、外籍居民比例等。国际大都市的人均国内生产总值大致在 3000 美元到 5000 美元，香港、新加坡是国际公认的国际大都市，比较起来北京、上海、广州人均国内生产总值是香港、新加坡的十分之一。

金融保险业和社会服务业从业人员比例代表着经济竞争实力，纽约、东京第三产业从业人员占总从业人员的比重百分之七八十，北京、上海、广州不足 50%。

国际大都市的地铁客运量占客运总量的 60%—80%，纽约地铁线路 1179 公里，而北京、上海地铁加在一起，运营线路不足百公里。

国际大都市经济增长和劳动生产率提高的因素中，科技所占的比重达 60%—80%，北京、上海、广州大约 30%。巴黎有 64 个图书馆，北京有 23 个，上海有 32 个，广州有 15 个。目前世界公认的国际大都市主要有纽约、伦敦、巴黎、芝加哥、莫斯科、法兰克福、东京、香港、新加坡、汉城等。这些城市都是经历了相当长的过程才成为现在的模样。而冷静对比，我国的差距有多大？起点怎么样？预定的时间里能不能达到？

应当说，每个中国人都希望在国际大都市的名单上有中国自己的城市，但更应当说，从实际出发，认识自己的位置和差距，比雄心勃勃更重要。

相比之下可以发现，主持人节目将主持人个体的声音及其所建构的自身形象显性植入到话语文本当中。具体到上面的例子，主持人在开头处加入了"这几天，我们已经在《东方之子》节目里结识了几位市领导。对他们的关注其实也是对一个城市的关注，是对中国城市化进程的关注"。随后对当前人们"把我市建成国际大都市"的雄心壮志加以分析、议论，这就在表达的形式上把集体意识的公共话语转化为作为个体的"我们"个人话语。接下来，又通过"我们不时会听到一个声音""应当说，我们每个中国人都希望"，加强了话语第一人称的个人表达色彩。与此同时，用"在多长多长的时间内""听起来也许挺枯燥的，比较一下就形象、具体了""国际大都市有哪些衡量的指标呢""冷静地比一比"这样的口语化措辞，凸显出人际交流状态下的个人主体间日常谈话味道。一个对祖国的现代化建设充满热忱却不失冷静、理性的思考，同时又亲和、亲近的主持人形象逐渐鲜明起来。

如此一来，主持人节目的传播主体便不再是传统节目形态中的集体主体形象，而变成了具有具体人格、有血有肉的个体形象，其与受众交谈式的传播方式与双向传播的话语流动方式，也使其形象更加平易、生动、亲切，变成了类似于人际传播中与受众交谈的对方，一个与受众极其相似的人。在本研究面向全国节目主持人开展的问卷调查①中，对"您认为主持人节目和非主持人节目区别在哪里"这个问题，认为"主持人节目的对话性、交流感更强"的回答者占到了答卷总人数的92.5%。而其中有96.25%的参与者认为成就一档优秀主持人节目的关键，在于"节目主持人具备较强的主持能力、鲜明的主持风格和人格魅力"。这样的传播主体形象更易

---

① 为保证研究的科学性，本研究于2018年1月至2019年1月面向全国范围内的80位主持人开展了问卷调查，在学理之外实际了解主持人节目的传播规律、传受结构、传受双方身份定位、传播话语特点及其受众审美经验等。这些主持人分布在中央电视台、中央人民广播电台、北京电视台、重庆电视台、河南电视台、贵州电视台、广西电视台、山西电视台、广东中山电视台、扬州广播电台、江苏电视台、山东电视台、齐鲁电视台、山东广播电台、济南电视台以及山东其他地市台，比如青州台、潍坊台、淄博台、烟台台、临沂台、蓬莱台、济宁台、莘县台、惠民台，所主持的节目涵盖了新闻评论类、社教类、财经类、生活服务类、文化类、综艺娱乐类、情感类、访谈类等各个类型。

于被受众接受并认可。而"在所有的传播方式中，人际传播是最有利于传受双方沟通的一种传播方式。根据美国传播学者卡尔·霍夫兰德的说服理论，最可能改变传播效果的方法，就是改变传播对象对'传播者'的印象。实验也证明，假如传播对象喜欢传播者，就很有可能被说服；如果接收者认为传播者是一个与他或她自己相似的人，更是如此。"①

著名主持人白岩松在某期《东方时空·面对面》中曾谈论过"长江与桑兰"的话题，他化身一名普通的新闻信息接受者，将对事件、对事件中人的个人感受向观众娓娓道来，通过极其类似人际传播的主持方式，将国家集体意识形态生动、感人、高效地传达给广大受众。现将其具体话语引用如下：

今年的 7 月至 8 月，长江沿岸的抗洪抢险和远在美国受伤的体操运动员桑兰同时得到了所有善良的人们的关注。

虽然桑兰的受伤涉及的只是一个人的生命和前途，而长江的水情却涉及千千万万的生命和国家发展的前途，但这远隔大洋同时发生的不幸却缕缕透露出一种相同的品质和感人的因素。首先是没有人抱怨，长江今年的洪水为历史中最大，1954年特大洪水只持续了 20 多天就让人触目惊心，而今年的洪水已持续了 40 多天，但面对持续的天降雨水，沿江的人们并不问天、恨天和怨天，而是用自己的脊梁接受了这个现实，并与国人一起在和历史中最大的水患进行斗争，咬紧牙关，无所畏惧地进行抗争，这只是最后胜利的来源。

而远在美国受伤的 17 岁的桑兰在忽然降临的灾难中也没有流下一滴眼泪，当美国医生不得不告诉桑兰"你再也站不起来

---

① 王为：《有所为：主持人与广播媒体竞争力》，中国传媒大学出版社 2010 年版，第 1 页。

了"，桑兰的父母已经抱头痛哭的时候，桑兰依然没有哭，几秒钟过后她坚定地说："没关系，我要做一个对社会有用的人。"

我真的很想把桑兰的坚强告诉给长江边所有抗洪抢险的人们，让他们知道远在美国有个 17 岁的女孩和你们一样坚强，我也同样想把长江边上和江水抗争的故事讲给桑兰听，让这 17 岁的小姑娘知道，有中国人的地方就有坚强，而有中国人的地方，也一定会有奇迹发生的。

当桑兰发生不幸后，善良的人们也都伸出了援手。桑兰站不起来了，但她却在受伤后一直生活在爱中。钱副总理去了，大使去了，美国前总统去了，当红的大明星去了，更重要的是，千千万万颗普通人的爱心也都去了。我想桑兰不会孤单的，因为那么多的人牵挂着她。而在大洋的这一边，长江两岸的受灾群众也在承受这种爱。水情虽在长江边，却仿佛其他地区的人们也都切身感受到了一样，有钱的出钱，有力的出力，有物的捐物，抗灾再不会只是长江边上人的事，而是所有中国人的事。这个时候也许我们更能理解"国民"这两个字的含义。

所有的人都盼望着，人群中的爱心能使长江抗洪最终胜利，还能让桑兰在人们的注视中站起来。现在，桑兰还躺在床上，长江的抗洪抢险也正如火如荼，但一切都会好起来的，在中国人将来的记忆中，1998 年 7、8 月份，是两个和坚强、爱、胜利有关的日子。[①]

——摘自 1998 年 8 月 14 日《东方时空·面对面》主持人话语

作为传播话语主体，主持人白岩松此处并未以新闻的播报者和

---

① 吴郁：《主持人的语言艺术》，北京广播学院出版社 1999 年版，第 348—349 页。

事件的官方评论者现身，而更多的是将自己定位为一个与此时成千上万名中国观众同样的人，在得知了这两个同期发生的事件后，表达自己此时的真实感想。但在他以满含情感又平易近人的方式所表述的话语中，又承载着丰富的来自官方的主旨思想与重要倡导："我真的很想把桑兰的坚强告诉给长江边所有抗洪抢险的人们，让他们知道远在美国有个 17 岁的女孩和你们一样坚强，我也同样想把长江边上和江水抗争的故事讲给桑兰听，让这 17 岁的小姑娘知道，有中国人的地方就有坚强，而有中国人的地方，也一定会有奇迹发生的。"其中，"我真的很想""我也同样想"是主持人个体的愿望，但也更是国家集体对事件当事人、对全国人民的希望。它一方面将我国政府倡导全国人民团结起来、用爱战胜难关的重要思想传达得精确、到位，另一方面又有力地发挥了一个"接收者认为是一个与他或她自己相似的人"对受众的劝服功效，使受众在强烈的情感共鸣与思想认同中接受这样的倡导，从而高效地实现了大众传播的意图。

一 主持人节目信息传播的话语要素

由此可见，与传统的节目形态相比，主持人节目的信息传播话语文本是独具一格的。大众传播与人际传播两种形态的相互融合，使主持人、受众、传播内容及其实现方式成为此种文本的三大要素。著名传播学者拉斯韦尔认为，描述传播行为的五个观测点是"谁"（Who，即传播主体），"说什么"（Says What，即传播内容），"通过什么渠道"（In Which Channel，即传播渠道），"对谁说"（To Whom，即传播对象）和"取得什么效果"（With What Effect，即传播效果）①，它们构成了相互牵制的有机整体。主持人节目信息

---

① ［美］哈罗德·拉斯韦尔：《社会传播的结构与功能》，何道宽译，中国传媒大学出版社 2013 年版，第 35 页。

传播话语文本的三大要素分别对应于其中的"谁"（传播主体）、
"对谁说"（传播对象）与"说什么"（传播内容），而传播主体
（主持人）与传播对象（节目受众）的身份定位及其所决定的传播
内容，又是由其视听化大众传播语境下的交谈对话这一传播渠道决
定的，它们也共同决定了最终的传播效果与传统非主持人节目的不
同。所以，主持人节目信息传播话语要素的革新，使其话语特色从
总体上焕然一新，也带来了整个传播行为的革新。

（一）主持人节目的信息传播者——主持人

值得注意的是，这里所指的"信息传播者"，特指呈现于受众
感知域中的信息的直接传播者。大众传播时代的诸种节目形式所传
播的信息，无一不是多元主体与集体智慧相互整合的结晶，但在节
目的最终播出过程中直观呈现在受众感知域的，却往往是将信息直
接送达受众的那些传播者。比如影视剧（广播剧）是制片方、赞助
商、编剧、导演、演员、摄像师（录音师）、拟音师、服装师、化
妆师、场景设计师、后期剪辑师等众人协同完成的作品，但在受众
的直观感知中却是影视剧演员（或广播剧演播者）将故事信息直接
传播出来的。同样，主持人节目是媒体力量的多元整合产品，主持
人节目所依托的媒体平台，节目幕后的制作团队（包括制片人、策
划团队、文稿撰写团队、电视主持人节目的布景师、灯光音响师、
化妆师、录制团队等），节目主持人，无不参与到节目的信息制作
中，但将这些信息成品直观呈现给受众的却似乎只有处于其整个制
作过程终端的节目主持人。而这里的"主持人节目的信息传播者"，
即指直接将信息给予受众的节目主持人。

节目主持人，是在节目中起引导作用并向受众发起交谈的信
息传播者，是主持人节目中面向受众的直接信息传播者。具体而
言，主持人是在节目中"以个体行为出现，代表群体观念，以有
声语言为主干或主线驾驭节目进程，直接面对受众，平等地进行

传播的人"，① 是呈现在主持人节目受众感知域中最直接的那个信息给予者。

在主持人随主持人节目诞生之前，在节目中将传播对象（节目内容）直接传达于受众的直接传播者，是节目文稿的播音员。"播音员指广播电台、站和电视台内，以播音为主要职业的工作人员。其基本任务是把编辑部门采访、编写的各类节目的文字稿件转化为有声语言向受众传播。"② 两者的最大不同，在于文稿播音员将体现节目集体意识的文字稿件直接"转化"为向受众传播的有声语言，而节目主持人则是通过"以有声语言为主干或主线驾驭节目进程"来向受众传播信息。节目主持人与文稿播音员所从事的，都是利用有声语言和副语言，通过广播、电视传播媒介进行信息传播的创造性活动。文稿播音员对文字稿件的转化其实也是一种创造性活动，是在领会文意、把握主旨、运用诸种播音技巧的基础上的富有艺术追求与技巧性质的二度创作，但这种创作的目的本质上却是为了更加忠实地体现文意，即中国播音学界泰斗张颂先生所说的"有稿播音，锦上添花"③，从而更加高质量地向受众传达文字稿件。而节目主持人所追求的却是"无稿播音，出口成章"④，即在熟悉稿件基本内容与核心精神的基础上，通过自主的语言表达来完成信息的传递。

所以说，"主持人节目把传播者从被动转述的地位解放出来，放在了一个支配广播电视的主动位置上"⑤。诚然，节目主持人的传播活动本质上秉持的是媒体的传播理念和舆论导向，传达的是特定节目的传播意图和创办宗旨，是所谓的"代表群体观念"，但在表达

---

① 赵玉明、王福顺主编：《广播电视辞典》，北京广播学院出版社 1999 年版，第 212 页。

② 《广播电视简明辞典》编辑委员会：《广播电视简明辞典》，中国广播电视出版社 1989 年版，第 55 页。

③ 张颂：《播音创作基础》，中国传媒大学出版社 2004 年版，第 8 页。

④ 张颂：《播音创作基础》，中国传媒大学出版社 2004 年版，第 8 页。

⑤ 毕一鸣：《传必求通——主持传播艺术概论》，南京师范大学出版社 2009 年版，第 3 页。

上呈现的传播方式却是个体的行为和个性化的表达,"以个体行为出现"。在具体的节目进程中,主持人是幕后群体智慧的台前代言人。节目的深层主旨和制作目的往往间接隐藏在可听、可见的节目内容、板块设计和环节设置的背后,最终经由主持人与受众的直接会面,通过个性化的语言表达揭示出来。所以,主持人节目的信息传播者就不再是被动地传达既有的信息,而是在极富创造力的个性化表达中以既有信息为蓝本与依据,不断主动地生成信息。在这个意义上,节目主持人便具有了强烈的主体性与能动性。这样一来,在信息传播者的身份定位上,如果说文稿播音员极力通过自身的有声语言还原节目的文稿文本,即节目整个创作团队的群体意识的物化文字,在受众的感知域中呈现出的是群体形象"我们",而淡化个性;那么节目主持人则时刻以"我"自居而展开个体行为,虽然这一个体的"我"及其行为内在地代表着群体观念,但在受众的直观感知域中却无疑具有强烈的个性色彩。①

(二)主持人节目的信息接受者——受众

受众,是在节目中经主持人引导、与主持人"交谈"的信息接受者。主持人"直接面对受众"的信息传播的方式,决定着受众已然不再隐没于传播话语的暗处,而是存在于主持人的潜在对话场域中。传统的文稿播音多采用较为郑重、严肃的"播报式"或"宣读式"方法传达文稿内容,对稿件本身的转述成为其最为直接的行动与目标,虽然也要求在内心生成并保持对象感,来保证并维持语流的顺畅、生动及其生命活力,但其最终的意义指向依然是文稿本身;而节目主持却更加强调采用语气更为亲切自然的"交谈式"传播方法,始终在尊重稿件基本精神与核心思想的前提下以个性化的语言表述信息,且其交谈式的语体显然是指向节目的受众的,其对

① 参见陈虹《节目主持人概论》,高等教育出版社2013年版,第6—7页。

象感不是向内生成于传播者心中、脑中，而是直接向外指向正与之处于对话情境中的受众。

请看下面的例子：

各位朋友，大家好！欢迎大家收看我们的《实话实说》节目。……电视广告在中国只有十几年的历史，但是大家现在已经对它品头论足了。广告是多了还是少了，是刚刚起步还是已经泛滥了？我们今天要谈的就是这个话题。①

——摘自 1996 年 6 月 2 日《实话实说》主持人话语

有这么一个有趣的现象，不知道你们注意没有？比如谁家喜得贵子，他就会这么告诉你"生了个大胖小子"；也可能会说"生了个大胖丫头"。这个大胖就是对初生婴儿、健康婴儿最好的赞美。不知长到什么年龄，这个"大胖"不适用了。不要说"大胖"，只要说他"胖"，也会有人心里不太舒服。现在我们中国，已经有 7000 万人被列入了肥胖，而且还有继续增长的趋势。那么，我们今天的话题就围绕着这 7000 万人谈起。②

——摘自 1996 年 6 月 23 日《实话实说》主持人话语

在上集片中我说了这么一句话：说这位老太太要不是队长他妈，可能是一位特慈祥的老奶奶，如今做了队长他妈怎么就盛气凌人了。队长本人对我这句话很有意见，他说，我妈怎么不慈祥了？如果我的话对老太太多有冒犯，还真要请老太太原谅。但我觉得，自己的儿子越是干部，越要严于律己，不让别人戳脊梁骨，这才是对儿子最好的支持。自古就有岳母刺字的

---

① 吴郁：《主持人的语言艺术》，北京广播学院出版社 1999 年版，第 431 页。
② 吴郁：《主持人的语言艺术》，北京广播学院出版社 1999 年版，第 434 页。

故事，岳飞的母亲在岳飞的背上刺上"精忠报国"，告诉他先保国家再保小家，保了国家才有小家，堪称所有母亲学习的典范。您看，话我可以换个说法，可理儿还是这个理儿。①

——摘自《元元说话》之"队长他妈"主持人话语

以上三例中，前两例是节目的开场语。主持人话语中处处存在着主持人与受众个体之间的对话、交谈关系，比如"各位朋友，大家好！欢迎大家收看我们的《实话实说》节目""但是大家现在已经对它品头论足了""我们今天要谈的就是这个话题""有这么一个有趣的现象，不知道你们注意没有""现在我们中国""那么，我们今天的话题就围绕着这 7000 万人谈起"。其中的"朋友""大家""你们"几乎随处可见，均明确指向信息的接收方——受众，而"我们"一词更是在"我"之同时涉及与此时"我"处于同一对话场中的"你"或"你们"，也就是受众本身。而第三例是节目的结束语。主持人在表达自己内心想法的同时，还不忘向受众求助，一句"您看，话我可以换个说法，可理儿还是这个理儿"，带有强烈的请受众评理并唤起受众的观点认同与情感共鸣之意。这就更将传播主体的个体自我与受众紧紧地联结在一起。

"在主持人出现之前，广播电视受众看到的只是一台冷冰冰的机器，传播者与受传者之间似乎有隔墙之感，有背对背之感。在播音员只需播读新闻而不必表达自己的时代，传播者对受传者而言，似乎是'熟悉的陌生人'，因为常'见面'而熟悉，又因为无交流而'陌生'。在主持人传播中，我们听到的不再是毫无生命的声音符号，看到的不再是毫无表情的图像信息，而是一个个活生生的

---

① 吴郁：《主持人的语言艺术》，北京广播学院出版社 1999 年版，第 350—351 页。

人。"① 作为结果，文稿播音员以稿件为中介而亮相于受众，与受众形成的只是信息传达与接受的单向关系，而节目主持人则以个人形象直接与受众展开对话交流，与后者之间形成了"朋友式"的双向平等传播关系。所有参加调查人数的 71.25% 认为在主持人节目中主持人与受众的关系是"话语交谈双方的关系"。而面对"在您做节目时，节目的受众在您心目中处于什么状态"这个问题，根据选择数量而排名得出的前三位答案分别是："您在节目中感到自己是在跟受众会话，您的每一句话都会激起他们的反应，您的言行必须考虑到他们的感受"（76.25%），"他们正与您面对面，正在收听或收看您的节目，您的言行举止都时刻出现在他们的视野中"（67.5%），以及"受众是您节目的服务对象，您必须心向受众，一切从受众的需求出发"（55%）。

即使是在对受众的称谓指向不明显的传播文本中，主持人话语依然在本质上是朝向受众的。下面是方宏进在评论国际市场黄金价格下跌时的传播话语：

在我们传统的印象中，黄金一直是财富的象征，储存黄金也是最有效的保值手段。但是，近年来国际市场上的黄金价格一路下跌，1998 年 1 月 8 日市场上的黄金价值跌到 279.5 美元一盎司，达到 1979 年 6 月以来的最低水平。近日金价虽有上升，达到 300 美元一盎司左右，但市场人士估计金价进一步下跌的阴影仍然存在。曾经被视为最稳定的财富标志的黄金，为什么在近年来威风不再？

说起来原因有三个方面。一是近年来全球黄金的产量不断增加，去年世界黄金产量就比上一年增长了 2.3%。而在工业

① 陈虹：《节目主持人概论》，高等教育出版社 2013 年版，第 54 页。

生产中替代黄金的原料正大量被采用，工业用黄金的需求没有迅速增加。供需调整之下，黄金价格下跌在所难免。二是现在黄金价格的波动较大，储备黄金的代价又较高，令很多国家的中央银行认为储备黄金并不是最安稳的手段，而将储备的形式转变为外汇储备，存储几种国际上最流通的货币。外汇储备不过是计算机网络上的一组货币，价值就不受单一外汇值波动的太大影响，所以相对保值的能力较强。出于这样的考虑，去年荷兰、阿根廷等国中央银行相继宣布出售储备黄金后，引发世界黄金市场价格连续出现大跌。三是由于在国际市场上衡量黄金价值的美元一直坚挺，使得国际上的金融炒家纷纷抛售黄金，换取美元，大量的投机活动也刺激了黄金价格下跌。

从发展的角度来看，国际市场上黄金价格下跌的背后，反映出货币电子化、网络化、虚拟化的趋势，很多人认为这是科技革命带来的必然结果，当然，这种趋势也让许许多多习惯于看着实实在在的黄金搁在那儿就放心，而看着计算机屏幕上一闪一闪的数字就揪心的人，无论如何踏实不下来。这样的发展趋势对于我们中国的消费者来讲也许是好事，大多数中国人喜欢黄金饰物，在我们的生活水平不断提高的同时，如果金价又下调的话，对很多人来讲穿金戴银已不再是梦想。①

在上述话语中，表面上看，主持人与受众对话、交流的色彩与前面几个例子相比较为淡化，双向互动性不明显，而单向的信息传达意味似乎更加浓郁；但深入文本内部分析，情况并非如此。首先，在文本的开头，主持人就用"在我们传统的印象中"确定了其与受众交流的对话意味，"我们"包括了发话者主持人"我"，也

---

① 魏南江：《节目主持艺术学》，中国广播电视出版社 2006 年版，第 198—199 页。

必然包括话语的接收者受众"你"。这就形成了一种与受众同在的氛围，直到文本的结束处"这样的发展趋势对于我们中国的消费者来讲也许是好事……在我们的生活水平不断提高的同时"而贯穿始终。其次，在文本各部分的过渡中，发话者始终在有意识地维持与受众之间的交谈关系，比如第一自然段最后的一个发问"为什么在近年来威风不再"，就是在提请受众引起注意，表示下面将要由现象的描述进入到原因的分析，同时也要引发受众对此问题的积极思考，而不是对自己所传达信息的一味被动地接受。最后，国际市场黄金价格下跌属于经济领域的问题，带有专业性与学术性，大多数受众是无法做到无障碍理解的。所以发话者必须在话语表达中特别注意语言的深入浅出与通俗口语化，以此照顾到广大受众的信息接受水平与实际需求，为受众服务。特别是文本中"看着实实在在的黄金搁在那儿就放心，而看着计算机屏幕上一闪一闪的数字就揪心的人，无论如何踏实不下来"等颇接地气的表述，就是主持人话语朝向受众、以受众为中心的表现。

所以，在主持人节目中，受众不再是信息的单纯接受者，他们被纳入与主持人的对话情境中。当然，除了一些设置热线参与的节目，对话活动并非真实地展开，主持人的话语无法得到受众在现场即时的回应，因为主持人节目本质上依然还是大众传播的一种形式。这里所指的"对话"，更侧重于一种情境，营造于节目中的主持人与观看节目的受众双方的意念当中：主持人在发话的同时必然于心中预设着与之对话的受众，于是便营构出一种对话的情境，仿佛在交谈中自己的每一句话语都会迎来受众的回应。在调查中，表示"在节目中说话时会考虑到受众对您话语的反应"的主持人占到91.25%。而这种考虑从主持人工作的各个环节体现出来。调查结果显示，主持人在节目策划、节目准备、节目进行、节目回访时，都对受众的因素有着或多或少的考虑。正因为存在此种预设，所以主持人时时都在调整自身发话的方式，照顾到受众反应的方方面面：其中，对"受众对节目提供的信息是否满意""受众对节目的质量、品位和档次是否满意""受众是否喜欢节目的形式""受众是否接受并喜欢您的形象""受众是否接受并喜欢您的语言""受众是否愿意与您交流"等方面的考虑分别占到了76.25%、87.5%、78.75%、61.25%、72.5%和73.75%。可见，对受众反应的考虑占据了节目主持人的主要精力。

另外，受众也会在每一句话语信息的接收中感受到主持人对自己的话语指向，会时时产生与主持人对话的虚拟情境以及与后者展开交谈的无形欲望。于是，在传播话语中，主持人节目的受众便在一定程度上由被动转为主动，在话语流的反向动势中提升着自身的主体性。

一方面，与文稿播音节目的旁听、旁观相比，受众在主持人节目中变成了积极的参与者。从受众的接受角度来看，文稿播音节目通过有声语言所呈现的文稿，具有自身指向性以及随之产生的整体自足性，它对受众的要求，是收听、收看并记住而非参与其中。它向受众传播，却又拒其于千里之外。与之相比，主持人节目却是开放性的，主持人话语直接指向受众，那比比皆是的"亲爱的观众朋友""观众朋友，现在是"等表达，必须依赖受众意向指向的回应才能最终完成。它向受众传播，并切实地将后者纳入其话语场中。于是，受众对主持人节目的接受便不再是旁听、旁观，而是融入了对主持人外向性话语的心灵感应与心理回应。尽管这一回应是无声的，只作为一种心理趋向而存在于精神的层面，但也是一种参与节目的表现。

另一方面，与在文稿播音节目中"被告知"信息相比，受众在主持人节目中处于"共对话"的即时状态。内指于文稿自身的播音节目总有一个明确的声音在告知受众某种内容。这种话语行为往往是单向的宣传，受众在受话的形式上仅仅是被告知，被强行灌输某种信息、某种思想、某种观念。与之相比，主持人节目同样是将特定的信息向受众送达，就信息传播行为的本质来看，与文稿播音节目并无二致，但由于主持人话语的外指性，这种送达却并非硬性的告知和灌输，而是通过营造一种平等交流的语言环境，来帮助受众对信息的接收。其话语的平易性和交流性，无时无刻不潜在地引发受众与之对话的心理趋向。虽然对话在绝大多数情况下都无法实际发生，同时，主持人所发出的信息给予受众一方之后，也无法被后者实质性地改变什么，但在受话的形式上，受众却时时被调动起一种隐形的对话欲望。所以，主持人节目的信息传受便不再仅仅是从传者到受众的单向行为，同时也在一定程度上存在受众向传者的逆向回应。而节目主持人在其操作主持传播活动的当下及其组织每一句话语的时刻，也内在预设了这种回应，从而保持话语的外指性与交流性，将和谐对话的氛围持续不断地营造下去，形成良性循环。

（三）主持人节目的信息传播内容

主持人节目的第三个话语要素，是在主持人与受众的交谈环境下实现信息流动的传播内容。如果说文稿播音节目的传播内容相对而言比较单纯，即文稿信息本身，那么主持人节目的传播内容则因其传受双方主体性的凸显与传播方式的独特而变得较为复杂。传播学者麦克卢汉在著名的"媒介即讯息"的论断中认为："媒介本身才是真正有意义的讯息……从漫长的人类社会发展过程来看，真正有意义、有价值的'讯息'不是各个时代的传播内容，而是这个时代所使用的传播工具的性质、它所开创的可能性以及带来的社会变革。"[①] 麦克卢汉上述论断所指出的，是传播中的信息本身必然随传播媒介的改换而出现崭新的特点，并且带来人类感知方式的变革。

---

① 成振珂：《传播学十二讲》，新世界出版社2016年版，第166页。

其实，信息内容并不仅仅由其传播媒介所决定，从麦克卢汉上述论断的基础上推进一步，可以看到当在同一媒介中传播的信息被用不同的传播方式实现传播时，呈现于受众的信息内容也将大受影响。这样一来，信息内容的生成，取决于其在某种传播媒介中赖以实现的具体方式。更进一步看，取决于其实现行为所采用的具体中转方式。同为视听化的大众传播媒介，非主持人节目的文稿播音方式与主持人节目的交谈方式，就造成了其具体传播内容的差异。

如前所述，文稿播音员通过有声语言的二度创作来实现信息的中转，即将文字性的稿件转化为声音形式而加以传达。诚然，播音员在声音、技巧、有声语言艺术的创作理念等方面不尽相同，但由于文稿播音这种传播方式始终以忠实呈现稿件的文字及其内涵为旨归，这些差异对内容的转化并不构成本质上的生成作用，仅仅是从文字向声音的形式转换，最终指向同一性的内容。

与之相对，节目主持人在采取类似人际传播的引导、交谈方式进行信息传达的过程中，却往往因其强烈凸显的主体性、其对受众的高度考量以及交谈方式本身而将作为依据与蓝本的文稿内容加以一定程度的变形。

中央人民广播电台《子夜诗会》主持人王嘉实在评介长诗《升旗》时并没有按照节目的主旨文稿，按照这首诗主题鲜明、立意深刻、构思新颖等套路来进行，而是充分考虑到广大受众的信息接受特点与理解能力，有效利用主持人作为受众的交谈对方与受众的共情能力，做出了如下发挥：

> 《升旗》每天都放在我的案头，以便经常翻阅。是为了学习一种富有张力的语言，也是为了让自己时刻保持对诗歌的热情。
>
> 我想，每个人心里都曾经有过闪光的诗句，而诗人与我们

的不同之处在于能把这些闪光但零散的句子发展起来，连缀成篇。发展主题的能力令人向往。

每听《升旗》总觉得有一架摄像机在航拍，它视野开阔，缓缓移动：从炼钢炉到边关哨卡，从白桦树到城市每一扇向阳的玻璃，从头顶白雪的山峰，到蓄满云彩的湖泊，从远到近由浅至深，每一种形象都使作品走向丰满。我在音乐学院读书时，最苦恼的事就是有一两句好旋律而不能发展成一首乐曲。后来知道写作的大部分功夫在于发展主题，没有捷径可走，只能苦学苦写。

喜欢写诗的朋友不妨试着放笔去写，用排笔写想到的一切，让思想真正飞翔起来，回头再做冷处理。写不下去的时候，可以看看《升旗》，这是我的笨办法。不过好作品的确能给你启发。①

主持人从自我感受出发，以与朋友谈心的方式，对诗歌评介的内容做了个性化的加工处理。虽然没有使用书面的、专业化的语言，但上述话语文本却将诗歌的思想主题与艺术特色表达得十分精准。在此基础上，主持人话语又对其做了至少三个层面的意义添加：第一个层面，是对《升旗》语言文字的视觉形象建构。主持人从个人的欣赏角度出发，对该诗歌的文字进行解读与诠释，并展开联想与想象，以自己的艺术感受力丰富了受众的感知。第二个层面，是对受众的建议。主持人以自己从该诗歌所学到的创作方法（发展主题）入手，建议那些"喜欢写诗的朋友"不妨怎样去做，为受众提供建议。第三个层面，是令受众感受到一种和谐友好的传受关系，使其沉浸于温馨美好的氛围之中，使信息的接受不再只是

① 吴郁：《主持人的语言艺术》，北京广播学院出版社1999年版，第253页。

单纯的信息的获取，而是富有了一种人际温情的美感。由此一来，节目的信息传播内容便得到了大大的扩展与升华。

而这种内容的扩展与升华，在《夕阳红》节目中体现为浓浓的人文关怀。请看主持人沈力的精彩语录：

例一：很多老年朋友都有一种愿望，希望自己的晚年生活能有所学，有所为，有所乐。用老年朋友自己的话说就是"人生要有一点追求"。是啊，追求可以说是点燃美好生活的一盏明灯。我想，追求并不是年轻人的专利，很多老年朋友都有自己的追求，像路大姐就是其中的一位。

例二：前些时候，我从《长寿》杂志上看到一篇文章，标题是《拉住夕阳的人》。文章的主人叫董木兰。说真的，我喜欢这个标题，更为董木兰同志创造的美所吸引。于是，我和摄制组的同志们一起驱车前往天津采访了她。我们的编导赋予了这个节目一个更有新意的标题：《人生从六十岁开始》。

例三：观众朋友，我们看到了刚才跳舞的这些老同志，论身材吧，并不那么苗条；论动作吧，也不那么规范。可当他们操劳了一生，重新迸发出一种热情的时候，身材、动作又算得了什么呢？他们不是在追寻青春的脚步，而是在讴歌幸福的晚年。

让我们的心伴着他们欢快的舞步一起跳动吧！①

《夕阳红》是一档专门面向老年人的节目。老年人操劳一生，余生如何度过是摆在其面前的重要问题。而给老年人带去生活的乐趣与精彩，使其度过一个高质量的晚年，是这档节目的宗旨。所以

---

① 陆锡初：《节目主持人导论》，中国传媒大学出版社 2013 年版，第 209 页。

面对这样的受众群体，主持人话语处处充满着一种活力。这种活力并不是年轻人专属的那种激情涌动，而是人至暮年看尽人世沧桑后的既平和又豁然的积极心态。上面三个例子虽然出自不同的主题，但主持人牢牢把握住了体现节目主旨的核心——老年人对幸福生活的追求。"晚年生活能有所学，有所为，有所乐""人生要有一点追求""点燃美好生活的一盏明灯""人生从六十岁开始""讴歌幸福的晚年"这些话语，无不在为老年人送去鼓励，倡导他们积极地对待生命中余下的时光。所以在节目信息内容本身之外，受众更多感受到的是一种人文关怀，一种社会对老年人的关爱。

在接受调查的主持人中，每一位主持人都表示必须从受众的角度出发去调整自己的话语文本。其中，关心"受众是否认为您言之有物，能从您的话语里得到充足的信息""您的话对受众来说是否清楚明白，通俗易懂""受众是否认为您的话语不肤浅，是否觉得您的分析有深度""受众是否认为您有口才、有文采，喜欢您的语言风格""受众是否认可您说话时的态度，认为您平易近人，愿意听您说话、与您交流""受众是否能从您的话语中感到您的真诚服务与真心关怀"的主持人分别占到70%、90%、61.25%、48.75%、67.5%和71.25%。这些受众方面的因素，决定了主持人需要以什么样的话语去将信息实际传达出来。面对不同的受众定位和受众特点，同样的传播内容也需要以针对性的方式加以表述。换句话说，主持人节目的信息传播者、接受者及其之间的传播方式对内容的中转作用，并不仅仅局限于"转达"，而更是一种"转换"或"转变"，在原有传播内容的基础上，进一步生成了新的内容。

首先，节目主持人强烈的主体性使其个性化传播得以可能，而在崭新的传媒语境与竞争机制的促推下，主持人个性化也是某种必需。那么面对同一传播内容，主持人往往以个性化的手段而加以差异化的呈现。比如在说新闻这种节目主持活动中，主持人在传达新闻事实的同时，往往加入个性化的评论。其评论的角度、高度、趣味、导向的不同，又往往决定了受众对新闻事实本身的认识。在1998年3月播出的《东方时空·面对面》节目中，主持人由中原制药厂造成国有资产巨额损失引发的评论话语，便是一例：

> 一艘中国医药的航空母舰还没有起航就已搁浅成了废铁，30亿元人民币没能生产丝毫经济效益，倒是成了国家的一个巨大的债务包袱，不能不说是个悲剧。

> 去年下半年，国家有关部门组织专家对中原制药厂进行了一次会诊。专家们得出的结论是：盲目求洋，被动挨打……

> 那么，除了盲目崇洋之外，还有没有更深层次的教训呢？……引进设备不灵，有理由骂外国人挂羊头卖狗肉，而眼看上亿元国家的钱要泡汤，却一次次再投冤枉钱，只是一个盲目崇洋的认识问题就难交待了。

> 其实，虽然如此规模的悲剧在全国仅仅是个别，而同样性质的国有资产低效益、无效益投资的事却并不少见。从VCD等家电产品的大量重复建设，到楼堂馆所的盲目投资，再到各地大量的烂尾工程，等等。其实所有这些反映出的就是一个核心问题，在花国家的钱、人民的钱进行投资的时候，我们是不是应该有一种机制，保证每一分钱花在实处？

> 话说到这里我们不禁要问，如果中原制药厂项目的决策人拍板花的每一分钱都是自己的，如果中原制药厂的那一届届的厂长、经理们要追加投资时没有贷款，而只有自己的存款，如果他们要钱时面对的都是地地道道的商业银行，如果运用现代企业制度来运作这个超大重点项目，那么这艘航空母舰现在的

状况想必应该是截然不同的。①

在新闻事件的评论中，主持人不满足于专家得出的"盲目求洋"的结论，而是更进一步，以一个设问提出了深层次的思考，引导受众更加深刻地认识到事件所反映出的现实弊病。

一则新闻用文稿播音的方式传播，可能更加切近客观公正；而用节目主持的方式传播，则更多被加以主观化的认知与再阐释。主观认知具有导向性，它可能经由某种新闻事实提升受众的精神境界，也可能将其引向低级趣味。面对明星柯震东吸毒一案，《新闻1+1》与《焦点访谈》节目在报道事实的基础上，主持人对近年来明星吸毒涉毒现象做出专门梳理，并从明星个人心态、社会环境、粉丝追星心理等多个层面深度挖掘其内在成因，深化了受众对此社会问题的认识，同时将守法意识和社会责任感深深植入受众的思想之中。而与此相对，在同期的某娱乐脱口秀节目中，主持人本着一种看热闹、求八卦的心理，将话题主要集中在柯震东因此失去了多少机会、损失了多少钱财、代言商品头像被撕去成为"无头人"等方面，极尽幸灾乐祸之能事，且言语低俗，趣味低下。

其次，节目主持人对受众的预设与重视，往往决定其从受众的角度寻找传播内容的最佳表达方式。相同的传播内容，可能因其借以传达的节目不同，而体现出相异的文化品质。在服务于高端精英受众群体的节目中，主持人往往会根据受众较高的知识水平或较强的文化素养，而注重其内在人文深度的发掘与更加书面语言的表达；而定位于普通大众的节目则会在内容的呈现上更加通俗，侧重其表象意义的呈现。

最后，主持人节目对话交谈式的传播方式，对内容的再生成发

---

① 吴郁：《主持人的语言艺术》，北京广播学院出版社1999年版，第352—353页。

挥着重要的作用。这种方式促使节目主持人以总体上更加平易、亲和、贴近受众需求的方式实现信息内容的传达，在内容的表现形式上做足文章，进而影响到内容的样态本身。比如，当前法制类主持人节目十分善于把握当下受众偏爱情节化叙事的特点，主持人更多倾向于借鉴文学叙述手法，特别是悬疑小说的叙述手法来增强故事的可看性。他们结合案例事后的采访录音、录像与相关音视频材料，抛弃平铺直叙的常规叙述，而采用倒叙、插叙，尤其是设置悬念的方式，环环相扣、层层铺垫，以剥洋葱式的叙述模式带领观众一步步逼近事实的真相。与传统的文稿播音传播方式相比，此种方式所呈现的已然不再是单纯的现实犯罪案例，而是带有戏剧化、影视性的基于法制新闻事实的传奇故事了。

二　主持人节目信息传播的话语特征

介于大众传播与人际传播之间的传播特征、信息传播者主体能动性的彰显与受众在信息接受过程中参与对话程度的显著增强，都使得主持人节目信息传播话语与传统文稿播音传播话语相比，具有更加丰富、鲜活的总体特征，焕发出极其强烈的生命活力。此种特征在主持人节目信息传播实际话语文本中体现得尤为明显。

（一）对话交流性

作为主持人节目信息传播三大要素的信息传播者（主持人）、信息接受者（受众）和信息传播内容基于各自独特性的相互影响作用，决定了主持人节目信息传播话语的首要特征——对话交流性。在实际的传播过程中，主持人作为直接信息传播者"以有声语言为主干或主线驾驭节目进程"的引导作用，以时刻预设受众作为即时谈话对象的内容表达方式，使主持人节目信息传播的话语行为建立起一个对话交流语境。在此种以大众传播为内在本质，以人际传播为外在表现形式的语境中，传播内容体现为作为发话者的节目主持人向作为潜在受话者的节目受众之间生生不息的信息洪流。这里的信息流动不似文稿播音节目信息传播那样，向沉默而被动的大众单向抛掷而一去不返，而是在其流动进程的每一节点处都隐含着传播者对接受者接受效果与即时反应的预估，并在此种预估的先导与制约下使其更进一步的连续性与延展性得以可能。也就是说，主持人节目信息传播话语的流动是在传播者与接受者不断的对话交流中维持进程的，发话者的每一语句、语段都是在经过其与预设中的潜在的传受方相互对话交流的基础上向前推进的，是在循环往复中展开运动路径的。

（二）亲和平易性

对话交流性决定了主持人节目信息传播话语的第二大特征，即亲和平易性。既然信息的传播不再是传统文稿播音那样单向度的硬性送达，而是在话语交谈情境中的信息流通，既然传播行为的表现形态从普遍而泛化的大众传播向更加具体的人际传播转化，融入了更多人与人之间的交往因素，那么传播行为就势必趋向于亲和、平易。所以，主持人在话语组织、情感表达和交流姿态等诸多方面都往往特别注重建立与受众之间人格平等的关系，善于营造类似朋友间融洽的交谈氛围，从而表现出较强的亲和力，使受众产生平易近人的内在感受。

从主持人的话语组织方面来看，就像教师在课堂上始终尝试将深奥的专业知识与书面话语以生活化语言深入浅出地传予学生一样，节目主持人也往往需要将节目内容以更加易于接受的方式向受众传达。在涉及政策性内容与科学性、专业性较强的节目中尤其如此。与文稿播音节目不同，主持人可以也必须从文稿本身跳脱出来，充分结合其受众群的具体特征而调整其实际的传达方式。

从主持人的情感表达方面来看，人际传播的特征使主持人节目的信息传播话语十分注重情感的恰当运用。融情于理，在激起受众情感共鸣的前提下传播道理，更加符合受众的接受心理。比起文稿播音对事理的单纯宣讲，主持人节目通过信息传播者作为有血有肉、有情有性之"人"，通过情感的渲染的方式来对受众渗透理智的思想，具有较强的感染力与说服力，从而增强传播效果。

从主持人的交流姿态方面来看，比起文稿播音员严肃端庄地坐在工作台前机械地宣读稿件而言，节目主持人更加丰富的副语言，特别是基于传播内容而采用的更加灵活多变的语气、语调和表情、手势，更加彰显了信息传播者作为一个活生生的人的形象。如果说正襟危坐的播音员本质上是一个较为机械的"物"，那么节目主持人则更加具有"人"的生命活力，表现出更加亲和的特点。

（三）生动形象性

亲和平易性是主持人节目信息传播达到对话交流情境的必由之路，而亲和平易又往往决定了其信息传播话语与传播手段呈现生动形象的特征。节目主持人往往通过增强话语的形象性与生动性，来降低传播内容理解的难度与趣味性，从而调动受众接受的积极性，增强传播效果。

敬一丹在1997年元旦《东方时空》特别节目"走进九七"中有这样一段串联词：

> 走进新年，有些人家的旧挂历还挂在墙上，有的朋友呢，还会一顺手把年份写错。我们走进九七总会带着九六的痕迹，过去的一年给每个人都印上了属于自己的年轮，留下了属于自己的记忆，然而有些事，有些现场，有些瞬间，却是我们大家共有的，对于我们民族来说，有的甚至是历史性的。①

---

① 吴郁：《主持人的语言艺术》，北京广播学院出版社1999年版，第325—326页。

　　主持人以亲和平易的姿态，以朋友拉家常的口吻，提起了大家都曾有过的经历——新年伊始，有些人家的旧挂历还挂在墙上，有些人还会写错年份。这些大家司空见惯的现象是主持人与受众共同的记忆，甚至还带有些许趣味色彩，新年话题的形象性与生动性便随之鲜明起来。

　　而白岩松曾经在某期《面对面》节目中评论中国足球的话语，更是将一个个形象、一件件往事走马灯似的串联起来，令人在高度兴奋的状态中接受其信息与观点的传达：

　　　　中国足球挺难弄好啊，你想啊……

　　　　没钱的时候不行，有钱的时候也不行；业余的时候不行，职业化之后也不行；穿红衣服不行，穿白衣服也不行；苏永舜不行，戚务生也不行；中国教练不行，外国教练还是不行。北京有5·19，大连就有9·13……中国足球的主场在哪里？

　　　　442不行，352也不行，451更不行，中国的阵型什么行？和东亚比赛赢不了，和西亚比赛也赢不了；1：0领先的时候守不住，0：1落后的时候追不上来；裁判向着我们不行，向着对方也不行；主场不行，客场也不行；你骂它不行，你救它更不行。中国足球是真的病了，这个病西医还治不了，只能靠中医，因为必须治本。①

　　上述话语以极其生动的语言比较全面地概括了中国足球所存在的问题，引发了球迷们共有的记忆，也触发了人们的情感共鸣。既鞭辟入里地引领受众进入理性的思考，又在妙趣横生中令人忍俊不禁。

---

① 魏南江：《节目主持艺术学》，中国广播电视出版社2006年版，第89页。

（四）多元个性化

节目主持人一改文稿播音员必须忠实于原稿的传播方式，而是以原稿的基本思想为蓝本组织语言的表达，拥有了较为鲜明强烈的主体性。与主体性相伴随的即传播个性。"所谓个性化，是指节目主持人在节目主持实践活动中，在适合广播电视传播语境的基础上，能充分展示个人的志趣、爱好、经验、特长、外形风貌、性格等风格特征。"[①] 不可否认，文稿播音员在自身声音条件、形象气质、素质涵养等方面也存在着多元个性，但无论差别几何，都必须要回归原文、体现原文、转述原文，可谓"万变不离其宗"。而节目主持人在传达节目内容的过程中拥有更大的自主权与自由发挥的空间，只要其具体的传播行为在本质上符合节目内容的核心思想与制作团队集体意识的主导方向即可。

传播话语的这种多元个性化，也往往是主持人个人魅力的来源，构成了优秀主持人节目的基本条件与节目的重要看点。白岩松曾经明确指出："主持人是现代广播电视栏目的重要标志，是同其他栏目相区别的一个重要因素。因此，要敢于说我，敢于让自己与众不同。你的语言方式，神态仪表，关心社会的角度都应当拥有个性，让观众有喜爱的理由。"[②] 同样是谈论孩子的话题，《元元说话》节目主持人元元与《东方时空·面对面》节目主持人敬一丹便具有截然不同的个性风格。元元以贴近百姓、具有鲜明个性与敏锐眼光为特点，在"孩子不知柴米贵"这期节目里，她这样跟观众"说事儿掰理儿"：

　　　　近来常听人议论，孩子的东西太贵了！据说很多工薪族要

---

① 魏南江：《节目主持艺术学》，中国广播电视出版社 2006 年版，第 89 页。

② 白岩松：《我们能走多远——关于主持人话题的思考》，载主持人节目研究委员会编《主持人9》，中国国际广播出版社 2001 年版，第 204 页。

把每月收入的 2/3 花在孩子身上——再苦不能苦孩子——这是中国父母的一贯信条。于是儿童用品受到鼓舞，一帆风顺地高档起来，让人觉得这些商家真有点趁火打劫的味道。多亏现在家家只有一个孩子，要像从前那样每家三五个，还不得让我们的爹娘吐血呀！即便如此，孩子还未必领情，于是家长们感叹，孩子不知柴米贵。

有个著名的说法，给孩子一条鱼不如教会孩子如何去钓鱼。但是钓鱼的多与少同样要考验我们的心理承受力。比如说现在，当你走在街上，永远会有人驾着豪华车与你擦肩而过，路两边的高档住宅永远越修越棒，可价格也永无止境。每当这个时候，不具备沉着素质的人免不了会内心翻腾。所以我认为，要让孩子从小懂得：有些东西是我们得不到的，得不到，我们就不要，不要，我们同样能生活得快乐。[①]

而敬一丹在节目中谈起父母下岗的孩子们，是这样说的：

遇到父母下岗，这不是孩子能选择的。这是这一代孩子遇到的独特的问题，是我们、我们的上一辈不曾经历、不曾体验的。也许，我的孩子的孩子将来也不会有这种经历和体验，因为那时，我们的市场经济成熟了，职业转换已很平常，"下岗"已经不会给孩子们带来那么大的心理冲击和生活压力了。

1998 年的"六一"，把这样一个特有的现象推到我的面前。父母下岗了，家里收入少了，父母的叹气声多了，孩子往往能很敏感地意识到家里的变化，不论是经济状况上的，还是家庭气氛上的。我想，父母一下岗，也许就意味着家里有了个

---

① 吴郁：《主持人的语言艺术》，北京广播学院出版社 1999 年版，第 250 页。

苦孩子，学校里有了个自卑的孩子。然而我想错了。

　　一位刚从沈阳采访回来的记者告诉我，她走进一所小学的高年级班，全班所有的学生知道父母的职业状况和特长，一个女生说："本来5个人能干的活儿要10个人干，这是浪费，我妈下岗了，可以去干别的，家里钱少了我更要节约，不该花的，一分也不花。"南京十八中同学开展了讨论：父母下岗了，我该怎么办？同学们说父母下岗心情不好，爱唠叨，我们不顶嘴，不让家长烦心。石家庄跃进路学校的学生提出：用一颗善解人意的心，体谅父母的苦衷；用自强自立的精神，给父母一些安慰。

　　面对这些孩子，我想，父母下岗了，也许会多了一个自强的孩子，懂事的孩子，有出息的孩子。①

　　与元元的批判性眼光与犀利的语言相比，敬一丹更多挖掘的是现象中积极的、建设性的一面，体现出迥然相异的大气、温和与厚重的个性。"个性化，是主持人节目缩短传受心理距离的重要传播手段，是区别于非主持人节目，使传播更具亲切感、更有人情味的关键所在，个性化是主持人节目传播的特色之一。"② 它使信息的传播表现出更大的灵活性与多样性，是大众信息传播焕发并维持生命力的一个重要因素。

三　主持人节目信息传播的话语层级

　　主持人节目自普遍意义上的节目发展而来，在视听化信息传播的大众传播方式之内植入人际化传播因子，其直接信息传播者——

---

① 吴郁：《主持人的语言艺术》，北京广播学院出版社1999年版，第251—252页。
② 吴郁：《主持人的语言艺术》，北京广播学院出版社1999年版，第162页。

主持人以节目内容文本为基础与依据，又必须跳脱于后者的束缚而展开自主话语表达行为，其信息传播话语纳入经预设的能动性受众在对话交谈情境中实现传播，从而在文稿播音节目传播话语忠实于文稿的基础上富有对话交流性、亲和平易性、生动形象性与多元个性化的丰富特征。这一切都有赖于其信息传播话语文本内在层次结构的复杂性，也恰恰是由于后者的存在而迸发出强大而持久的活力。

（一）主持人节目信息传播话语的内、外双层文本

相对于文稿播音节目传播话语文本的自指性、封闭性与自足性，主持人节目的信息传播话语文本是外指的、开放的与未完成的，它时刻预设着作为信息接受一方的受众的反应，召唤着受众的回应，期待着受众的呼应。基于此，主持人节目信息传播的话语文本是双层的，与文稿播音节目的单层信息传播话语文本相互区别。

1. 第一层：内文本

从逻辑上看，节目主持人的信息传播行为，首先发起于其对节目内容与进程的引导与组织。这一点与文稿播音节目所播送的文字稿件并无本质的区别，其共同点均在于节目本身的自指性。而主持人与节目内信息世界的相互观照与指向，便构成了主持人节目信息传播话语的内文本。内文本存在于节目内部，发生于内文本层面上的话语行为与话语流动尚未转向节目之外的信息接受者——受众。内文本层面上的话语，根据节目组织与呈现方式的不同，可以分为主持人自身的话语、主持人与主持人之间、主持人与嘉宾之间、主持人与现场受众之间，以及主持人与连线受众之间的对话交流。

主持人自身的话语，指主持人在节目主持过程中指向节目内信息世界的独白话语，是对信息内容本身起叙述、说明、描写、分析、评论等作用的话语。例如北京广播电台《新闻1998》中的《时事对白》节目中主持人话语：

　　我经历过这样两件事，一个是在北京郊区一个研究所集体宿舍的盥洗室，水龙头大开着，水池里放着西瓜和待漂洗的衣服，这种长流水可以持续几个小时甚至一整天；另一件事是位大妈跟我说，她有一天洗手时，小孙子说："奶奶，把水龙头关小，让水流儿小一点儿，别浪费水。"对这两件事，大家心里自有评判。节水宣传早已不是一两年的事了，需要节水也早已不是防患于未然的事，而是迫在眉睫、事已临头。从北京市的地理环境来看，缺水程度本不应与以色列相提并论，从另一个角度来说，沙漠中的以色列却成为盛产鲜花的国家，这对于缺水的国家来说无疑是创造了一个奇迹，而北京人是否能创造珍惜水、主动节约水、让北京顺利地可持续发展的奇迹呢？这要靠政府，更依赖于市民。[①]

　　此处，主持人并未与他人展开话语交流，而是以独白的口吻讲述事实，对所述事实展开思考并发表观点。

　　主持人与主持人之间的话语交流，体现为搭档主持人之间的默契配合。搭档主持人共同构成了节目的直接信息传播者，共同引导并驾驭节目的内容与进程。其相互之间形成的是互补的关系。这种关系首先是话语的查缺补漏，在相互合作中使节目的信息传播发话者达到一种完满的状态。其合作有三种情况：一是话语完整性的合作，即在对话中组构完整的话语意义。二是话语完善性的合作，即在一方出现话语失误时，及时救场，维持话语的合理性与完善性。三是话语完美性的合作，即在一方既有的基本话语表达的基础上，做进一步的加工润色，提升其思想内涵、文化意义与审美境界。其次是个性的相互补充，充分发挥主持人个体的多元个性而增强节目

整体的表现力。这里举属于上述第三种情况的一例：

> 王佳一：今天是植树日，很多朋友很重视，其实也可以在某一个值得纪念的日子种植一棵树作为纪念。
>
> 顾峰：比如给新生婴儿栽 28 棵树，等到结婚年龄时 28 棵树已经成材了，就够结婚的费用了，为婴儿植树是当地一个盛行的风俗，现在贵州侗族等少数民族地区有为新生婴儿种女儿杉的习惯。
>
> 王佳一：还有治病种杏树，因为三国东吴名医董奉医术精湛，为人治病从来不收钱，治好一个病人只要求他种一棵杏树，天长日久，他的房前屋后竟然有十余万株杏树，所以人称董林杏仙。
>
> 顾峰：唐代的文成公主远嫁给松赞干布，将从长安带去的柳树苗种植于拉萨的大昭寺周围，以表达对柳树成荫的故乡的思念，因此这些树被称为唐柳或者是公主柳。现在已经成为汉藏交往的友好见证了。
>
> 王佳一：还有写诗护树的，爱国名将冯玉祥将军爱树如命，军中立下护树军令，说马啃一树杖责 20，补栽 10棵。……①

两位主持人在相互交谈中不断补充着关于植树节的习俗与典故，不仅丰富了信息内容，更将作为节日的植树活动深入到民风民俗、历史故事当中，从中可见人们对生活的美好愿望、民族交往的友好见证与人类爱护环境的可贵精神，不断深化着信息主题的意义。

---

① 王佳一：《广播直播主持艺术》，华夏出版社 2011 年版，第 187 页。

　　主持人与嘉宾之间的话语交流，体现为节目主持人与被邀请至现场的嘉宾之间（也包括对场外嘉宾的连线）的对话。由于嘉宾与节目内容的密切相关性，这一话语交流情形更加切近节目的内容意义核心。主持人通过对嘉宾的引导、提问及其相互之间的交谈而生成节目的基本内容。如白岩松采访学者季羡林的话语片段：

　　主持人：张中行先生在写您的时候曾经提到先生有三个特点：一个是学问精深；一个是为人朴厚；一个是有深情。他以为在这三者中最难得最重要的就是先生身上的为人朴厚。因为他觉得，在他见过的很多学者大师里头，在这方面再也没有超过您的了。

　　季羡林：这个事情是这样的，我认为人应该有自知之明，一般人缺乏自知之明，我这个自知之明恐怕过了头，总觉得自己不行，不是自己故意装，你装也装不出来，只觉得好多方面自己不行。在这方面我自己的解释是说自知之明过了头。过了头也不好，应适可而止。

　　主持人：我听说过这样一件事，有一个书商卖您的书，希望您签上名那么他会好卖一点儿。您非常高兴地给他签了名。签名之后，您又听说他在楼下等着，您又跑到楼下去感谢那个书商，结果搞得那个书商自己都不知所措。

　　季羡林：是有这回事，现在每个作者都希望他的书被人读，那书商找上门来，我当然要感谢他了。这个当时也没有什么思想活动，只是感觉当时听说人家在门口，要赶快出动感谢人家。

　　主持人：在这世纪末的时候先生提出了一个"三十年河西，三十年河东"的论断。认为到了下一个世纪，以中国为主的东方文化一定会在世界文化中占主导地位。

季羡林：过去在唐朝，就是在穆斯林运动初期，在波斯、阿拉伯就流传一句话，说世界上古代希腊人有一只眼睛，中国人有两只眼睛，了不起哦，而世界上其他的所有民族都是瞎子。我觉得这话是穆斯林讲的，而且是在我们唐朝，在 7 世纪时，中间必然有它的道理。

主持人：季先生是国学大师，我非常钦佩，然而到这儿来，看到两套房子基本上都被书占据了，而季老仍然非常委屈自己，住的地方很小，家里也很乱，我们的感觉是心疼。

季羡林：不要心疼，我现在在北大有两套房子，这套房子在北大还是大的，学校已经对我很照顾了，再想多要那是非分妄想。我也不想。

主持人：是您养的猫吗？

季羡林：是，我养了三只猫。……①

主持人与现场受众之间的话语交流，体现为与节目现场观众之间的话语和行为互动（有时也包括现场观众与嘉宾的互动）。如《实话实说》之"谁来保护消费者"节目里，主持人、观众与嘉宾之间在现场的言语互动：

观众八：我是一个教师。我到商店去买东西，应该说是消费者吧？我首先发表一个观点，我认为辩论王海是不是消费者的这些人目的不对，他们想把水搅浑。（掌声，笑声）

崔永元：你的意思是说我想把水搅浑吧？（笑声）

观众八：不知假卖假，商家都有责任。你不知假卖了假，那你就没有资格开商店，就该撤销你的资格，你要知假卖假当

---

① 吴郁：《主持人的语言艺术》，北京广播学院出版社 1999 年版，第 371—373 页。

然就应该按《消费者权益保护法》第四十九条得到惩罚。（掌声）

崔永元：搅浑的水又被您澄清了，我们非常高兴。据我所知，王海是第一次来到我们中央电视台的演播室，应该说这是个难得的机会，商家还有消费者都有一些问题要问他，我们愿意提供这个机会。

高明：请问王海，你能不能坦率地说，在你后来去商店买商品的时候，究竟是为了消费还是为了别的目的？（掌声）①

而主持人与连线受众之间的话语交流，则是与现场之外的受众之间的话语互动。比如下面的一段热线电话中节目主持人与一位小观众之间的交流话语文本：

听众：……最近学习成绩不是怎么好，有下降的趋势，……原因是自己心目中有放松的情况，玩心也比较重一些……我想问你能否改变一下呢？

主持人：这怎么能问我，应该问你是否能改变一下呢？

听众：因为我觉得自己控制能力太差了……

主持人：你觉得自控能力是什么意思？

听众：自控能力是控制自己的能力。

主持人：你觉得自控能力是来源于自己呢，还是别人？

听众：应该来源于自己。

主持人：那你怎么问别人呢？②

① 魏南江：《节目主持艺术学》，中国广播电视出版社 2006 年版，第 241 页。

② 王群、沈慧萍主编：《电视主持传播概论》，华东师范大学出版社 2008 年版，第 63 页。

作为丰富节目内容的基本手段，主持人与现场受众或场外受众的交流话语被一并纳入节目的传播内容当中。值得注意的是，这里的受众与作为大众传播形态的主持人节目信息接受方的受众是有本质区别的：虽然前者与作为信息传播者的主持人之间发生了交流，但这种交流永远处于节目内文本之中，成为其中的一个元素，有待在外文本话语中向后者传播。

以上所列举的话语类型，虽然有着不同的发话主体，但都有一个本质的共同点，即都存在于节目内信息世界，作为节目信息整体的一个组成部分。无论是主持人的自我独白，还是主持人与节目内其他主体（搭档主持人、嘉宾、现场或连线的场外受众）的相互对话，都是被传达给收音机旁、电视机前、网络视频播放页面外部的广大受众的传播对象。虽然在主持人与搭档主持人、嘉宾、现场或连线的场外受众的话语中已经发生了实际的对话交流，但从逻辑上看，主持人与作为大众传播目标群体的更广大受众之间的交流尚未发生。在这一过程中，虽然主持人话语本质上是为与广大受众交流来准备的，比如话语的表达形式充分考虑到受众的实际接受因素而采用人际交流个性化的语言（如上述主持人独白话语实例中以回忆切身经历的方式取得受众的认同），为加深受众的认知而进行的材料丰富、累积（如上述搭档主持人引证古今事例以使受众信服植树的重要性），对所选择材料进行精选以符合受众的接受心理（如上述主持人与学者嘉宾的谈话主题绕过纯粹学术性的内容而集中于日常为人处事的谦逊人格），以与广大受众切身相关的内容构成节目内容以实现服务受众的宗旨（如上述主持人与现场及场外连线受众之间具有生活启示性的对话），以及上述所有话语类型所普遍使用的通俗易懂的语汇与句式，但这些话语都仅仅是作为对象展示在受众的感知当中，是在节目的播出进程中客观地被受众接收的，而非被主持人拿来显性而自觉地与受众展开直接交流。

2. 第二层：外文本

一言以蔽之，内文本构成了主持人节目的实际内容，也就是有待发生大众传播的对象。在节目内文本的基础上，主持人传播话语必然还包括一层向节目世界外部广大受众传递信息的外文本，因为后者才是节目主持传播活动作为大众传播的最终目的。主持人集合内文本中所有话语元素而展开对节目内容与进程的引导与组织，最终是为了向收音机、电视机、电脑网络屏幕之外的广大受众传播。所以，在内文本之外，还存在着主持人节目信息传播话语的另一层文本，即外文本。外文本生成于主持人有意识地从自指性的节目内容（内文本）中跳脱出来，而将话语流引向节目外的受众。比如：

> 听了这个故事，您有什么感受？其实夫妻之间的争争吵吵在所难免，就像一首歌唱的那样，恩织着怨，爱织着愁，恰似小河流水无尽头……不过争吵后不要耿耿于怀，要知道家就是要讲爱，爱是什么？爱不是山盟海誓，爱不是情书累累，爱不是占有，不是索取。真正的爱是奉献，是宽容，是理解，是责任，是真诚。夫妻之间有了这样的爱，婚姻才有了天长地久，幸福才会永相伴。①

主持人在讲述了一对夫妻真实的情感故事（内文本的话语叙述）之后，水到渠成地转向节目外的广大受众，向其总结故事所传达的爱情真理。主持人先是通过明确指向节目外部受众的"听了这个故事，您有什么感受"直接向受众发话，唤起受众的注意，然后对故事进行总结、提升，启迪受众领悟夫妻间的真爱到底是什么样

---

① 陆锡初：《节目主持人导论》，中国传媒大学出版社 2013 年版，第 264 页。

子。如果说这一段总结、提升的话语朝向受众的外指性还并不明显，那么下面一例则在文字上处处指涉受众，与受众直接交流：

> 听众朋友，《一路平安》的乐曲奏响了，在这里我还要说，尽管爱情也有风霜雨雪，但爱情是您人生的力量，它催您奋进，鼓舞您向上。亲爱的朋友，请善待婚姻吧，善待婚姻就是善待自己的生命。如果您年轻的时候想成就一番事业，别忘了，美好婚姻是您坚强的后盾。步入中年，您要增加生命的含金量，婚姻是最宝贵的炼炉。如果有一天，您快要老了，蓦然回首，婚姻是一部宝典，承载您荣辱与共的一生。您会说，因为我爱，我终生无悔。①

这段话语以直接称谓"听众朋友"开篇，接下来处处以显明的文字指向广大听众，若干个"您"将受众强力拉入"我—你"对话情境，完全跳脱出节目信息的内文本而进入与受众交流的外文本之中。

如此可见，信息传播话语外文本的存在以及主持人在内、外文本间转换游移，恰恰构成了主持人节目与文稿播音节目最本质的区别。在外文本层面，信息传播话语不再封闭、自足，而时刻向外、向传播主体所预设的受众敞开。外文本所发生的话语流动是无形的，不像上述内文本中各种话语发出者与应答者的对话那样实际发生，但恰恰是外文本话语应答方的隐藏性使得该层面上的话语行为孕育着无限的可能。脱离内文本话语而在外文本层面向受众发起会话的主持人，必须时时预设着此刻可能在倾听、在观看的那些自己看不见的应答人，其所说的每一句话都是预设着受众的形象、估量

---

① 陆锡初：《节目主持人导论》，中国传媒大学出版社2013年版，第264页。

着对方可能做出反应的开放性话语。在这个过程中，作为发话者的信息传播者降低了自己高高在上的姿态、改变了生硬死板的话语表达方式，而将话语维持在一种平等、亲切的状态之中。

这种对受众的预设是多方面的，既存在于主持人对话语内容的构思中，也存在于主持人对话语形式的选用中。请看下面一例：

> 有一个夏天的晚上，我骑车带孩子出门，天突然下起了雨，我们只好躲在一个商店的屋檐下，这屋檐下原本已有了几个人，我们去的时候，地方已不宽裕了，只能勉强容身，为了不让雨浇到孩子身上，我只好替她用身子遮挡风刮过来的雨。这时旁边的一位中年男子把自己的自行车"啪"的一下横在了雨里，然后示意我们母女往里靠。我已记不得当时说了什么感谢的话，只记得心里的沮丧和暴风雨带来的坏心情一下子就消失了。于是，这雨夜里的一份温情，便一直保留至今。谁都会有这样的温情回忆。它不是一种感觉，而是一种需要。这种温情调节着我们疲惫的身心，使我们感到生存的尊严、生存的价值、生存的美好。[1]

这是山东经济台《林雨一刻钟》主持人林雨在节目中向广大受众讲述的自己的一段真实经历。这是一个"自然无情人有情"的话题，对恶劣自然条件下人与人之间美好的温情，特别是陌生人之间可贵的助人的博爱之情，如果用一般的概念化的、讲道理式的语言表达，可能无法让受众达到深切的认同。正是考虑到这个因素，主持人以自己遇到的一次好人好事为例，生动、形象地将这一信息加以传达，因为"谁都会有这样的温情回忆"，所以更能够引发受众

---

[1]　吴郁：《主持人的语言艺术》，北京广播学院出版社 1999 年版，第 123 页。

情感的共鸣与思想的共振。可以说是成功地从受众的心理特点出发，提升了信息的传播效果。这是从话语内容构思方面对受众进行预设、预估的典型案例。而下面的这个例子，则是主持人在话语形式的选用中所体现的对受众的考虑：

> 贝聿铭的建筑设计被人称为"充满激情的几何结构"，他现已80岁高龄，还担纲设计中国银行在北京总部的大厦。在我看来，这位老人身上有一种非常神秘的力量。很多看起来完全对立的东西，在他身上却能够和谐地统一起来。比如说，他是一位典型的中国人，但他又是一位非常成功的美国人；他在同行中是一位广受推崇的大师，但是在政界、商界的社交圈里人缘仍佳；他设计的五十多件建筑作品散布在世界各地，在它们刚刚建成的时候往往招来非议，但是不久又能够证明成为当地的骄傲，或者成为那个城市的标志；他身上有一种与生俱来的贵族气质，却让每一个跟他交谈的人感觉平等的自在。你说，这样的人，难道不值得去跟他聊聊吗？[①]

在向受众介绍著名建筑师贝聿铭独特的人格魅力之后，主持人向受众直接发问"你说，这样的人，难道不值得去跟他聊聊吗"，从而将节目引入到接下来的访谈中。这一段属于典型的外文本话语。前面大篇幅的人物介绍看似主持人的独白，但经过分析，我们可以看到其具体的话语却是形成于主持人在对受众接受信息过程中的潜在反应的预估。换句话说，整个文本隐含着主持人想象中的自己与受众话语的应答往来，其最终显现的样貌是隐去了受众反馈后的作为对话一方的主持人的对语。在这里，可将传受双方的话语交

---

① 陆锡初：《节目主持人导论》，中国传媒大学出版社2013年版，第200页。

往过程用文字补全如下：

（观众朋友们，现在让我来介绍一下今天节目的主人公，他可实在是个了不起的人物。不信？那么我就从人们对他建筑作品的评价、他对工作的全情投入来增强说服力。）贝聿铭的建筑设计被人称为"充满激情的几何结构"，他现已 80 岁高龄，还担纲设计中国银行在北京总部的大厦。（怎么样，这回能够感觉到了吧？他确实是个了不起的人物。于是你们突然想对这个人物了解更多？那么我告诉你们，他的魅力还远不止于此。）在我看来，这位老人身上有一种非常神秘的力量。（什么？你们觉得他确实了不起，但我用"神秘力量"来形容他的能力是过度夸大了？好吧，听我来给你们解释。）很多看起来完全对立的东西，在他身上却能够和谐地统一起来。（还不够具体，没有说服力？那好，等我一一举例说明。）比如说，他是一位典型的中国人，（那么你们一定觉得他应该只能在中国的文化环境中取得成功，其实不然。）但他又是一位非常成功的美国人；他在同行中是一位广受推崇的大师，（按照你们对艺术大师的常规性理解，是不是觉得他只把自己封闭在高处不胜寒的纯粹艺术的世界？那你们就大错特错了。）但是在政界、商界的社交圈里人缘仍佳；他设计的五十多件建筑作品散布在世界各地，在它们刚刚建成的时候往往招来非议，（可是别忘了我刚才说过他是个能够把矛盾对立统一起来的人，所以不用担心这些非议会长久。）但是不久又能够证明成为当地的骄傲，或者成为那个城市的标志；他身上有一种与生俱来的贵族气质，（听到这里你们会觉得他应该是个高高在上的人，但事实却并非如此。）却让每一个人跟他交谈的人感觉平等的自在。（怎么样？我刚才说"看起来完全对立的东西，在他身上却能够和谐地统一起来",并没有言过其实吧?这样的奇人,你们是不是想要去了解呢?)你说,这样的人,难道不值得去跟他聊聊吗?

括号中的文字是主持人在看似独白的话语下对受众无声交谈的话语,它包含了主持人预想中受众大量的应答与疑问。所以,主持人在节目外文本层面对受众所说的话,绝不是完全由其自身的意识所左右的,而是在坚持其内在意义核心不变动的前提下,受到受众潜在、无形反馈的强力支配。它绝不是主持人一方的话语霸权、一家独大,而是主持人与受众两种声音之间话语狂欢的结果。

话语狂欢来自主持人与受众在交谈式的节目信息传受模式中的对话关系,而节目中的对话关系又来自于作为大众传播语境下公共话语空间中的传播互动关系,后者扎根于人类语言行为的对话本质。语言,作为人类传递信息、表情达意的工具,内嵌于人与人所构成的社会交往关系中。在著名语言哲学家巴赫金看来,"语言作为社会思想的真实而具体的存在,总是对话性的,这种对话性不但存在于言语的外部形式结构上,而且还存在于言语的内部"[1]。也就是说,不仅以对话形态存在的语言形式具有对话性,一切对语言规则现实化的言语行为都存在着对话的特性。任何言语的生成与表达,都离不开发话者与接受者双方。不存在仅有发话者一方的言语行为。即使在自言自语的极端情况下,也无一例外,只是发话者与接受者出现了重合而已,即自己说给自己听。巴赫金"站在对话哲学的高度揭示话语的实质所在"[2],"把对话关系提高到生活立场,提高为话语的本质存在和驱动力量,在这个大前提下考察语言的运用和变化"[3]。而语言的这种本质上的对话关系归根结蒂肇始于人的

---

[1]　沈华柱:《对话的妙悟:巴赫金语言哲学思想研究》,上海三联书店2005年版,第46页。
[2]　凌建侯:《巴赫金哲学思想与文本分析法》,北京大学出版社2007年版,第148页。
[3]　凌建侯:《巴赫金哲学思想与文本分析法》,北京大学出版社2007年版,第90页。

存在方式。"在他的哲学思想中，话语对话性实际上首先是一个本体论的命题，回答人的存在的本质特点是什么……人的存在不是静态的实体，而是动态发展的行为，是人与人之间的联系和交往。"①

巴赫金进一步认为，这种体现了话语本质上对话性的言语构成了人类处于第一性地位的基本体裁（简单体裁），在此基础上才出现了居于第二位的派生体裁（复杂体裁），即处于各个文化领域内的专门性体裁（比如文学领域的小说）。在第一性的对话关系中，话语的表述总有对别人言语的反应，尽管这种反应是不同程度上的，甚至往往无法十分清晰地显现出来，但却是每一言语固有的现象。所以"话语是针对对话者的"②。于是作为他人的对话者的言语积极作用便凸显出来。"言语接触它的对象，就要进入由他人议论、评价、褒贬所形成的激动而紧张的对话地带中去，就要卷到他们复杂的相互关系中去。……所有这一切会给话语形式以重大影响，会浸透到话语含义的各个层次中，会使话语的情味变得复杂，会影响到它的整个修辞面貌。"③ 巴赫金对言语的"内在对话性"的深入揭示，使其特别重视对话关系中他人的地位，甚至"个体的全部生活都是在他人话语的世界里得以定位，都是对他人话语的反应"④。作为发话者的自我与作为对话者的他人所构成的"社会关系从内部决定着表述的结构，言语的对话关系不但表现在言语的对话结构、对白等外部形式，还在语言的内部语调、风格等因素上表现出来"⑤。

---

① 凌建侯：《巴赫金哲学思想与文本分析法》，北京大学出版社 2007 年版，第 149 页。
② ［苏联］巴赫金：《马克思主义与语言哲学》，载《巴赫金全集》第 2 卷，钱中文等译，河北教育出版社 1998 年版，第 435 页。
③ ［苏联］巴赫金：《长篇小说的话语》，载《巴赫金全集》第 3 卷，钱中文等译，河北教育出版社 1998 年版，第 55 页。
④ 沈华柱：《对话的妙悟：巴赫金语言哲学思想研究》，上海三联书店 2005 年版，第 39 页。
⑤ 沈华柱：《对话的妙悟：巴赫金语言哲学思想研究》，上海三联书店 2005 年版，第 44 页。

　　而主持人节目传播话语的外文本恰恰就是巴赫金语言哲学中言语的"内在对话性"的体现。由于传播形式的制约,主持人事实上是无法与受众群体本身展开实际的对话的,从话语的外在表现形态来看,主持人依然是在隔着话筒与荧幕的屏障在与其想象中的受众交流。主持人看似是在单向地传播,但话语本身的"内在对话性"使主持人的话语文本实质上由自身与受众双方所共同生成,所以上面分析的主持人话语中所隐藏的受众应答话语的存在必然得以可能。在巴赫金的基础上,玻姆进一步认为,并非一切交往、交流都可以被称为对话。"对话必须以统一的意义之溪为前提,它能够使对话交际者彼此之间的理解达到一种新型的理性的高度,亦即他们不相互对立,不是简单的相互作用,而是各自发挥创造的积极性、理解的积极性,从而形成'一种新的智慧'。"[①] 也就是说,对话是创造的过程,对话的参与者在其中不断地生产共同的意义,对话才得以真正成为对话。而节目话语交谈双方的主持人与受众正是围绕着节目的信息内容或某一话题而共享着统一的"意义之溪"。在对话过程的实际展开中,主持人共享着信息的核心内容,而其预设中的受众则不断无声、无形地"提供"着自身的潜在话语,作为交谈的双方他们各自独立又时刻保持相互的影响与生成,不断共塑信息最终的内容与意义,后者通过主持人有声表达的话语而获得有形的体现,作为二者共同创造活动的结晶。这也是主持人节目传播话语始终充满活力与生命力的原因所在。

　　巴赫金对话哲学中对他人话语存在的充分肯定与重视,使其将言语的对话性上升到"伦理话语学"的层面。因为"说话人应采取对话的而非独白的立场,是一个如何为人(做人)的道德要求。

---

　　① 沈华柱:《对话的妙悟:巴赫金语言哲学思想研究》,上海三联书店2005年版,第153页。

人们在交际中采取对话的立场，就意味着尊重他人与我的同时并存，且又维护自己独立的人格，就意味着要商量、探讨……作者从自己唯一的位置出发，在对话中完成自己的'应分'，即在话语行为（思想行为）中担负起自己对生活的独一无二的责任，在真假、善恶、美丑的较量中作出自己的贡献"①。在这个意义上，主持人节目所独具的外文本话语层级不仅具有传播学上的独特价值，更富有重要的社会意义。而这正是非主持人节目所不能比拟的优势所在。对这一点，将在本章的第三节加以详尽且深入地阐释，在此不做赘述。

需要注意的是，主持人话语内、外文本的关系并不是单一的。有时，二者相对独立，仍以上文搭档主持人王佳一与顾峰的话语文本为例：

王佳一：陪伴您继续同行的是《一路畅通》节目，我是王佳一。

顾峰：大家好，我是顾峰。今天风挺大的，希望大家在高速路上行车时一定要防止侧风对您的行车安全产生的一些不利影响。

王佳一：走在高速公路上真的一定要控制好车速，祝您一路平安，大风天让我们想起应该多种树好挡住风沙的侵袭。

顾峰：每年的 3 月 12 日我们都要植树，一定要在植完之后好好地护一下。

王佳一：今天是植树日，很多朋友很重视，其实也可以在某一个值得纪念的日子种植一棵树作为纪念。

顾峰：比如给新生婴儿栽 28 棵树，等到结婚年龄时 28 棵

① 凌建侯：《巴赫金哲学思想与文本分析法》，北京大学出版社 2007 年版，第 148 页。

树已经成材了，就够结婚的费用了，为婴儿植树是当地一个盛行的风俗，现在贵州侗族等少数民族地区有为新生婴儿种女儿杉的习惯。

王佳一：还有治病种杏树，因为三国东吴名医董奉医术精湛，为人治病从来不收钱，治好一个病人只要求他种一棵杏树，天长日久，他的房前屋后竟然有十余万株杏树，所以人称董林杏仙。

顾峰：唐代的文成公主远嫁给松赞干布，将从长安带去的柳树苗种植于拉萨的大昭寺周围，以表达对柳树成荫的故乡的思念，因此这些树被称为唐柳或者是公主柳。现在已经成为汉藏交往的友好见证了。

王佳一：还有写诗护树的，爱国名将冯玉祥将军爱树如命，军中立下护树军令，说马啃一树杖责 20，补栽 10 棵。<u>关于冯将军对植树的一些态度，全国政协委员李晏先生也有一个介绍，接下来听听对他的采访。</u>①

在这段主持人话语文本中，内文本话语之前已经引用过，而在内文本话语的前后加下划线以突出的文字，是外文本话语的典型体现。首先，主持人提示广大受众正在收听的是什么节目，然后以个人身份向受众问好，继而进入节目的主题中并善意地提醒受众在恶劣天气中注意安全，随即带领受众谈论在社会层面大家应当如何预防这样的恶劣天气的发生。这些都是主持人作为信息传播者向广大受众发起直接的话语交流。以一句"其实也可以在某一个值得纪念的日子种植一棵树作为纪念"为过渡，主持人由外文本话语转入内文本，谈论如何"种植一棵树作为纪念"。最后又通过"关于冯将

---

① 王佳一：《广播直播主持艺术》，华夏出版社 2011 年版，第 187 页。

军对植树的一些态度，全国政协委员李晏先生也有一个介绍"，又将话语由内文本引至外文本而直接向受众发话——"接下来听听对他的采访"。

从受众的视角来看，其对主持人节目内容的观照与所发送信息的接收过程，在逻辑上也存在着双重性。受众首先是被外文本与己相关的对话情境唤起，进而进入对内文本与己无关的信息内容的收听和观看，又由于信息传播者——主持人持续的话语引导和对话交谈行为而再度返回外文本层面，继而再次进入内文本层面，循环往复，直到节目结束。在此过程中，受众所接收到的就既有处于内文本的节目基本传播内容，也有处于外文本的与自己对话的节目主持人。在此，相比于主持人节目之外的视听化传播方式，信息的传播便发生了变异，作为传播对象的信息内容本身被做了加法。

当然，主持人话语的内、外文本并不一定像上述例子那样泾渭分明。事实上，更多话语文本的这两个层级并没有十分明确的区分，而是互相包含、相互渗透，你中有我，我中有你。且看1996年6月9日播出的《实话实说》之"拾金不昧要不要回报"中的话语片段：

> 主持人：1996年2月15号，北京有一位公司职员，他姓任，把大哥大丢在一辆出租汽车的前座上，被这辆出租车的司机发现了，后来，这位出租司机用他拾到的大哥大和失主尽快取得了联系，几天以后，失主任先生如约来到了出租司机潘师傅家里，大家请看大屏幕。（播放录像）张先生（嘉宾），不知你看清楚没有，这位任先生拿出了一个信封，说这是他的一点心意，那么这心意是什么呢？
>
> 张宇燕：我猜大概是一些货币，准确地讲是人民币。
>
> 主持人：高女士同意他的观点吗？

高博燕：那当然。

主持人：没有可能是感谢信什么的吗？

高博燕：我也希望是那样，但是不现实。

主持人：要表示的这位任先生就在现场，我们可以来问问他。……果然让他们给猜中了。我想了解你的想法，为什么要送一些钱？

任先生：既然是人家拾到了，这个手机人家可以自己任意来处置，他可以用若干种处置方式，比如转送、卖掉，或可以据为己有。但他主动地找我，还给我，本身这种行为就值得我感谢他，这种行为本身就是有价值的行为。

主持人：这正是我们今天要讨论的话题——拾金不昧要不要回报。我们先听听在座嘉宾的看法。张先生，你认为任先生的这种做法有必要吗？①

很显然，这是一段主持人在节目现场与嘉宾和在场观众的对话，属于上面划分的传播话语内文本。各对话主体就"拾金不昧要不要回报"展开讨论，讨论的内容是节目信息的一个部分，是被向电视屏幕外更广大受众传播的对象。但当我们仔细阅读上述文字，会发现主持人对现场嘉宾与观众所说的话，同样也是指向广大受众的。这是由主持人节目的大众传播本质所决定的。首先，主持人介绍事件经过，直接的是为现场的嘉宾和观众而进行的，但同时也是向场外的广大受众介绍事件的经过。其次，也是更为重要的，主持人作为节目进程的主导者与组织者，其提示语与引导语——如"大家请看大屏幕""这正是我们今天要讨论的话题""我们先听听在座嘉宾的看法"——表面上是对现场嘉宾和观众说的话，但同时也

---

① 吴郁：《主持人的语言艺术》，北京广播学院出版社 1999 年版，第 433 页。

是一并向节目内文本之外的广大受众发出的，同时成为了外文本的话语形态。

所以，同为主持人话语形态的组成部分，这里所说的内、外文本是在逻辑的层面加以区分的。它作为由交谈方式实现传播的一种语言样态，体现的是主持人在传播活动中面对受众而处理信息的一种普遍姿态。

（二）主持人节目话语层级的特殊性

其实，传播话语文本的双层性不仅仅是主持人节目信息传播话语相对于文稿播音节目的特殊性，它也是其与一般意义上其他大众信息传播形式的一个重要区别。在视听化大众信息传播语境中，影视剧（广播剧）、无主持人（或淡化主持人）的综艺节目、广告、纪录片都是重要的实现方式与存在形态。但与主持人节目的内、外双层传播话语文本相比，上述形式的话语文本层级无一例外均显示出单一性，由此可见主持人节目在大众信息传播当中独具一格的地位与特点。

1. 影视剧（广播剧）与主持人节目的话语层级

影视剧演员与广播剧的演播者是影视剧与广播剧的直接信息传播者，他们按照剧本的设定在导演的宏观把控下将完整的故事情节呈现于受众。演员与演播者固然能够也必须充分发挥自身的主观能动性来表达台词、展现行动、塑造形象、演绎故事情节，但归根结蒂都必须在剧本的预先设定中进行其所有的表演行为。与文稿播音员相类似，虽然其表演方式可以具有迥然相异的艺术追求与表现特点，其具体话语与行动也是对已存在的故事蓝本进行经由二次创作活动的还原，但角色自身的形象、人物的具体行为与人物间的相互关系，都融合在了其所构成的故事的矛盾冲突与情节走向之中，从而成为作品所传达信息的一个组成部分而向受众展现出来，仅存在于单层的信息文本中。

与之相比，作为主持人节目信息的直接传播者，主持人虽然从话语的内文本层面上来看，也是属于节目整体的一个必不可少的因素，但在外文本层面上却与节目内容始终保持着一定的话语距离。如果说影视剧演员或广播剧演播者的话语行为（独白、对话）已作为故事的一个元素而完全嵌入了故事整体当中，那么节目主持人却是作为节目内容各个环节的组接者或串联者，"以有声语言为主干或主线驾驭节目进程"。从这个意义上讲，节目主持人与节目内容或多或少地保持着一种隔离状态，游移于节目内容的整体之上。即使深入参与到了节目进程之中，主持人也能够且必须在必要的时刻自觉地抽离，自如游走于节目内容、场上嘉宾、现场观众（听众）与荧幕或收音机前的广大受众之间。如果说整体节目内容的各个部分有机组成了主持人节目话语的内文本，那么主持人的话语就处于超越于这一层级之上的外文本。于是主持人在整个节目的话语体系中便先天地具有了一定程度的自主性，这恰恰是作为故事内部的诸多角色而存在的影视剧演员或广播剧演播者所不具备的。

2. 无主持人（淡化主持人）综艺节目与有主持人的综艺节目的话语层级

在当下的诸多综艺节目形态中，有一种无主持人或淡化主持人的类型，目前较为集中地体现为大型游戏真人秀节目。《爸爸去哪儿》《奔跑吧，兄弟》《花儿与少年》都是其中的典型体现。此类综艺节目依然由各种任务环节组合而成，但往往不设主持人，甚至刻意将主持人的形象抹去而请场外节目导演的话语代为行使主持人的串联、组织与引导功能。此类节目并非虚构的故事情节的演绎，没有为受众展开一个虚拟的故事世界，而类似于一场存在于现实空间的游戏记录。但无论是游戏的参与者还是把控全场的导演都依然是处于同一个话语文本层级，并没有超越其上的另一话语层级的存在。虽然导演在衔接游戏各个环节或仲裁参与者表现的过程中偶尔发声，但也是作为游戏本身的一个内在元素而出现的。此时，导演也是整个游戏的一个参与者，只不过是作为一个身份特殊的场外裁判而存在的。而场外裁判对场上竞赛的仲裁与评判，显然也是游戏之内的一个元素、一种行为，是作为节目内容本身而存在的。从这个意义上讲，此类综艺节目在信息的传播方式上与影视剧、广播剧没有本质的区别。

有主持人的综艺节目则具有鲜明的话语调控性。以《快乐大本营》和《天天向上》这两档综艺节目的游戏环节为例，其具体的游戏进程并不似无主持人游戏节目那样是既已明确游戏规则的参与者自发组织并展开的，而是在主持人无处不在的引领、解说、评价甚至参与下串联而成的。由主持人所建构的外文本不断介入游戏进程中属于游戏参与者本身的内文本，主导和把控着后者的演进方向。没有主持人的存在，场上所有环节都将变成一盘散沙，更不知如何组接、延续下去。而与此同时，节目中的场上嘉宾与场下观众也缺少了必要的中介，其间的交流也就无从有秩序地进行。

3. 广告与主持人节目的话语层级

广告的演绎者是广告信息传播话语的直接发出者。无论出于商业推广还是公益教育目的，广告都包括两大基本类型：一是直接体现广告意图、宣传理念的"硬广告"，二是将广告意图与所宣传理念隐藏于故事情节的"软广告"。前者将内在意图明确体现于话语或画面之上，促使受众明确产品优势、了解企业形象（商业广告）或接受道德教育（公益广告）；后者常常以"微电影"的形式出现，在对具体而生动的故事情节的设定与叙述后明确主旨思想。二者虽然表现方式不同，但基本指向却殊途同归，都是将广告信息传播主体意欲传达的内容广而告之。所不同的，只是劝服力的高低强弱。与此相对应，广告演绎者的传播话语行为便是宣传与劝服，促使受众最大限度地认同广告所意欲推广的思想。"今年过节不收礼，收礼只收脑白金"的熟悉唱腔,目的在于促使其目标群体认可其产品的优秀品质并做出实际的购买行为;"心有多大,舞台就有多大"的励志话语及红衣少女随心起舞的优美画面,是旨在帮助广大青年增强不懈奋斗的自信和勇气;而某口香糖品牌推出的系列公路微电影,则是在男女主人公情感历程的不断推进中凸显其品牌的亲和力。无论是"硬广告"的硬性灌输还是"软广告"的柔性感染,无论是话语的有声表现还是行动的外在表演,广告演绎者在本质上都是广告信息给予受众的直接载体,通过其声情并茂的话语和行为表现加强受众的心理认知。其传播话语也因而一并被纳入传播内容的整体架构当中,并没有超越其上的第二级文本存在。

与之相比,节目主持人具有更大的话语创造与形象塑造空间。由其所掌控的具有游离性的外文本所决定,节目主持人在体现节目意图、传达其幕后创造团队集体智慧的过程中,不必像广告文字与情景的演绎者那样固守于其既定的台词原文和剧本原文,而完全可以将自身的个性风格充分发挥并与传播内容融为一体。主持人对节目各个环节的串联与把控,固然必须按照节目创作团队的原有意图来进行,但在其具体的串联方式与实现形式上可以最大限度地灵活多变,而节目录制现场所出现的一些突发情况,更是需要随机应变的处理。与广告演绎者相比,节目主持人的话语自主性得到了最大程度的发挥。也正是在这种自主性的实际体现中,节目主持人与广大受众之间建构起传播话语的第二话语层级——外文本。

4. 纪录片与主持人节目的话语层级

解说者是各类纪录片的直接信息传播者。与广告演绎者的作用极为相似,其所担当的是纪录片文稿的原文有声呈现工作。因此在风格的把握与个性的发挥方面不具备较大的自主性。但与广告演绎者在朗读和表演时的情感投入不同,纪录片解说者需要在话语的呈现形态上保持相当程度的理性控制,以达到纪录片信息传播的知识普及要求。从这个意义上看，纪录片解说者类似睿智的学者或课堂上的讲师，将其所解说的纪录片内容以较为客观冷静的语音娓娓道来。其话语依然是与所解说内容共存于同一文本层级中。从听觉上感受，解说者对知识内容的介绍与画面的说明、解读确实不像影视剧（广播剧）、无主持人的综艺节目、广告那样融入其话语整体当中，但从其内容上理解，却是对内容与画面的直接讲述。如果去除解说者的有声表达，纪录片的内容与画面在意义的准确传达上便失去了有力的依傍。

与之相比，主持人节目所存在的外文本话语层级却允许主持人对所传达的内容有较大的改动和发挥。主持人无需将传播内容照本宣科、一字一句地朗读出来，而能够在掌握其基本内涵与核心意义的前提下充分采取多元的手段、发挥丰富的情感、体现较为个性化的风格。虽然主持人话语风格仍然受到节目类型与传播内容的制约，但由于其外文本层级相对于内文本层级的可跳脱性，这种制约作用远没有纪录片讲解者完全尊重文本原貌的制约作用那样强大。在此基础上，同样作为向受众介绍某一领域知识、传达某种信息的节目形式，主持人可以抽离信息自身而向受众直接发话，以交谈的语气、营建谈话的情境来达到相同的传播目的，这正是纪录片解说者所做不到的。而事实上，在考虑节目类型与传播内容核心基调的基础上实现风格化与个性化，同时营造和谐互动的对话氛围、塑造自身的亲和形象，往往成为衡量优秀节目主持人的一个重要标准，也是主持人节目外文本存在的有力表征。而闻名世界的英国 BBC 纪录片制作者们正是发现了主持人节目相比较于传统的非主持人节目的这种特点与优势——外文本的存在及其带来的个性化、交往式的话语传播风格，认识到"无论学者们怎么认为广播电视结构和电视节目类型的重要性要超过'荧屏天才'，不夸张地说，流行性电视的'流行'在很大程度上是因为它所表现出的个性"，① 从而尝试将传统的文稿解说式纪录片与主持人节目形式相结合，打造了一大批由专家主持人引领观众视野、主持人专业讲解评析的纪录片作品，其交谈式、专业化与个性化的知识记录、传授融合了两种节目形式的各自所长，实现了纪录片的革新与英国纪录片广播事业在世界舞台上的大发展。

第二节　主持人节目信息传受结构的特殊性

话语的发出、传达与接收过程，如果上升到传播学的层面来观照，其实就是信息的传播与接受过程。主持人节目的话语层级相比于大众传播领域的非主持人节目而言的特殊性，实质上可看作主持人节目信息传受结构的特殊性。正是由于主持人节目话语内、外双层文本的存在，受众对信息的接受已然远远超越了作为内文本的节目信息内容本身，而是将处于外文本中的信息传播者及其话语行为一并纳入其中，致使其信息传受结构随之具备了双层双向特征。

一　非主持人节目信息传受结构的单层单向性

简单回顾一下非主持人节目的信息传播特征，可以发现：影视剧演员或广播剧演播者以剧本为纲进行表演，向受众呈现某一特定的故事情节；无主持人综艺节目的参与者按照既定的游戏规则而展开相互的角力与博弈，向受众展示游戏的实际过程；广告的演绎者按照策划成熟的台词与场景表现特定的主题，向受众传达某种产品、某种理念的优越；纪录片解说者通过对解说稿的准确朗读，向受

---

① 周康梁：《做最牛的主持人：英国电视名主持和他们的节目》，南方日报出版社 2009 年版，第 6 页。

众传授相关领域的知识信息；新闻播音员对新闻原稿进行有声化播读，忠实传达原稿提供的新闻信息——他们以自己的声音和形象诠释、实现着信息，使文字的信息变成有声化、可视化的信息。其节目形式与传播内容虽然各不相同，但不难发现其中显而易见的共性特征，那就是单层单向性。

（一）单层性

诸种非主持人节目直接信息传播者的话语和行为，归根结蒂均内指于所传播的信息内容本身，内化为后者整体当中的一个元素、一个有机组成部分。换句话说，在各种非主持人节目当中，信息的直接传播者无不是化归于节目内容这一整体而向受众呈现并送达的，受众听到、看到的他们，归根结蒂并不是其本人，而是信息本身。他们对故事的演绎、游戏的展现、广告的宣传、知识的传授以及新闻的发布，在效果和作用上都是为使故事、游戏、广告、知识与新闻的内容更加丰满、生动、精彩、完善。其话语文本的单一性，决定了受众的关注兴趣和意向指向都更多地集中在他们所传达的信息本身，而很少聚焦在这些传播者的话语和行为本身。所以，在具体的信息传受过程中，受众往往在很大程度上将这些传播者忽略，而直接面对、感知、理解、领悟后者已经传达出来的内容。比如，无论电视剧演员的表演如何出神入化，受众所直接面对的都已然是他（她）所塑造的人物形象及其在具体行动与矛盾冲突中所展开的故事情节。而关于演员的演技水平如何评价，虽然也很重要，但相比而言尚居其次。而且演员的表演越是精彩，越会更加紧密地将自身与角色、与整个故事的表现和传播融为一体。在现象学美学家杜夫海纳看来，这是人们处于审美经验活动中的审美知觉把演员"中性化"的结果。此时，演员已经是其审美对象世界内部的一个部分。"演员已经被中性化了，他不是作为演员，而是作为他演出的作品被人感知。"① 同样，新闻的播音员对文稿的把握越是到位，越能够将受众的关注点引向新闻本身而不是播音员自身。相反，无论是演员还是播音员，如果其传播过程中受众对其自身加以更多的关注，正说明其脱离了对信息的有效传达，这恰恰是传播失败的表现。比如演员的表演不够真实或矫揉造作。"在通常的审美态度中，我也无心对演员品头论足。再进一步说，我不是把他们作为演员去感知，除非出了什么事（例如……表演不熟练、走调紧张，使演员演不下去，或者演得不真），使我注意演员，把他们作为演员加以评判，说他们演得走了样，不像我本指望通过他们要看到的那些角色。"② 又比如播音员过分注重外在声音、形象的修饰而忽略信息内涵的表现，甚至出现误读的情况等。

非主持人节目话语的这种单层性，决定了其信息传播结构也是单一层面的。从受众的视角来建构，呈现出"受众→信息"特点。信息的内容与其传播者融为一体，传播者隐藏于信息的背后一并向受众交付。也就是说，受众所直接接收的信息是一个浑然整体。

（二）单向性

非主持人节目传播话语的单层性及其"受众→信息"的传受结构，决定了其传受结构的单向性。节目内容始终被作为一个已经完成的有机整体、一种成品向受众"抛掷"，其中每一话语都自在地封闭于其内在空间当中，受众只能在一种"旁观"的状态中实现信息的接收，在所见所闻中"被告知"其内容。他们听到的、看到的都只是他人的故事、他人的游戏、他人的产品、有关他人的知识、他人的新闻。当然，也会出现信息与己相关的情况。一是信息与自

①　［法］米·杜夫海纳：《审美经验现象学》，韩树站译，文化艺术出版社1996年版，第33页。

②　［法］米·杜夫海纳：《审美经验现象学》，韩树站译，文化艺术出版社1996年版，第32页。

身的实际利益高度关联，如天气预报、物价变动、升学政策、疫情发展等；二是信息与自身的兴趣密切相关，或是引发了自身的兴趣；三是自身参与到所接收的信息内容本身，且牵动自身的情感，比如观看游戏类的节目等。但这种相关本质上仍然只是因旁观而产生的共鸣，受众自身并未被实质性地拉进信息内部世界，只是停留在信息的外部而对客观刺激产生相应的反应。

从受众信息感知与获取的角度看，这种"旁观"与"被告知"的状态在实际的传播过程中衍生出非主持人节目信息传播的以下三个特点。

1. 他者的群体意识性

信息的整体意味着其制作与发布主体的意识整体，只不过是由某一特定的声音表达出来而已：影视剧演员（广播剧演播者）的独特表现向受众展开的是汇集着他者群体意识的一个故事世界，这个世界由主创团队所组织、建造，是他人群体意识的结晶。游戏参加者的个人行为及其与他人的相互关联向受众呈现的是游戏规则支配下的他者集体狂欢，广告给人的主要印象总是所宣传物品背后生产团队的技术智慧，纪录片和文稿播音新闻更是对知识、事实进行整理、整合的群体力量的成果。上述非主持人节目虽然同样具有相当程度的吸引力，但从传播学上来看，却总是那个属于他者群体的意识集合体，虽然在传播中给予受众，但只是以自成一体的形式保持着一种冷冰冰的隔离状态与适度的距离。

2. 信息灌输性

非主持人节目自成一体的话语体系处于一种类似"自说自话"的状态。由于其话语行为是自指并封闭于自身世界的，所以其一字一句、一举一动都已然设定完成，而向受众整体交付。在受众的感知方面，没有交谈，没有商量，完全是向受众生硬地送达与灌输。在具体的话语呈现与展开的方式上，它并不预设受众的反应，也并不期待受众的回馈，而是单向度地赋予受众某种知识。

3. 传者权威性

正因如此，受众在非主持人节目传受过程中的地位相对于传播主体来讲，似乎是微不足道的。当然，非主持人节目也必须将目标受众群的特定需求、心理特点与接受能力、趣味及其所能产生的潜在效益作为重要的参考因素，作为其策划、制作行为的重要参考甚至是原始出发点，但在信息话语的直接传达过程中，却是以节目整体的自足性向受众强势交付。作品的完成性使受众必须全盘接收其内容的一字一句。在此过程中，信息传播者的主体性膨胀，传者权威性凸显，信息的流动完全由传者一方指向受众。

综上所述，非主持人节目以传者绝对的权威性向受众强行灌输作为群体意识而相对隔绝且陌生的他者性内容，致使其传播结构显现出强烈的单向性特点。所以，在传播行为的向度上，非主持人节目的信息传受结构更多地表现出"信息→受众"的特点。

至此，非主持人节目信息传播"受众→信息"的单层性特点和"信息→受众"的单向性特点，并行组构出其"信息—受众"的传播结构。在这种结构中，是作为信息的"物"与作为受众的"人"之间的传播与接受的关系。

二 主持人节目信息传受结构的双层双向性

与此不同，主持人节目信息传播话语具有强烈的对话交往性、亲和平易性、生动形象性与多元个性化的样态特征，主持人、受众、节目内容的特征定位以及主持人节目信息传播话语内文本与外文本的双层结构，都决定了其信息传受结构迥然不同于非主持人节目。相比于后者的单层单向性，前者的双层双向性尤其明显。

（一）双层性

如前所述，节目主持人的信息传播话语是在内外双层文本中展开的，与之相应，其对受众的信息传播行为也是在双重层面上实现的。就其内文本层面来说，是主持人与其引导、驾驭的节目内信息世界向受众的单向交付以及受众对这一世界的旁观与接收；而就其外文本层面而言，是其主持人脱离内文本层面而向受众直接发话、交谈与对话以及受众对主持人话语的内心对答与潜在回应。其内文本信息的传播是自指性、封闭性话语向受众呈现，但内文本信息的呈现却又必须通过外文本层面上主持人与受众共同建构的交谈性、外指性、开放性话语情境来实现。这就使主持人节目的信息传受结构发生了本质的变化。

信息传播的内容（节目内容）充分融合了信息传播者与传播内容两个方面，二者相互依存，却也相互分离。与非主持人节目的直接信息传播者必须附着于节目内容而无法跳脱不同，主持人节目的直接信息传播者却必须在与节目内容紧密贴合的基础上时时跳脱出来，在外文本话语层面上与受众交流。所以，主持人节目信息传播的内容必须呈现为"主持人"和"信息"这一辩证统一的双方，其中，单独的主持人形象是其重要的组成部分。那么从信息传送的向度上来看，便是由主持人同信息组成的联合体向受众的传达，也即"（主持人＋信息）→受众"结构；而从受众对信息接收的向度上来看，则是受众对信息和主持人同时的接收，这种接收伴随着主持人时而融入传播话语的内文本又时而脱离内文本而进入传播话语的外文本，而且时时发生着改变，所以由"受众→主持人"而变成"受众→信息→主持人"或"受众→主持人→信息"。笔者把这两种情形分别描述如下：

"受众→信息→主持人"结构发生于主持人话语由内文本转向外文本时。这时主持人作为鲜活的人的形象，从信息本身所构成的内文本中凸显出来，不再作为信息内部世界的一个组成部分，而是作为节目的引导者，用显性的交谈话语将信息内部世界传送给处于其外部的广大受众。所以受众经由信息而明确地感受到（听到、看到）一个向自己对话的主持人形象。

而"受众→主持人→信息"结构则发生于主持人由外文本转向内文本时。这时原本向受众展开直接对话的主持人再次沉浸于信息内部，成为内文本信息世界的一个组成部分。也就是中断了与受众的显性交流而进入到节目内文本的话语空间中（主持人独白话语、搭档主持人的对话、主持人与嘉宾的交谈、主持人与现场受众或场外连线受众的交流）。所以受众经由主持人的引导而再次对节目信息本身加以重点关注。

然而无论何种情况，主持人节目信息传受结构都在非主持人节目信息传受结构的基础上加入了"主持人"的元素。由于受众在收听、观看节目的同时，也势必将注意力与关注点引向主持人这位正与自己进行实时交流与共在的对话者，于是从单纯关注信息本身，转为同时注目传递这些信息的"对面的这个人"。这也就是为什么主持人节目对其信息传播者提出了比传统文稿播音员更高的要求。详见表1.1。

表1.1   文稿播音员与节目主持人的素养要求

信息传播者	素养要求
文稿播音员	具备将文字语言有声化的能力
节目主持人	具备复合性的能力 主要包括： 1. 语言的自主表达能力 2. 个性化的表达风格 3. 丰富的知识学养 4. 良好的交际沟通能力 5. 闪光的人格魅力

如表1.1所示，对节目主持人的素养要求比对文稿播音员的素养要求复杂得多。其中，语言的自主表达能力指主持人脱离稿件而自然无障碍地进行叙事、描述、说明、评论的能力；个性化的表达风格指主持人自身区别于他人的独特而鲜明的语言特点与个人气质；丰富的知识学养指主持人富有扎实的文化基础、全面的知识结构和较强的洞察力与理解力；良好的交际沟通能力指主持人善于解决或缓解人际交往问题，擅长处理突发事件与意外变故；闪光的人格魅力指主持人具有较为完善的人格、健全的思想道德修养与良好的职业素养。由此可见，主持人这种复合性的能力绝不是"将文字语言有声化的能力"所能涵盖的。

事实上，接受本研究问卷调查的主持人无一例外地看重这种综合能力，认为对于做好节目来说，主持人应当具备的能力和素质包括"外形出众""口齿伶俐""声音悦耳动听""口才出众，语言表达力强""有思想、有文化、有品位""平易近人，亲和力强""善于妥善处理节目现场的突发情况"等多个方面，而其中更加重要的是"口才出众，语言表达力强""有思想、有文化、有品位""平易近人，亲和力强""善于妥善处理节目现场的突发情况"，整体来看，这四项内容的选择比例分别占到了82.5%、93.75%、71.25%和82.5%，远远高于与单纯的文稿播音关系更近的"口齿伶俐"（46.25%）、"声音悦耳动听"（38.75%）以及"外形出众"（42.5%）。而关于主持人在节目中的传播话语能够被受众接受并且喜爱、信服的原因，选择比例较高的也是"主持人说的话有文化、有内涵、有深度"（75%），"主持人说的话通俗易懂"（71.25%），"主持人说的话生动或者幽默"（87.5%），"主持人说的话平易、亲切、考虑受众的感受"（85%）。而这些都来源于综合能力。

既然主持人本身成为信息传播的重要内容以及受众信息接收的

重要对象，那么这个"人"自身所具备的完整性也就势必呈现在受众的感知域当中。

（二）双向性

正是在外文本话语行为与信息传播的层面，主持人节目信息传播结构呈现出极其鲜明的双向性。与非主持人节目相比，主持人传播活动直接以个体行为灵活变通、个性多样地传达着群体观念、组织节目内容、驾驭节目进程，其信息传播的人际性、即时性、交流性与亲和性，特别是节目中所营造的亲切、融洽、生动、和谐的交流氛围，使节目主持人对受众的信息传受过程呈现出极为鲜明的双向交往与平等交流特点。

1. 个性独特性

与非主持人节目信息传播的群体意识性不同，主持人节目的直接信息传播者——主持人以个性化的表达方式向受众传递节目背后的群体意识，使受众感到自己所接收的信息并非来自某一官方、某一机构、某一团队力量的声音，而是一个具有鲜活生命力、与自己相差无几的独特的人在做自我的表达。于是主持人形象不再是冷冰冰的他者形象，主持人话语也不再是遥不可及的他人集体意识，而是一个消解了与受众自我之间距离感的同样有血有肉的人。

2. 人际交往性

这样的个人与自我之间信息的传达，便明显具有了人际传播的特征。不同于大众传播"一对多"的信息硬性送达，人际传播"一对一"的话语特征总是在传受双方一词一句、你来我往的交往状态中实现的。由于使用交谈方式进行信息传播，主持人在谈话的语体中总是预设受众作为与自己面对面交流的"对手"而存在，其每一句、每一段话语总会预置对方潜在的应答空间，期待着对方的回应。所以相比于非主持人节目对信息的一味灌输，主持人节目总是在对话与商谈中将信息推进与送达。

3. 平等对话性

对话与商谈的话语特点，使主持人节目信息传播话语必然以传受双方的平等地位为追求。在信息传受的结构中，传播的主体因占有信息资源而具有先天优越的主体性，但由于其传播实现方式的制约，主持人节目的传播主体却已不再将自身定位于高高在上的绝对主体。谈话体话语行为对交谈对方的内在需要，迫使其无形中摈弃传者的绝对权威而调整为相对主体。其在所营造的对话情境中对受众话语回应的预设与期待，使其将一定程度的话语权交付给了受众，增强后者的能动性，将其从绝对的被动转为相对的主动，从而赋予对方一定（适度）的主体性。虽然由于传播主体先天的主体优势，双方依然无法达到绝对的话语均衡，但平等对话却是作为一种理想的状态被传播主体所殷殷追求。

综上所述，节目主持人在营造平等对话语境的前提下，以人际交往的方式充分发挥自身话语的个性独特性来传播信息，促使其传播结构显现出强烈的双向性特点。所以，在传播行为的向度上，主持人节目的信息传受结构更多的具有传受双方信息共享的特征，体现为以信息为中介而在主持人与受众这传受双方之间展开的信息共享的结构。

信息

主持人←───→受众

（中介）

至此，主持人节目信息传播的双层双向性特点，并行组构出其"主持人—信息↔受众"的传播结构。由于信息归根结蒂是由主持人在面向受众的外文本话语引导与交谈中呈现并传送，所以与非主持人节目的"人"与"物"（信息）关系不同，此种结构本质上是作为主持人的"人"与作为受众的"人"之间的传播与接受的关系。

三　主持人节目信息传受结构双向性的再认识

当然，主持人节目的介于大众传播与人际传播"之间"的特点，决定了这种双向性在现实中是不纯粹的，只是一种话语情境上的双向性。而不同节目类型因其传播内容、目的与受众定位的不同，也制约着双向性的强烈程度。必须对此进行进一步的把握，才能更加全面而准确地认识上述主持人节目信息传受结构的双向性。

（一）双向性的话语情境特点

由于主持人节目本质上仍是一种大众传播的实现形式，其传受双方归根结蒂只能是主持人面对广大受众的"一对多"的关系，而非真正意义上的主持人的"这一个"对作为某一具体个人的受众之间"一对一"的人际传播关系，所以上述传播结构的双向性不可能在现实中显性地存在。一方面，受众对主持人来说是不可见的，虽然某些主持人节目是在演播大厅、邀请众多场内嘉宾和观众而制作的，但与收音机、电视机、网络荧幕另一边的广大受众相比，在数量上只是极其少数。事实上，从主持人节目的信息文本结构上来看，演播大厅内的嘉宾与观众及其话语行为是作为内文本信息而由主持人向广大受众送达的传播对象，并不能算作真正意义上的主持人节目受众。作为真正的节目受众的大众是无法与主持人进行面对面的对话交谈的。另一方面，主持人对受众来说，是无法直接反馈的。广大受众与主持人之间永远相隔一层布满虚拟信号的扩音器与荧幕，不可能在主持人发语的第一时间进行针对性的应答，只能事后通过评论、问卷调查等形式来间接而滞后地反馈。纵使某些节目开通场外的热线实现主持人与受众的直接交流，但参与交流的受众人数与未接入热线的受众人数相比更是寥寥无几。

所以在实践和现实中，受众是沉默失语的。所谓"主持人节目传播结构的双向性"，只能是一种话语情境上的双向性，也就是主持人采取对话的信息传达方法、"我—你"的话语人称指向和平等和谐的交往态度而在有声语言的表达和身体姿态行为上营造虚拟的双向对话情境，建构意向指向上的"对话场"与沟通交流氛围。在其中，主持人对信息的话语组织、遣词造句都是在"我—你"对话的情境中，时刻从受众需求出发，结合接受心理，想象受众形象，预设其作为对话者可能的回应，来实现话语的传达；而受众对这种话语的收听、理解与反应，也都是在对主持人话语之"你"的自我识别与认同中，感受到主持人作为朋友般的亲和热情的形象、尊重自己的态度与为人服务的善意，并于反向的"我—你"对话情境中，意欲与主持人进行交谈、对其反馈。

所以，主持人节目传受结构的双向性是一种情境、一种意向、一种精神的状态和情感的氛围。它无法现实地发生，却在传受双方的心理上引起巨大的转变，从而建构出一种双向的对话关系和更加和谐的人际交往关系。

（二）双向性的节目类型差异

由于不同节目类型的内容、性质、定位不同，主持人节目传受结构的双向性也存在差异。

以信息内容来划分，主持人节目可大致分为新闻评论、社会教育、生活服务和综艺娱乐四大类别。虽然其都是"由主持人引导、运用交谈方式进行双向传播"[①]，从而具有双向性的传受结构，但这一结构中的双方在对等的程度上是有所差别的。具体体现如下：

新闻评论类节目对新闻事件与新近出现的社会现象进行报道与深入的评论；社会教育类节目向受众普及文化历史、科学技术、经济、法制、环保、道德、政策等方面知识；而生活服务类节目以实用性内容为主，直接为受众的日常生活、学习和工作提供具体服务

---

① 陆锡初：《中国主持人节目学》，中国广播电视出版社 2014 年版，第 1 页。

和指导。这三类节目由于其传播内容更多侧重于客观性的知识性内容，理性认识因素更强，所以在传受关系的双向性上，更侧重于由传者向受众的传达与输送，帮助受众"知道"事件、"学习"知识和"习得"技能。从受众角度来说，受众更多的是接受有关事件、知识和技能的信息，理解、吸收以为自己所用。所以与其他节目类型相比，其传受结构的双向性相对较弱。

与此相对，综艺娱乐类主持人节目"以审美娱乐为第一要义，以满足受众审美情感和愉悦需要为安身立命之本"，[①] 其传播内容更多侧重于审美的、感性的甚至是感官的感受，传受双方之间并不是信息的提供与获取的关系，而更多的是针对某一审美的、感性的甚至快感的对象所形成的共享与共鸣关系，受众并不需要以学生的姿态去"知道""学习"和"习得"，更多保有自由体验、想象、理解与评价的权利，其主观性更加活跃而强烈。另外，特别是电视综艺娱乐节目的现场往往邀请较多的观众进入演播室，虽然这些观众被纳入的是节目信息内文本的整体，但也因为其身份与场外广大受众的同一性而影响至外文本信息接受的双向性感受。因为"不仅现场的人员能够更好地参与到节目当中，而且也给电视机前的受众带来了更多愉快的精神享受，因为现场的少数人成为了他们每个个体的缩影，嬉笑怒骂间都能体现出百姓观众的心理状态和审美需求，因此那些'隐性'的受众找到了一种真实的情感归属"。[②] 而这种情感归属就是主持人与受众之间良性的互动氛围。所以综艺娱乐类主持人节目的传受结构的双向性就更多强调的是关系的双方。

更进一步，在新闻评论类、社会教育类和生活服务类节目中，在人类社会约定俗成而理解的对国计民生的重要程度和严肃程度

---

① 刘洋、林海：《综艺娱乐节目主持概论》，中国传媒大学出版社 2007 年版，第 3 页。
② 刘洋、林海：《综艺娱乐节目主持概论》，中国传媒大学出版社 2007 年版，第 12 页。

上，这三类节目又是依次递减的。这也决定了主持人在组织面向受众的交谈话语时，其开放性有所不同。新闻评论类节目必须更加突出信源的权威，社会教育类节目需要凸显知识的专业，生活服务类节目则强调方式技巧的科学有效，虽然三者追求的最终效果都是信息的可信度，但允许受众参与的程度毕竟不同。

新闻评论类节目主持人虽然风格不一而同，但"都遵循一个规律，那就是保持新闻的准确性、客观性和理智性"。① 作为一种社会"公器"，媒介所表达的新闻甚至"实际上是一种特权话语……主持人就是掌握整个表达特权的把关人"。② 虽然与文稿播音新闻的单向信息灌输不同，有主持人的新闻节目往往通过建构人际交互主体性的对话情境来传递信息，表现出对受众的亲和与容纳，但由于所传播的内容必须"准确""客观"与"理性"，所以受众的参与相对有限，更多的是体现在信息接受方式与话语情境、对话意向上的参与和互动。

社会教育类（简称社教类）节目以传播自然、社会、人文、历史知识为基本内容，并达到对广大受众的宣传教育作用。与学校的课堂教育不同，广播、电视、网络等媒体的社会教育类节目鲜明体现了大众传播媒介的通俗性和娱乐性特点，一方面要保证传播内容的真实性、准确性、专业性及教育性，另一方面又要具有较高的艺术欣赏性，力求生动活泼、深入浅出，在引人入胜中达到寓教于乐的目的，也就是"努力把科学性和艺术性结合起来"③。如此一来，一档好的社教类节目，主持人的传播话语既要有"独到的见解、深度的分析、权威的解释"，又要注意"语言表达的亲和力和情

① 张仕勇、郭红、钟倩：《节目主持人通论》，巴蜀书社 2010 年版，第 133 页。
② 吴红雨：《节目主持通论》，浙江大学出版社 2008 年版，第 101 页。
③ 张仕勇、郭红、钟倩：《节目主持人通论》，巴蜀书社 2010 年版，第 214 页。

趣"①，相比于新闻评论类节目而更多向受众开放话语流向。

生活服务类节目尤其注重其与大众日常生活的关联性，在地气十足的实用性基础上注重内容的娱乐性、形式的服务性和制作上的贴近性②，处处体现其"服务"功能，所以在面向受众的开放性上更加强烈，其传受结构的双向性更加鲜明。

以呈现方式来划分，在上述每一类主持人节目内部，又可专门分出一类谈话节目（或"访谈节目"）。按照著名主持人鲁健所下的定义，它指"主持人与一个或多个嘉宾在一定的媒体时空环境中进行谈话、讨论、交流、沟通、评价、质疑甚至争辩，从而营造某种适合交流的话语场，通过有效的沟通、深入的探询，以达到或是分析新闻事件发展脉络，或是展示人物人生经历揭示其内心世界，或是探究某些人或整个社会对于某一问题的价值判断和价值取向为目的的节目"。③ 它是以主持人与现场嘉宾、场上受众、场外连线嘉宾或受众进行谈话的方式在节目内文本层面组织信息的一种类型。如果说作为总体概念的主持人节目以"交谈的方式"进行信息传播，是指主持人在外文本的信息传达中使用交谈话语面向受众进行传播的共性特征，这个"类"的概念并没有对内文本话语的组织方式作特别规定，那么谈话节目作为"类"之一"种"，就是以内文本信息建构的话语交谈方式为其特殊规定性的。交谈话语同时存在于内、外双层文本的特点，使谈话节目更加富有"众声喧哗"的复调色彩。对这一"复调"需要进行辩证的认识：一方面，属于谈话节目之特有谈话内容的交谈话语，是由主持人在节目现场内（场外连线应看作节目的第二现场，属于"现场"概念）与嘉宾、场上受众共同发出的，本质上仍为内文本的组成部

---

① 张仕勇、郭红、钟倩：《节目主持人通论》，巴蜀书社 2010 年版，第 223 页。

② 参见陈虹《节目主持人概论》，高等教育出版社 2013 年版，第 284—289 页。

③ 鲁健：《电视访谈节目主持艺术》，中国传媒大学出版社 2014 年版，第 20 页。

分，作为欲向广大受众传达的传播内容而存在。从这一点来看，其传受结构的双向性并没有本质的改变，仍是依据上述新闻资讯类、社会教育类、生活服务类和综艺娱乐类的内容不同，而侧重点不同。但是另一方面，由于内文本信息本身既以"谈话"的形式展开并呈现，使得信息的开放性、对话性和主体间性较非谈话节目而大为增强，甚至出现了差异化、论辩性的声音。此时从受众角度来讲，其对信息的接受就不再仅仅是"知道"某件事、"学习"某种知识、"习得"某项技能，而更会融入信息的整体内部，在交谈的氛围中"参与"话题的讨论。尽管其本质还是"知道""学习"和"习得"，并且受众的"参与"也只能是无声的、意向的、话语情境的、非现实发生的，但受众在这个过程中却打开了思路、活跃了思维、融入了讨论，积极发挥自身的主体性而在自主思考的基础上实现信息接收。主持人作为"访问者往往站在观众的角度对受访者提出问题，一问一答之间，观众参与到现场采访氛围中，形成信息互动，满足观众进行交流的愿望"。[①] 从这个角度上看，不论何种谈话内容，传受结构的双向性相比于非谈话节目来说，都更加强调关系的双方。

当然，无论是交谈话语的非现实性和情境性，还是因节目类型差异而产生的传受关系侧重点的不同，都无法在本质上改变主持人节目较非主持人节目而言在信息传受结构上的双向性特点。正是这一特点，使主持人节目传受双方之间产生了紧密的主体间性关系，表现为节目信息传受结构的鲜明的主体间性特征，并以节目这种大众传媒形式为人际、为社会打开了一片公共话语空间和交互主体空间。

---

① 鲁健：《电视访谈节目主持艺术》，中国传媒大学出版社 2014 年版，第 107 页。

第三节　主持人节目信息传受
结构的主体间性特征

综上所述，主持人节目信息传受结构双层双向性的本质，在于其直接信息传播者（主持人）与信息接受者（受众）之间对信息的共享行为，并在此基础上形成的传受双方以信息共享为中介而展开的对话交往活动。两者之间的关系已然超越了信息的给予与接受，而上升到话语的交换、精神的共在甚至是心灵的相互陪伴。在这个意义上，主持人以"我"自指而向受众指称"你"，从而展开具体的话语与传播行为，便已远远不仅是一种称谓的转变，而更是将自身与信息的受众放置在一种间性的关系中，互相依存，互为主体。这样的信息传受结构便凸显出极其鲜明的主体间性特征。

一　主持人节目信息传受结构主体间性的生成

归根结蒂，主持人节目是视听化大众传播的一种实现形式，而大众传播本质上又是将信息加之于广大受众的传播活动。在这个意义上，主持人与受众无法真正实现如人际传播那样纯粹的双向互动交流。在信息的持有与传达上总体表现为传播者的主动与接受者的被动，由此产生前者的优势与后者的劣势。也就是说，传受双方的对话行为实质上并不绝对均衡。但主持人节目相比于其他视听化大众传播形式而独特存在的双层传播话语文本，却使传受双方的主体间性趋于可能，得以生成。

（一）内文本层面的信息传播主体与信息接受准主体

在主持人节目传播话语的内文本层面，作为信息传播者的主持人通过对节目本身各元素的统合、各环节的串联，通过其对节目内容的引导和驾驭而生成作为传播对象的信息本身。如前所述，这种信息是作为自指、封闭、自足的整体存在的，经由视听化的大众传播渠道而向受众传播。在这个意义上，受众并未真正脱离"被告知"的信息接收状态，面对主持人这个节目制作者的强大主体性存在，尚处于较为被动的客体地位。然而由于传播方式的不同，主持人节目内文本信息本身已与非主持人节目大不相同，体现在基于满足受众实际需求、符合受众信息接受心理特点与传播学规律的新特点中，比如前面谈到的亲和平易性、生动形象性以及节目中所体现的传者形象的多元个性化等。所以在内文本层面，受众表面被动却实则已经成为了信息内容生成过程中的一个重要的能动因素。但也正是由于这个矛盾性，这一层面的受众身份还只能被看作相比于主持人这一绝对信息传播主体的准主体。

（二）外文本层面的信息传播主体与信息接受主体

而在主持人节目传播话语的外文本层面，受众的地位继续抬升，表现在主持人不仅必须在内文本的节目内容上考虑到受众的存在，还要在进一步具体的信息传达方式，也就是作为节目内容的信息整体的呈现与给予方面大费周章。与非主持人节目单层传播结构将信息与信息呈现方式合为一体不同，主持人节目内容的完成并呈现还并不意味着传播行为的完成，而在逻辑上恰恰是后者的开始。主持人还必须以与受众交谈、对话的方式把节目内容传送出去。而为了达到良好的效果，主持人必须斟酌自身与受众交谈对话的方式，每一字每一句的言说都必须在无形中预设着广大受众的反应与回馈。从这个意义上讲，虽然在有声、有画、有形的话语感知层面，后者是沉默的、迟钝的、看似被动的，但实质上却恰恰是发声的、活跃的、主动的。于是，在主持人节目传播话语的外文本层面，受众在内文本层面的准主体性一跃上升到与主持人相互应答、平起平坐的主体地位，变成了传播话语行为过程中与信息传播主体相对应的信息接受主体。

总而言之，在主持人节目的信息传播活动中，随着受众的身份由客体到准主体再到主体，一种主体间性得以生成。

二 主持人节目信息传受结构主体间性的构成

这种主体间性的生成是以主持人节目传受双方的交往关系为前提的，也就是说，构成间性的信息传播主体与信息接受主体的一切交往行为的发生，都不是由一方向另一方建构的结果，而是先天地建立于相互关系的基础上。在关系中相互依存，无关系则各自丧失其身份的合法性。这决定于主持人节目的呈现与传播区别于其他诸种非主持人节目的特有方式——交谈。交谈，就必有双方及其关系。正是在主持人节目信息传播的交谈方式中，传播主体与接受主体才得以获得其各自的内涵，二者分别相对于对方才有意义。

(一) 处于关系中的信息传播主体

如前所述，主持人节目传播话语与非主持人节目（特别是文稿播音节目）相比最显著的特点，在于其对话交往性、亲和平易性、生动形象性与多元个性化，这也成就了其话语的发出者——主持人相比于其他大众信息传播主体更加鲜明而凸显的人格形象：与其他传播主体对剧本（影视剧演员和广播剧演播者）、游戏脚本或规则（无主持人综艺节目参与者）、广告情境与广告词（广告的演绎者）、纪录片文稿（纪录片解说员）和新闻播音文稿（文稿播音员）基于忠实性的还原再现相比，节目主持人必须具备复合性的能力，包括语言的自主表达能力、个性化的表达风格、丰富的知识学养、良好的交际沟通能力以及闪光的人格魅力等，必须塑造属于自身的全方位的完美形象。而主持人上述是其所是的特定构成，正是在外文本话语层面与受众的话语交往行为过程中才能得到淋漓尽致的发挥和体现。也就是说，失去了受众的存在，主持人节目的信息传播主体的自身规定性也就无从谈起。甚至可以说，没有了受众作为信息接受主体的存在和参与，主持人也就没有了存在的必要，失却了其身份合法性。

更进一步讲，主持人的信息传播主体性俨然已不再是传统意义上的那种完全纯粹的绝对主体性。这种主体性摈弃了非主持人节目传播主体单纯向受众抛掷并送达信息而具有的高高在上、说一不二、完全给予的绝对权威性，告别了后者的强硬、冰冷、空洞和自大，而更多具有了平等性、亲和力、可感性与生命力，变成了谦逊与亲民的主体性。这当然是因为主持人节目总是必须在与受众的关系中呈现并传播自身的信息内容，总是必须在所预设的受众主体性的面前，营造交谈对话的情境以开放话语指向，进而敞开自身。所以主持人节目信息传播主体性永远是在与受众的关系中汲取营养、成其自身的。

（二）处于关系中的信息接受主体

前已论述，在众多的节目类型中，受众只有在主持人节目的信息传受结构中才能真正获得自身的主体地位，而不再是被非主持人节目传播主体硬性"告知"信息的被动听者和观众。信息接受主体最显著的身份标识，便是在被给予充分尊重的前提下获得强烈的对话性与参与性。而后者正是来源于主持人节目传受双方对话情境的另一方——传播主体的引领与呼唤。主持人节目对话交往的传播话语是一种召唤结构，在其中以"我"自指的主持人总在向以"你"为称谓的作为传播对象的受众发出呼唤。就受众来说，对节目主持人话语信息的接受不再像其他信息形态那样，要么是对他者之事的旁观、见证，要么是对他人宣传、训导话语的聆听和接受。因为主持人的话语内部嵌入大量的指向受众自身的"你"，受众往往将自我对应于这个"你"之称谓，被强力拉入主持人所建构的对话场中，进而产生与后者发起回话的欲望。对话的双方总是相互观照与呼应的，所以在这同一对话场中，不仅存在着主持人"我"向受众

"你"的话语指向，也同时存在着受众"我"向主持人"你"的反向话语链接。受众的对话性与参与性就生成于这种与传播主体"我（主持人）→你（受众）"话语方向相互并置的"我（受众）→你（主持人）"反向对话情境，从而获得其作为接受主体的主体性，成为其自身所是。而在"我—你"情境中剥离了发话者"我"的存在，那么"你"也就无从产生。

（三）作为传播主体与接受主体相互作用结果的主体间性

由此看来，主持人节目信息传受结构的主体间性，是传播主体与接受主体双方共同作用的结果。它建基于二者的关系之上，生成于相互依存、绝然不可分离的"我—你"关系之中。故此，主持人节目信息传播主体与信息接受主体之间的"我—你"关系，绝非仅仅停留在二者相互之间以"我"指涉自身、以"你"指涉对方的话语称谓层面，而是真正嵌入到马丁·布伯哲学中的"我—你"关系之中，建立起纯粹意义上的主体间性关系。

"主体间性"是现代哲学的重要论题之一，探讨的是作为"主体"的自我如何与周围其他的自我发生关系的问题。自笛卡尔提出"我思故我在"的哲学命题以来，自我作为认识论哲学的主体便一直占据着人们对世界一切认知活动的中心地位，至哲学家胡塞尔作为现象学还原之终点的"先验主体"而膨胀至顶峰。然而主体的绝对优先地位造成了主客二元对立的思维模式，一切外在于我之物均变成自我这一主体所认识与支配的客体，造成了工具理性的泛滥无边。为了解决"唯我论"的难题，胡塞尔提出了"主体间性"的概念，专门探讨自我与他我如何产生互识与共识的问题。然而胡塞尔的尝试依然是自我中心论的，他的"先验主体"在完成对自我的意识与身体的立义与统摄之后，接着在自我的知觉经验中完成对他人身体的立义与统摄，意向性思维完成了对能直接看到的部分的"体现"或"直呈"和对不能直接看到的部分的"统觉"或"共现"，从而像构造一张桌子那样构造出一个他人形象。然后，对这个身体形象予以立义，也就是用类似于将心比心的方式，通过自我的联想赋予它以意识，从而建构出一个心物一体的他者，完成"我"与"他"两个主体的构造。这实质上仍然是从自我出发来"以我观物"地认识对象世界，依然无法摆脱唯我论的倾向。胡塞尔之后，海德格尔立足于存在主义的哲学视野来建立主体间性的生存模式，认为"此在在世界之中存在"，他并非孤立的个体，而是与他人"共在"。海德格尔更加强调主体间的共生关系，由主体间性构造的单向度向双向度大大迈进了一步，在很大程度上脱离了主体主义认识论主客二分框架的制约。但这种认同又是借助于对工具使用的整体因缘而得以实现的。也就是说，对他人存在的领会是通过共同使用的工具、曾被他人上手的物件所提示的。"停泊在岸边的这个小船在它的自在之中就指示到一个已知的用它代步的人；即使这只小船是'对我们陌生的小船'，它仍然指示到其他的人。"①可见，这里的他我仍是自我在想象中被赋予存在意义与实际形象的产物，依然是"由己及人"，实质上依然是以主客关系的模式来间接地构筑主体与主体的关系的模式的。

马丁·布伯对"我—你"关系的主体间性建构却与此不同，他认为"人执持双重态度，故尔世界于他呈现为双重世界"，②所以人拥有两种人生。一方面，人类生存于"它"之世界，在其中人为了自身生命的持存和生活质量的提高，把外界万物（包括他物、他人、自然界）都看作与"我"相分离的对象，并当作与"我"截然对立的客体来对待。在主客分离的前提下，人类得以展开一切实际的功利性活动及探索研究工作，获悉自然的奥秘、

---

① 张再林：《关于现代西方哲学的"主体间性转向"》，《人文杂志》2000年第4期。

② ［德］马丁·布伯：《我与你》，陈维纲译，生活·读书·新知三联书店1986年版，第7页。

万物的知识，掌握其规律与法则，控制其运行与演进以为我所用、安身立命。持这种态度，世界在"我"眼中便是"它"之世界，是我满足我之利益、需要、欲求的工具。自我与自我之外的一切便是一种"我—它"关联，我之人生便是主客对立而隔绝的人生。持这种态度，"它"之世界永远被我置于具体的时空框架与因果序列中，为了功利性的使用目的而将其作为物中之一物、作为有限有待之物加以把握，他物、他人与自然界在我眼中则变成绝对的偶然性及零碎状态的存在物，是为"我"所驾驭摆布的名副其实的认知对象。另一方面，人类同时生存于"你"之世界，在其中"它"对"我"的利用价值以及"我"对"它"的支配欲望都已荡然无存，"在者于我不复为与我相分离的对象"[①]。"我"不再是支配客体的主体，而是欲将客体转化为主体而与其建立"关系"，"我—它"的关联由此转换成"我—你"之关联。因此，"你"也不再是处在时空与因果关系中的有限有待之物，而是绝对的在者、必然与永恒的结合。对"我"来说，"你"是我生存其中的整个世界，"你"的"惟一性之伟力已整个地统摄了我"[②]。持这种态度，我与外物便不再是主客对立的分析、利用关系，而是同为主体之间的相遇关系。

　　布伯对两种态度及人在世生存的双重世界的区分，实质上包含着两层意思：其一，在两种关系的转换中，外物于我发生了巨大变化："我—它"关系中的"它"需在各种具体的逻辑框架与序列中被认识以至利用，所以是个别、偶然而有限的；"我—你"关系中的"你"因为脱离了任何认知、功利与操作目的，则无须被框定在

　　[①]　[德] 马丁·布伯：《我与你》，陈维纲译，生活·读书·新知三联书店 1986 年版，第 7 页。
　　[②]　[德] 马丁·布伯：《我与你》，陈维纲译，生活·读书·新知三联书店 1986 年版，第 8 页。

自我主体思维的认识逻辑形式中，而是作为某一整体而与"我"相遇，它从综合总体上统摄着"我"，是不可被具体分析的。所以"你"是普遍、必然而无限的。进一步说，"你"是环绕"我"之生存的全部周围世界，"我"称述"它"时的那种一对一的具体针对性被"我"称述"你"时的一对多、一对全的整体泛指性所替代；外在于"我"之他物、他人与自然世界在此化作浑融整体而进入"我"之视野，而"我"则以宽容平等相待的态度来对这样弥漫于"我"之周围的外物以"你"相称，并建立相遇的关系。其二，与"我—它"之利用态度所持的主客二分对立的思维方式不同，"我—你"的相遇态度是一种主体间性的思维方式。这种思维方式最为严格地建立于"我"与"你"之间。"我"在生命中与"你"相遇，"我"通过"你"而成为"我"。如果说"'我—它'发端于'我'与'它'之结合，'它'在本质上后在于'我'"，[①]是"我"的统摄与派生之物；那么"'我—你'在本质上先在于'我'"。[②] 也就是说，"我—你"中的任何一方都必须通过"我—你"之中的"—"才能存在。在此布伯把我你"之间"或我你"关系"上升到本体论高度：由"我"与"你"组成的相互关系是逻辑上的绝对在先者，无"你"便无"我"，无"我"也无"你"。"我""你"必须在二者之间的关系上才能成为自身。所以，布伯的主体间性思维可谓是最为纯粹的，其出发点不偏向间性两极的任意一方，而直接就是主体间关系本身。[③]

　　主持人节目以相互关系为基点建构信息传播主体与接受主体的

---

　　① ［德］马丁·布伯：《我与你》，陈维纲译，生活·读书·新知三联书店1986年版，第38页。

　　② ［德］马丁·布伯：《我与你》，陈维纲译，生活·读书·新知三联书店1986年版，第38页。

　　③ 参见尹航《重返本源和谐之途——杜夫海纳美学思想的主体间性内涵》，中国社会科学出版社2011年版，第255—257页。

间性关系，恰恰正体现了布伯在关系基础上建立"我—你"对话交往的主体间性模式。主持人与受众超越传播主体向接受客体（对象）"我传你听（看）"的"我—他"单向传播路径，衍生、丰富出"我传你听（看）并返回于我"的存在于传播主体与接受主体之间的"我—你"循环回路的双向传播模式，正是建立于主体之间的相互关系之基点上的。主持人对受众形象的预设、对受众反应的预估、对受众回应的期待，并不是胡塞尔作为"先验主体"的自我从自身视角出发，以己度人、自说自话的结果，也不是海德格尔那样凭借其所共享的信息共同体而展开联想的结果，而是适度放弃自我的绝对主体性与先在的认知结果，在广泛而大量地对节目的目标受众展开深入的特征分析、需求评估、心理研究的基础上，从受众这一他人的视角来反观、调整自身的话语与行为的结果。在这个过程中，节目主持人对受众的建构始终肇始于其相互之间的交谈关系，发端于平等对话氛围的营造与和谐共生关系的追求。

三　主持人节目信息传受结构主体间性的社会意义

布伯的"我—你"相遇哲学，揭示了人之生存、人与外物本真相处的原初本体根基——一种间性关系，以及在此基础上主张主体之相互和谐共生的理想状态。其最大的贡献是立足其社会文化背景，在"我—你"相遇哲学的理论支持下主张犹太人与阿拉伯人建立"我—你"相遇关系，而不是在"我—它"利用关系的支配下互为仇敌、互相杀戮。特别是其将这种相遇升华为"世俗之我"（人类）与"永恒之你"（上帝）的主体间性关系，更在象征意义上将"我—你"的主体间性关系赋予了神圣、崇高而理想的色彩。在当前现实中比比皆是的种族冲突、文化碰撞与社会矛盾的面前，具有十分积极的社会意义。而反观主持人节目信息传播结构中极具"我—你"相遇关系色彩的主体间性建构，同样可以表现出其对调节社会关系、营建和谐的人际环境、提升人类的交往品格所具有的积极引导作用。

（一）基于"交往理性"的沟通与调解

主持人节目传受双方在交谈式的传播过程中建立的主体间性关系，决定了信息的传播主体不像非主持人节目信息传播主体那样，把既成节目内容所构成的统一整体直接传达给受众，而是在交谈对话的情境中将节目内容共享给受众。如果说非主持人节目的信息在生成并组构成为整体之时便已完成了意义的饱满化，非主持人节目信息传播主体只是把这一已完成的意义赋予受众，那么主持人节目的信息意义则并非既已完成的，内文本意义的生成必须留待主持人在外文本层面上与受众的交谈对话过程才能实现。与受众构成主体间性关系话语的主持人在形成具体的话语表达行为时，总是必须预设受众的回应，于是往往在充分考量目标受众理解水平、实际需要这些重要因素的基础上，将内文本层面已然完成的意义再次加以个性化的阐释，也就是对意义再次赋予意义，使之更易于被其对话的另一方——受众所接受、所理解。而在这意义的再赋义的过程中，主持人实际上是换位站在受众的角度进行心理的转换与思考，从而发出解释性的话语行为的，如此行为的结果显然便是达到或趋于达到信息传受双方的共识。

如果用哈贝马斯的术语来表述上述过程，便是作为社会个体的主持人与受众通过话语的商谈而实现着"交往理性"的共识行为。与马丁·布伯具有异曲同工之妙的是，哈贝马斯把人类的行为分为工具性、策略性行为和交往行为两种，与前者将世界、社会、他人看作客体与工具，指向实际的功利目的不同，后者以达成理解和共识为最终目的，是更为基本的人类行为。人在社会之中不是孤立的个人，社会也不是于人而言的某一对象或对象的集合。"社会是我们栖息于其中的一种介质。我们'在社会中'，社会也'在我们

中'，在我们思考、感觉、行动时。"① 主体眼中世界意义的生成总
是在社会中，在社会众多个体的相互对照、交往中完成的。所以
"意义在本质上是主体间的，不是客观的，不是词语与事物之间的
两极关系"②。语言之间的你来我往是意义得以生成的机制，意义的
生成依靠社会介质内个体之间的话语交谈。单独的话语表述行为并
不能直接生成意义。由于社会个体的主体性各自存在，意义的生成
与传达总是必须经由主体之间的共识来达到理解才能实现。单一话
语的简单发出与抛掷只是发话主体尚未脱离其自身主体性的自说自
话，意义的传达还必须进一步通过话语的不断阐释来促使听话者产
生认同才能完成。特别是在主体之间因尚未达成共识而产生分歧，
致使交流濒于失败之时，这种对所表述意义的再阐释便显得尤为必
要。"当听话人要求说话人列出理由来支持其有效性声称时，行为
人就在分歧的驱动下从行为进入了商谈。商谈是关于交流的交流，
是在行为的情境下对未达成的共识的一种反思性交流。"③ 发话主体
务必要站在对方角度自身检视其话语表述中必须给出理由加以解释
之处，并加以在对方看来更加合理的解释之后，共识才具备了生成
的可能。商谈是达到个体间交流成功、达成共识的必由之路，它有
赖于交谈融入日常生活的普遍推理和论证。由此，从功能上讲，
"商谈是调节现代社会日常冲突的缺省机制……商谈的功能就在于
更新或修复未达成的共识，并重新建立社会秩序的理性基础"④。由
此，建基于商谈的这种"交往理性"，在哈贝马斯的视域中上升到

---

① ［英］詹姆斯·戈登·芬利森：《哈贝马斯》，邵志军译，译林出版社 2015 年版，第
29 页。

② ［英］詹姆斯·戈登·芬利森：《哈贝马斯》，邵志军译，译林出版社 2015 年版，第
37 页。

③ ［英］詹姆斯·戈登·芬利森：《哈贝马斯》，邵志军译，译林出版社 2015 年版，第
40 页。

④ ［英］詹姆斯·戈登·芬利森：《哈贝马斯》，邵志军译，译林出版社 2015 年版，第
41 页。

了维持社会基本运行秩序、维护社会安定与发展的有效机制。

　　主持人节目信息传播主体与信息接受主体双方的间性对话，无论从其展开方式还是实际效应上来看，都类似于哈贝马斯体现着"交往理性"的社会人的"商谈"行为。从信息传受双方的交谈话语展开方式上看，主持人从不像非主持人节目的信息传播者那样，把作为主体自身话语整体的节目内容整一地向受众传送，而是在预设受众主体话语回应的对话情境中，不断将节目内容向受众释义。其往往站在受众的角度反思并查找自身话语中那些有效性较弱的部分，进而追加合理性的解释。从这个角度讲，主持人信息传播的意义给予就是一种话语交往理性支配下的商谈行为，最终与受众达成或趋于达成一种共识，这是受众对信息较好接受的可能性保证。从实际的效应来看，主持人与其潜在对话者——受众之间的商谈，不断使话语意义在传受双方之间作间性的往来，不断完善着其合理合法性，使节目样态显得更加亲和平易、生动多样，促成更加畅通的交流与更加恰当的理解。这也是主持人节目深得大众青睐的原因。

　　更进一步，哈贝马斯认为，话语交往行为达成共识必须要具备三种有效性声称，即真实、正当、真诚，"如果不预设我们说的话是出于真诚，是真实的、正当的，并且把这个信息传递给别人，我们就无法让别人理解我们，也无法说出任何有意义的话来"①。而主持人节目的信息传受双方的主体间性话语交往，在上述三种有效性声称的证明上，恰恰最占优势。主持人多元个性化的话语表达方式与节目呈现手段，使其能够以多种方法证明自身正在传播的话语信息的真实性；上述主持人与受众之间基于原因解释的意义绵延，更能够有力地通过理性分析、判断与推论而令受众信服其话语的正当

---

　　① ［英］詹姆斯·戈登·芬利森：《哈贝马斯》，邵志军译，译林出版社 2015 年版，第 34 页。

性与意义合法性；而介于大众传播与人际传播之间的主持人信息传播话语，更将主持人塑造成一位富有真情实感的与受众相当的"人"，更能够将主持人作为一个有血有肉的"人"的气息释放出来，与受众坦诚相待、真诚交往。由此可见，主持人节目对真实、正当、真诚的体现，相比于非主持人节目要鲜明许多。

所以，主持人节目基于"交往理性"的主体间性话语样态与传播特点，能够营造出一种和谐理想的人际交往氛围。在主持人节目信息传受的主体间性对话情境中，话语是通过商谈的方式而展开的，信息也随之在理解与共识的基础上给予受众，而不似非主持人节目那样，以单纯给予的方式到达受众。它透过认知的表层而真正深入到理解与领悟的层面，进而融入或渗透到受众的精神与心灵。主持人节目每一次如此这般的信息传播，都是一次介于社会个体之间的意义理解过程，它折射着人与人和谐理想的交往状态，同时也在潜移默化之中延伸到生活境遇之中人与人的现实往来关系，促进着个体之间的沟通与调解。

（二）朝向"绝对他者"的敬意与责任

主持人节目信息传播者超越内文本信息传达的主体—客体关系而在节目外文本层面上与信息的接受者建立主体—主体的"我—你"间性对话关系，营造个体之间和谐沟通交流的话语情境与行为关系，以相互平等的地位实现信息的流通与传播。在其实际的话语行为中，主持人力求时时处处顾及、考虑到受众对信息的外在需求与其内在接受心理特点，把受众作为第一位的考量因素来组织自身的话语表现，给予受众充分的尊重与善意，时时思考着受众需要什么而自己应当为受众做什么，这其实是在平等的传播中将受众置于相对于自身更高的地位。事实上，在内在的"我—你"话语交往结构之上，主持人往往是以"我—您"的外在称谓表述自身与受众的关系的。"您"这一对受众的话语指称，并不仅仅是主持人作为公众人物在话筒前、镜头前这一公共场合的礼貌策略，而是在深层意义上体现出其主体间性的一种特殊定位。

首先，主持人作为与非主持人节目信息传播主体相互区别的谦逊的主体，在其将受众引入话语情境的时候就已然表明了自身地位的降格，而在与其受众展开实质话语交往的时候，其对受众在诸多方面的慎重考量也一改非主持人节目"向你传达"的主体姿态而变成"为您服务"的口吻与态度。服务性是主持人节目相比于非主持人节目十分重要的一大区别，这不仅仅显在地体现在生活服务类节目主持人向受众提供实际的生活指南与帮助，更是所有类型的主持人节目的一个共同宗旨。这在"说新闻"这一主持人节目形式中体现得尤为明显。"说新闻"是新闻报道方式改革的产物，它将对新闻的播音转变为对新闻的述说、评说，由播音员播新闻的传统郑重、严肃的方式转换为主持人以言说、交谈甚至聊天方式表达的亲和、亲切的方式，在凸显主持人主体个性化形象的同时，也突出了主持人对其交谈的对方——受众的充分考量：报道路况信息，主持人往往不忘在信息本身之外，加上几句安全出行的温馨嘱咐；报道雾霾预警，主持人可能会附加几条抗霾清肺方法的小知识。为受众服务的意识贯穿于主持人节目的创作宗旨中，也是衡量优秀主持人的一个重要标准。而服务意识的背后，是主持人对受众由衷的敬意与仰视的倾向，是"我"与"您"之间的一种交往状态。

其次，主持人节目大众传播的本质也决定了"我—您"关系的内在生成。主持人节目纳入了"我—你"人际传播的方式要素，在其具体的展开过程与呈现形态上富有强烈的具体的人之间"一对一"话语交往色彩，但人际传播的外在形式总是为"一对多"的大众传播本质所服务的。亲密朋友式的人际传播方式及其特有的平等交流的状态实为一种手段、一种表象，最终须回归于处于公共行为领域的大众传播本质。主持人所面对的并不是自己所熟知的朋友，而是一群陌生的受众，只是以类似朋友的称谓、怀着朋友般的善意来营造和谐融洽的话语情境与交往氛围。这就决定了主持人与其受众之间本质上存在着一定的心理距离。但这里的距离却并不代表冷漠，而是一种能够生成礼节与敬意的距离。正是这种距离的存在使主持人能够时时以自律的自觉超越本我与自我，而塑造成较为理想、完美的超我形象，以最佳的状态将自身呈现于交往结构当中，从而又反过来促进和谐理想的"我—你"关系的建构。

陌生却不疏远，尊敬而又亲近，主持人节目信息传播主体与信息接受主体这种看似自相矛盾的关系，恰恰就相似于列维纳斯伦理主体间性所建构的自我与绝对他者的独特关系。列维纳斯是传统形而上学的彻底批判者，他认为后者对自我、对世界、对关系的一切建构，都是在"逻各斯"中心主义的隐形支配下，从同一性或总体性的视角出发来完成的。其结果是将原本多样性的世界统统还原为一个同质性的本源，而排斥掉所有异质性的存在。这样的观照方式，使人永远无法逃脱自我中心，无法建构与他者之间真正的间性关系。这样的自我，是封闭而孤独的，永远只能看到自己而无法真正领会他人的存在。真正的哲学应当上升到伦理学，也就是逃离"自我"而与他者相遇。真正的存在应该是对异质性和差异性的确认和朝向，趋向他者的无限而非循规蹈矩地回归自身。西方传统形而上学对他者的定位实为相对的他者，"所表明的是人与人之间所具有的认知关系"[①]，而列维纳斯则将他者视为"绝对他者"，自我的存在总呈现着他者的临近，总朝向着他者的存在奔去。绝对他者于自我而言是无限，是未知，是真正异质性的存在，我们无法通过经验感觉或理性认知把握到它，其存在构成对自我的质疑，于是使

---

① 黄瑜：《他者的境域——列维纳斯伦理形而上学研究》，中国社会科学出版社2014年版，第142页。

世界终于显现其多元多样性的存在。"这种存在者作为一种彻底的外在性，它并不还原为我的权力和占有，并不还原为我的知识和理解，并不还原为记忆的内在和永恒，我们唯一可以与之接近的方式仅仅是'欢迎'和'责任'"。①

虽然我们无法以自我的主体性经验或理性地把握绝对他者，但后者却存在于斯，以其"面孔"召唤着我们对其陌生、敬畏，却又总是必然并乐于切近于他。"面孔"是绝对他者的"意指性"，但"面孔"的言说却又是超越形式的存在，我们对其无能为力，只能在"欢迎"与"责任"中对其无限亲近，即"以道德的方式加以言说"②。"面孔"向我们的裸露和神显，具有矛盾中统一的双重性："一方面是极端的脆弱——一种没有中介的存在；另一方面有一种权威，就好像上帝通过面孔来说话。"③"面孔"是脆弱的，似乎是一种请求，激起自我对他者的责任；"面孔"又是权威的，但"它仅仅是一种权威，而不具有任何强制性和力量性"，引起自我对其朝向与追随。在绝对他者面前，我无地自容，带着一种负疚感的内心指引，在对绝对他者的责任与追随中对他者报之以善。

列维纳斯通过绝对他者的遥远与陌生和自我对他者的切近与责任建构起自我与异质世界的关系模式，从伦理学的层面构筑起人与人建基于责任的关系本源，反思的是人类以理性自我建构道德标准所带来的恶果，而"寻求一种不同于西方理性自由精神以及本体论极权主义的新向度：关怀他者的生命，敬重他人的尊严，担负为他人的责任甚至为他人赎罪"④，从而呼吁建立一种全新而和平的人类

---

① 黄瑜：《他者的境域——列维纳斯伦理形而上学研究》，中国社会科学出版社 2014 年版，第 147 页。

② 黄瑜：《他者的境域——列维纳斯伦理形而上学研究》，中国社会科学出版社 2014 年版，第 148 页。

③ 童庆炳主编：《文化与诗学》（第一辑），上海人民出版社 2004 年版，第 199 页。

④ 童庆炳主编：《文化与诗学》（第一辑），上海人民出版社 2004 年版，第 301 页。

相处模式。而这种带有强烈神秘感的理想的相处模式，在主持人节目信息传受主体间性关系当中却具有现实而有形的折射。主持人与受众的关系内在地相似于列维纳斯视域中的自我与绝对他者之间的一种既遥远又切近进而抱以责任的关系。作为大众传播的一种重要形式，主持人节目的信息传播主体在"一对多"的传播结构中是无法直接感知到自己的受众的，受众于主持人而言是遥远而陌生的，但大众传播者的先天使命和主持人节目的形式特点，又促使主持人在人际传播的话语情境中怀着亲切感去接近受众，并带着强烈的社会责任感去向后者传播信息、提供服务甚至提升其人格修养。

主持人在节目传播话语的外文本层面对受众形象的预设与考量，恰恰类似于列维纳斯理论中的自我对绝对他者的朝向与追随。在主持人节目信息传播的语境中，受众的形象相当于绝对他者的"面孔"，对主持人这一"自我"来说，遥不可及、意谓无限，却在无形的显露中引其追随与切近。受众的"面孔"并未实际出现于主持人在节目中的交谈话语，并未与主持人有形地面对，而是隐没在主持人视线之外的千千万万的收听、收视设备终端。从这个意义上讲，它是异质的、陌生的，处于主持人可感范围之外的某个未知之地。但主持人节目独特的话语实现方式——对话与交谈，却使得这个"面孔"确实存在于那里，在主持人所建构的对话情境和交流语境中或隐或显、若即若离。而在对话与交谈逐步展开的过程中，主持人时时刻刻对受众形象的预设、对受众心理的揣度、对受众需求的估量，正是主持人作为"自我"向绝对他者之"面孔"追随与切近的过程。

更进一步，主持人所预设的受众形象、所与之发起对话与交谈的受众主体，正具备"面孔"集脆弱与权威于一体的规定性。一方面，在信息传播的语境中，作为信息接受者的受众与作为信息持有者和传播者的主持人相比，显然处于弱势地位。虽然在主持人节目中，受众已然一跃成为信息接受的主体而迥然区别于非主持人节目中的被动客体，但在信息占有的意义上讲却无疑是脆弱的，等待着主持人一方信息的传播。其主体性的生成，仅仅发生在主持人特殊的话语交谈传播方式的运用上。另一方面，作为主持人在主体间性的话语交往中建立平等关系并展开热情服务的一方，受众的"面孔"又是权威的，这"面孔"可能出现的反应与回馈，都被主持人作为重要的参考因素纳入到自身信息传播话语的组构当中。"语言意味着这样一种与他者的关系，它不是对他者的接触，也不是对他者的征服、要求以及命令，而是相反，即他者对我的质疑、要求和教导，并由此激起我对他者的责任。"[1] 主持人所预设的受众的"面孔"，正是在其既脆弱又权威的对立统一中对主持人构成了一种异质性的存在，一种对主持人"自我"话语的"质疑、要求和教导"，在对其回应与满足的过程中，主持人建立起了对受众的强烈的责任感。

这种责任感促成了前述主持人与受众之间建基于"我—你"对话交往结构而实际呈现的"我—您"传受效果。首先体现在与受众的交流，即以适合于受众特点的方式传达信息，使之在一种更加亲和平易、生动形象、多元个性化的话语环境中达到意义理解的最佳状态，从而更加有效地接收信息。其次体现在对受众的服务，即在充分考虑受众的切身利益的前提下满足受众的特定要求，使之在对信息本身的接收的同时，拥有一份额外的收获。最后体现在对受众的提升，即在功利性的需求满足的同时，启发、引领受众进入更高层面的人格境界，获得精神的愉悦与人文的修养。

---

① 童庆炳主编：《文化与诗学》（第一辑），上海人民出版社 2004 年版，第 150 页。

推而广之，主持人对受众的责任赋予，实际上是社会中人与人之间的责任行为在大众传播途径中的一种表现，它建构起一种理想的主体间责任关系模式，在节目的一次次播出中向大众传达，在频繁的收听与观看经验中潜移默化地转化为一股无形的影响与感染力量，引领受众将这种朝向于"绝对他者"的敬意与责任不自觉地运用于其现实生活当中，在一种责任关怀意识的养成中将社会导向一种理想和谐的状态。

第 二 章

主持人节目受众审美经验的生成

归根结蒂，主持人节目是一种信息传播的实现形式，受众对主持人节目的收听和观看本质上是一种信息接受行为。但由于主持人节目在上述信息传受结构、话语方式、信息传受双方各自定位及其主体间性相互关系诸方面鲜明的独特性，这种信息传播形式内部却蕴含着大量审美活动的因素。在一定条件的促发下，主持人节目受众审美经验得以生成。

第一节　受众审美经验在主持人节目信息传播中的生成条件

具体而言，信息传受结构的复杂性、信息传播话语的特殊性以及传受主体类人际传播的交往对话性，使受众在接收节目信息的同时，也实现了从功利态度向审美态度的转换、从信息接收向审美经验的转变、从客观认知向情感体验的转化、从被动接受到参与共享的转向。这些都内在地促使主持人节目由一种信息传播形式向审美经验形式演变，受众对信息的接收活动也随之成为某种审美活动。

一　从功利态度向审美态度的转换

独特的信息传受结构，促使受众对主持人节目的观照由功利态度向审美态度的转化成为可能。

审美态度是审美经验发生的前提。美学家朱光潜先生曾经列举了人们对一棵古松的三种态度。他以一位木商、一位植物学家和一位画家三人看待古松不同的出发点来说明"三人可以说同时都'知觉'到这棵树,可是三人'知觉'到的却是三种不同的东西"。①只有那位画家是真正用审美的眼光来看待古松的,也就见到了美。而现象学美学家杜夫海纳则更进一步,他说"挂在我墙上的画对搬运工来说是物,对绘画爱好者来说是审美对象,对擦洗它的专家来说,则一会儿是物,一会儿是审美对象"。② 这就不仅将审美态度与主体的个体差异(这里是身份与职业的差异)相联系,更指出了同一主体在不同情境下面对外物的不同态度,也更加明确地指出审美态度是主体自身看事物的一种眼光、一种角度和一种姿态。对擦洗画作的专家来说,当他把画作看作是自己完成工作所必须面对的对象或是用科学技术原理对其加以分析时,画作在他眼中便是物,而此时艺术作品也仅仅只是艺术作品而已,而远没有成为审美对象;而当他注目于画作本身,将自己沉浸在它的线条、色彩、构图与情感魅力之中时,画作中的美便向他显现出来。所以,美感的生成必须超越主客二分的关系模式,"必须抛弃实用的(功利的)态度和科学的(理性的、逻辑的)态度"。③ 这种态度用心理学家布洛的话来说,就是审美主体必须与实用功利拉开一定的心理距离。

(一)一般信息接受活动的功利态度

从字面上看,《牛津字典》将"信息"解释为"信息就是谈论的事情、新闻和知识",而在《韦氏字典》中,"信息就是在观察

---

① 朱光潜:《谈美》,载《朱光潜美学文集》第 1 卷,上海文艺出版社 1982 年版,第 449 页。
② [法]米·杜夫海纳:《审美经验现象学》,韩树站译,文化艺术出版社 1996 年版,第23 页。
③ 叶朗:《美学原理》,北京大学出版社 2009 年版,第 99 页。

或研究过程中获得的数据、新闻和知识"①。从一般意义上说，人类对信息的获取本质上应归属于对有用信息的接收、理解与利用活动。在有意的信息获取情况下，人们为满足自身某一方面的特殊需求而有意识、有目的地搜寻、关注、获得相关信息并为己所用。比如通过收听天气预报来了解未来天气、为即将到来的出行做出科学合理的安排；通过收看新闻节目来获知当前最新的时事形势，为即将展开的日常行动来寻找方向；通过收看综艺娱乐节目来寻找一份轻快愉悦，以便在一天的奔波劳碌后放松身心。而在无意的信息获取情况下，人们对信息的接触可能并非出于自觉自愿，但在其所接收到的信息中真正被筛选并记住的，却大多仍然是那些对自己有用的信息。一个人可能会突然被媒介发出的某种信息所吸引并开始对其关注，尽管此前其并未有意识地主动搜寻此种信息。比如当宿舍中有人收看一档生活服务类节目时，另一人可能会被其中介绍生活小窍门的部分所吸引并开始观看，也许这是因为节目此时正在介绍的内容是对自己有用的，甚至自己正在因为缺乏这方面的知识而困惑不已。所以，归根结蒂，信息的获取往往是一种在明确的目的驱动下所展开的功利活动。

人类依靠其所获取的各方面、各类型信息而指导自身的行动，维持并发展自我的生存。而在信息传播的环境下，"人们选择和使用媒介满足他们的需求和愿望"。② 西方传播学的"使用与满足"理论正是从这个基本观点出发，着力于研究受众的"动机"作为理解媒介消费的路径。③ 从这个意义上看，在一般的大众信息传播语境之中，纯粹的审美经验是无法生成的，因为它在本质上是功利性、工具性的。作为信息的接受者总倾向于将所关注的信息当作一

---

① 参见胡正荣《传播学总论》，中国传媒大学出版社1997年版，第83页。

② 周勇：《理解电视：从理论到方法的路径》，中国广播电视出版社2012年版，第23页。

③ 参见周勇《理解电视：从理论到方法的路径》，中国广播电视出版社2012年版，第27页。

个有用之"物"、当作纯粹的对象来看,其对信息的关注、理解与吸引内含着主客二分的思维模式,其对信息的接受目的明确,即"为我所知""为我所用"。

正如上一章所揭示的,在一般传播形式的"信息—受众"结构中,受众关注的重点在于信息本身。不可否认,信息往往是由传播主体经有声语言、副语言或其他的演绎方式加工而成,本身以某种形式的美传达出来。比如新闻播音节目中的新闻信息、商业广告的推销宣传与公益广告的教育信息以及纪录片所传授的知识内容分别通过播音员、广告演绎者和纪录片解说员对信息文本的艺术性的二次创作而呈现给受众。但在受众的知觉中,这些美的表达方式却是隐藏于信息文本内部(内文本)而与信息本身一并交付受众的。也就是说,这些发声者对信息的艺术再现与创造行为的根本目的,是将信息文本潜在的内容更加完美地加以有声化、可视化的呈现,从而促使受众能够更加高效地接收、理解信息的核心元素。比如在文稿播读过程中,发声者对停连、节奏、语气等技巧的运用及其产生的美感,是为使文稿内部的文字、结构、深层思想内涵更加清楚、到位地向受众呈现,使其更具说服力与感染力。这些都已经深深融入给予受众的信息内部,与后者融为一体而成为了信息本身。所以受众所注意到的,归根结蒂还是信息本身的有声形态及其内在所指。而其关注并接收信息的根本目的,是获得信息本身为己所用,而不直接是单纯地获得某种美感。后者只是在信息获取的同时所附加生成的某一"附赠品"。

(二)主持人节目信息接受活动的审美态度

然而,在主持人节目的"主持人—信息—受众"结构当中,受众所获取的远不止信息本身。主持人节目信息传受结构的"我—你"对话特性与其主体间性特征,致使受众对节目信息的观照方式发生了巨大的改变。与非主持人节目"信息—受众"结构将受众注目于信息本身，将信息纯粹当作客体或对象而对待不同，主持人节目"主持人—信息—受众"的传播结构，时刻在引导受众关注信息本身的同时，也将信息的传播者纳入到受众的感知领域中。并且因为主持人节目的信息是由向受众直接发话的主持人凭借其外文本话语在外部串联并时时跳脱出信息本身的内文本话语而传达出来的，所以受众在关注信息的同时，也总在第一时间感知到主持人传播行为的存在。换句话说，由于受众首先是通过外文本层面与主持人的交谈行为而进入内文本去关注并接受信息的，所以主持人在受众的观照对象之中所占的分量就相当重要。

在这个意义上，如果说受众对信息的获取通常是实用功利层面的追求，那么对主持人传播行为及其所塑造成的主持人形象的观照，便是超越于功利层面的非功利活动了。受众对主持人节目的观照往往由实用性的信息本身向信息表象背后的节目主持人形象及其主持行为牵引，除了对信息客体这个"物"的观照之外，更增加了对主持人这个"人"的注目。所以，当受众以主持人节目这种形式来获取信息时，便也同时在进行着对主持人传播活动及其人格魅力、文化艺术修养的审美观照。

敬一丹曾在谈论国有林区天然林资源保护工程时意味深长地谈起自己的切身感受：

> 这几年常听林区的朋友说，日子不好过了，这让我想起，我当知青时，在小兴安岭清河林区生活的日子。当时，那里刚开发不久，缺房子，缺公路，缺人，唯独不缺木材。身在林海当中，我们不懂什么叫珍惜资源，我们常把整段整段的木头扔进汽油桶改制的取暖炉里，炉火噼噼啪啪地烧着，我们一点也没有什么不安。可是后来，从林区来的消息说，那里的资源已经越来越少，甚至接近枯竭，经济也曾陷入危困。这时候想起

当年的情景，才生出负疚感。这时候才意识到，自然规律、经济规律就是这样严酷，这就是我们在过度索取之后要付出的沉重代价。①

——摘自 1998 年 3 月 25 日《东方时空·面对面》节目的主持人话语

通过对这段亲身经历的讲述，我们看到了一个对环境保护有着自觉反省意识、怀有强烈社会责任感的主持人形象。这段信息虽然只是一个故事，是主持人自己经历过的故事，但它由主持人生动的声音与语调传达出来，内含着主持人对早年环境破坏的理性反思与对人类生存状态的深深担忧。透过节目所传达的信息文本，受众分明感受到的是主持人作为这段信息的叙述者的人格魅力。

而在南京人民广播电台音乐节目主持人江文主持的音乐专题"古琴与长笛的对话"中，我们又经由主持人介绍、分析古琴、长笛、女高音的文本信息而感受到这话语背后那个文化艺术素养深厚的人的魅力：

各位听众朋友，您好。我是江文，欢迎您收听这一辑《国际明星调频》节目。在这次节目中，我要向您介绍古琴、长笛和女高音组曲《中国梦》。这个作品是中西音乐家之间一次精彩合作的结晶，让我们一起来倾听古琴和长笛的对话，倾听音乐家们诚挚的心声。

（出古琴音样《醉鱼》）

古琴是具有三千年历史的中国乐器，在它那深沉幽远、空灵写意的乐音里，包含着中国文化中宁静致远的审美意趣，渗

---

① 吴郁：《主持人的语言艺术》，北京广播学院出版社 1999 年版，第 121—122 页。

透着文人骚客旷放洒脱的情致，凝聚着圣贤哲人般的睿智神思，中国古代文人四艺"琴棋书画"中，琴为首，它是最能代表中国文化特质的乐器。

（出长笛音样莫扎特《C 大调长笛、弦乐四重奏作品 285 号》）

长笛，是历史悠久的西洋管乐器。它那明亮华丽的音乐、灵活多变的技巧，使其成为交响乐队中最为活跃的乐器。巴赫、莫扎特、比才、柴可夫斯基，无不以长笛来抒发田园诗意、挥洒浪漫情怀。

（出女高音音样亨德尔《弥塞亚》）

歌剧女高音起源于欧洲，以严格科学的发声方法训练出来的女歌手，其非同寻常的穿透性声音，极富戏剧性的表达方式，专长于表现油画式的浓烈情感，像史诗一般壮阔。

您是否想过，如果将以上三者放到一起会有怎样的一种音乐呢？

（《中国梦》之"春之舞"）

……这种只需意会不用言传的即兴之作和演奏，带来了音乐家心境朴素而真切的流露。毫无雕琢的自然之美，不假修饰的艺术个性竟是那么动人。在古琴和长笛之间有着那么多的音调、音阶和超越时空的意境，造成一种无比奇妙的和谐。在"太湖和风车的对话"这首曲子中，长笛和女高音的旋律带有鲜明的西欧民歌风俗，然而它竟与古琴那悠扬平和的音调和纯正的中国传统风格巧妙地糅合在一起了。

（《中国梦》之"太湖和风车的对话"）①

----

① 吴郁：《主持人的语言艺术》，北京广播学院出版社 1999 年版，第 466—467 页。

　　主持人通晓中西文化背景下的中西音乐艺术差异，先是对三种音乐形式加以精彩的介绍，再分析三者的结合产生的奇妙的艺术效果。全程用词专业，语言优美，句式典雅，格调高雅，为受众带来内容与形式层面的双重美感，更由此在受众的审美感知中树立起自己文化艺术修养深厚的形象。

　　这种主体间性的交往行为是超越目的性、功利性与工具性的。以信息为中介的受众与主持人之间的人际交互主体性对话，本质上是精神层面的审美注视与交流。由其大众传播的本质所决定，与受众进行类人际对话的主持人，并不是一个在现实中与受众面对面说话的另一个个体，没有与后者构成实质性的利害关系。这样一来，在对主持人节目的收听与观看中，受众往往在功利态度之外附加着超越其上的审美态度。并且当受众在节目中主要关注主持人时，其信息的获取过程更是明显地由功利性向非功利性转变。他们不会关心主持人对他们有什么实际的帮助、会使其如何地受益，而是重点关注主持人的声音、外形、举止行为、思想观点、人格魅力以及精神内涵。这样的关注无关信息本身的有用与无用，而仅仅注目、感受并领悟着信息背后所呈现的主持人形象，从而获得源自人物心灵世界与个人魅力的一种精神满足。而这恰恰促使一种超功利的审美态度的生成，构成了主持人节目受众审美经验生成得以可能的前提条件。

二　从信息接受向审美经验的转变

　　主持人节目的传播话语特点，促使受众对主持人节目由单纯的信息接受向审美经验转变得以可能。这一点在主持人节目与文稿播音节目的对比中体现得尤为明显。

（一）文稿播音节目对信息接受的要求

　　如前所述，非主持人节目的信息传播话语是内指并封闭的。特别是其典型的表现形态——文稿播音节目，发话者在通过自身对文稿的二度创作而将文字转化为有声语言的过程中，其播读式的传播方式与话语状态并没有向受众直接敞开。其实际的传播过程，也只是将已经构成整体的话语文本直接传予受众，等待其接受即可。而从受众方面看，受众仅仅是对所给予的信息加以单纯的接受，也就是说，传播过程仅仅止步于对信息本身的收听或观看并加以利用。其所关注的是信息外部的有用性，遵循的是"收到—拿来—记住—使用"的线路，而并没有一个适当的契机引领其向信息在传播过程中的艺术化处理与审美化行为加以关注。

（二）主持人节目对审美经验的唤起

与此不同，主持人节目传播话语因为采用的是交谈方式，即建基于"我—你"对话模式上的双向交往活动，而具有区别于文稿播音节目话语的外指性与开放性。主持人在对话行为中时刻预设着受众的主体形象和能动的应和，所以传播主体必须根据接受主体在聆听话语、接收信息过程中可能出现的反应（包括好恶、接受难度等因素），来调整话语组织和话语呈现方式以达到最佳的信息传播效果。于是，与文稿播音节目话语相比，主持人节目传播话语呈现出更加亲和平易、生动形象与多元个性化的特点。而这些特点恰恰更加符合人类的审美知觉规律，更易于唤起受众的审美经验。

首先，亲和平易的传播话语大大缩短了受众与信息内容之间因陌生而产生的距离，使信息能够在受众更加放松的心理状态中以熟悉亲切的面目呈现。与文稿播音节目只能将既有的文稿忠实地传达不同，主持人节目信息传播主体可以不拘于文稿本身的遣词造句，而将既有文本转化为更加生活化的语言，面向节目的特定受众群体来传达。这在说新闻节目中体现得最为典型。与相对较为郑重、严肃、书面化的文稿不同，说新闻节目话语经过主持人的过滤，向生活话语的轻松、活泼、口语化还原，极大地拉近了传播主体与接受主体之间的距离，能够使后者领略到语言的生活之美，也在理解难度降低的同时打消了受众对传播内容的拒斥，从而打开审美经验的通道。

其次，生动形象的传播话语开启并渗透于受众的形象思维，使其在对鲜活形象的观照中感受到话语的画面性、可感性、趣味性，丰富着受众的感知，使之产生美的联想。一方面，主持人在自身的语言和副语言上下功夫，通过语言各种表达方式的多样灵活的调用和副语言多姿多彩的显露来加强传播话语的生动形象性；另一方面，为了产生更强烈的可感性，主持人往往使用音乐、视频、邀请嘉宾、组织互动等形式辅助传播，在活跃气氛的同时全方位调动受众的感官，以促进信息的有效理解与接受。

最后，多元个性的传播话语使受众领略风格的魅力。个性化的话语呈现方式是主持人个体创造能力的展现，也是节目创新艺术的一种体现。与文稿播音节目对稿件忠实而显得千篇一律的重现话语不同，主持人个性化语言是对文稿本身创造性的组织与发挥，是带有创造性的再现，也是增强自身感染力量的一种表现。无论是庄重大气还是风趣幽默，无论是理性睿智还是感性随意，主持人节目传播话语都以其风格的多样性建立起差异化的审美范畴，并在节目的播出进程中淋漓尽致地加以体现，带给受众不一而足又各有千秋的审美愉悦。

中央电视台《半边天》节目主持人张越在节目中介绍当期嘉宾唐师曾即为一例：

> 提起"唐老鸭"这个外号，新闻界的同行们都知道他就是新华社战地摄影记者——唐师曾。（对唐师曾）你好！长久以来很多年轻女性都被这么一个问题困扰着，她们觉得现在的男性越来越女性化，越来越没有男子气，越来越缺乏沧桑感。好

多女孩子苦于找不到自己心目中的高仓健，所以我们一直想找一个有资格来谈这个问题、来谈沧桑感的男性跟我们来谈这个问题。于是，我们就找到了唐师曾，为什么呢？别看他年龄不大，可经历却非常丰富。他毕业于北京大学，曾经在秦岭的深山里拍过野生的大熊猫，曾经在神农架寻找过野人的足迹，曾经在藏北高原可可西里无人地带与野狼共舞，曾经经历过无数次的大火、地震、水灾，曾经在中东战火纷飞的地带多年奔波，而且曾经采访过阿拉法特、卡扎菲、加利、拉宾、纳尔逊·曼德拉这些非常具有神秘色彩的政坛风云人物。而且据说他曾经独自一人不借助武力突破以色列军的防线，使得以军不得不派直升机去抓他……关于他的传奇故事，我早就听朋友们讲了很多，所以您应该是一个饱经沧桑的男人了吧？①

主持人话语中亲切友善的姿态将受众毫无障碍地拉入了对话场，进入到嘉宾唐师曾的故事世界中，在轻松开放的心境中等待着领略嘉宾的沧桑经历、聆听其对沧桑话题的理解。朋友式交谈与交流的氛围使主持人得以充分发挥语言表达的个性来讲述嘉宾的不同常人的经历，而受众也能够随着主持人的活跃的思路与生动形象的语言而感受嘉宾去过的天涯海角、经历的一幕幕过往。这些都有助于受众审美经验的生成或深入。

即使在较为严肃的新闻评论节目中，受众在信息接收的同时也易于展开审美活动，在理性的信息、知识获取的基础上生成感性的审美经验。请看水均益在《焦点访谈》节目中的一段主持话语：

从 1 月 17 日到现在的一个月时间里，我们听到和看到了

① 吴郁：《主持人的语言艺术》，北京广播学院出版社 1999 年版，第 151—152 页。

许多有关日本这次地震的报道，而在所有这些当中，有两个事给我们留下了深刻印象。一件是一些日本幸存者在回忆时说，当他们从废墟中爬出来时，第一个看到的是新闻记者的闪光灯和天上日本电视台的直升机。而一位叫陈彪的留学生告诉我们说，他听到的第一声慰问来自于中国领事馆。他说，包括他在内的很多中国留学生都相信，假如这次地震发生在国内，那么我们第一个看到的肯定是人民解放军战士。说实话，我们没有想到陈彪能够说出这样的假设，因为他所说的这番话包含的内容实在是太多太多了。①

新闻评论节目的语言基调本是冷静而理性的，而受众在这样的话语氛围中更多的，也是更加理性、客观地去认知事实本身，本与审美无关。但主持人在交谈话语情境中的个性化表达，在类人际传播模式下对自身作为"人"的形象的定位及其与受众展开"交谈"的行为，使其能够、也需要采用故事化讲述、情境描述与情感渲染的方式来传递新闻信息、表达思想观点。于是就有了这段文本中极其生动的故事讲述、极有感染力的事实对比，以及故事本身与话语表达的字里行间所渗透的强烈的爱国情感。而这些都是将纯粹的信息接收导向审美经验的重要元素。

三 从客观认知向情感体验的转化

主持人这一谦逊而真实的传播主体形象，促使受众对主持人节目信息内容从客观的认知进入到情感体验的世界成为可能。

（一）受众对非主持人节目的客观认知

如前所述，非主持人节目"信息—受众"的传播结构，使受众

---

① 吴郁：《主持人的语言艺术》，北京广播学院出版社1999年版，第143页。

偏向于以单纯的信息获取为目的，构成接受对象的信息整体是作为某个"物"而进入受众的感知领域的。在对对象的观照方式上，这种接受主要体现为比较客观冷静的认知，即受众"得知"某一件事、获得某种知识、习得某种技巧。

　　受众对非主持人节目的客观认知分为两种情况。其一是受众对新闻文稿播音节目、纪录片、广告信息内容的纯粹的客观认知。这三类非主持人节目形态向受众提供的传播内容主要是客观性的事实和有用性的知识。受众对此类信息的接受也往往仅仅聚焦于其事实与知识本身，属于人类认识活动的范畴。虽然在这一过程中由于信息本身可能内含的价值因素与艺术成分——如新闻事件中由人物所传递的正能量所蕴含的人物心灵美、纪录片所揭示的历史真相所富有的历史与人生的苍茫感、广告片中别致的场景设置和巧妙的情节安排等——也都能在某些时刻激发受众内心强烈的情感体验，但其节目本身却体现为新闻传播、知识传授与产品促销的实用属性，最终依然会将受众拉回理性认识的领域。从这个意义上讲，这三类非主持人节目无论其制作多么精良，都在本质上难以将受众引入纯粹的情感体验状态。

　　其二是受众对影视剧（广播剧）、无主持人（淡化主持人）游戏类节目内容信息的客观认知。此类节目的特点，在于信息的艺术虚构性。与新闻文稿播音节目、纪录片、广告内容较为侧重生活真实世界的叙事相比，这两类非主持人节目超越生活真实的基础而建构艺术真实，分别通过故事的虚构性讲述与游戏的规则性设定而将受众领入一种表现性的世界而非再现性的世界。相对于客观现实的超越性来看，它们建构的是一种审美的世界，也会引起受众强烈的情感参与。但由于前面已经论述的其信息文本话语的单层性和传播模式的单向性，这种情感参与更多的是基于旁观者视角的参与活动。由于两者信息传播话语内文本的封闭结构与受众尚保持着一定距离，受众通过旁观别人的故事、别人的游戏而生成的这种情感依然与自身较为疏离。纵使共鸣强烈、感同身受，这种情感依然是肇始于他人之事，与自身没有直接的联系。所以，从整体上看，受众对这两类非主持人节目的信息接受也就具有很大程度的客观认知特点。

（二）受众对主持人节目的情感体验

主持人节目"主持人—信息—受众"的传播结构，使受众在信息获取目的之外，更增加了对主持人的关注与审视的心理活动。进入受众感知领域的不只有实用性的信息本身这一个"物"，更有实现具体的信息传播行为的活生生的"人"。主持人既然是作为代表着群体意志的个人形象而出现于受众面前，以类人际传播的方式实现其大众传播活动的，是既谦逊又真实的信息传播者，其主持传播行为就必然呈现出个体化、人性化和人际性的特点，表现出人的生动鲜活的生命特点。在节目主持进程中的外文本话语传播层级当中，主持人把媒体信息与公众观念通过个性化的言行加以生动、具体的诠释，并以受众为直接的表达对象与言说伙伴，在平等、亲近、友好、亲切的氛围中进行信息传递和观念传达，通过与受众近距离沟通交流的方式强烈体现出人际性的主体间性交往模式。受众明显被纳入模式之内，其所面对并接收的信息，无论是事实、知识、故事与游戏均不再与自己无关，主持人自称为"我"而向受众之"你"发起讲述，"你"之称谓强烈地召唤着受众的身份认同，意欲与"我"发起对话。主持人节目内一切被传播的信息内容于是都被纳入此种对话场域中，它们不再仅仅属于主持人这一对话的发出者，同时也关乎对话的应答者——受众。所以受众视域中的主持人节目信息内容所具备的便不再只有客观认知性，而是伴随着主持人这一对话者的情感态度，不断由疏离转为切近自身、关乎自身、感染自身，最终转化成为受众以客观认知的信息内容为中介的与主持人相伴相随的一种情感体验。

这种情感体验内生于主持人节目的内文本话语，却触发于其外文本层面上主持人的情感表现及其与受众的情感交流、传导和感染。

在对话交流的人际交往话语情境中，主持人的情感表现是必然且相当重要的。一方面，人的心理活动是由感觉、联想、想象、情感和理智等多种元素综合组成的，情感的表现是人际化传播的固有现象之一，在现实的人际交往中比比皆是。既然主持人是在一种带有人际交往特点的环境模式中从事传播活动的，就必然会或多或少地表现出自身的情感态度。而为了与受众展开亲和、自然的对话交流，主持人也必须适度表现出自身的情感。如果丝毫没有情感的流露，主持人在受众面前就仿佛一块冰冷坚硬的石头，没有人情味，其对人际传播环境的营造将缺失真实性，节目也就失去了相当程度的可看性。另一方面，传受双方之间平等友好的交谈氛围也必须以真诚的情感交流为依托。没有真实情感的展现和交流，就减少了知心朋友间的那份信赖和默契，而产生些许冷漠感或虚伪感。所以，主持传播活动的人际化特点，决定了主持人情感表现的必要性和重要性。一些著名主持人之所以长期受到观众的青睐，其在节目中积极、到位的情感表现不能不说是一个重要原因。如在面对嘉宾诙谐地讲述自己的生活趣事时，鲁豫从不掩饰内心的情趣，在像平常人那样的开怀大笑中达到人与人最自然的交流状态；孟非时不时在与《非诚勿扰》现场嘉宾的调侃中，幽默地表达出自己的喜悦、惊讶、不满等情感，使自己鲜活饱满的主持人形象深入人心。而上海著名综艺节目主持人叶惠贤在一次电视直播晚会上，被癌症患者小杜琼的表演感动，更是将情感真实表露于外，眼含热泪地说：

看见小杜琼，我想起我的姐姐，一年前她由于胃癌过早地离开了我们，当时只有 50 岁。因为她结婚晚，所以两个孩子还很小，临走的时候，她已经不能说话，记得她是支撑着靠在床上，两眼直瞪瞪地望着我，合着双手希望我能照顾好她的孩子……我想要是今天她能参加这台晚会该多好，但是……今天我来主持这台晚会，能为在座的兄弟姐妹尽一点力，我想，我的姐姐会感到快慰的。①

主持人触景生情，将当时真实的情感表达出来，立即在受众面前呈现出一个有血有肉、与自己颇多相似的亲和形象，取得了观众的共鸣。由此可见，节目主持人对信息的传达不会是单纯的物的传达，而是带着个体自然情感的传达。其与受众在"我—你"对话模式中的交往对话，也将富有情感。如果说非主持人节目为了更加忠实于信息本身，倾向于降低个人情感的含量甚至趋于不带个人情感，从而将自身局限于再现性的信息表达而无法打开一个超越性的世界，那么主持人节目则需要在传受双方的对话交流中合理地运用情感，以此增强对话的生动性与感染力来提升传播的效果，从而打开一个表现性的交往空间。

不可否认，虽然主持传播活动带有浓郁的人际交往色彩，但其本质上仍是大众传播的一种形式。尽管其外在表现是"我—你"之间一对一的沟通交流，实质上却是作为公众人物的"我"与作为广大受众的"你们"之间一对多的信息传播与观念传达。所以，主持人在对个人情感进行自然外化时，也必须对其加以适度的调控。如果按照弗洛伊德的人格结构理论将人的自我划分为本能冲动的"本我"、交际外化的"自我"和理想规范的"超我"，那么主持人作为节目主持这一大众传播活动的主体，其在受众面前的情感表现就

---

① 吴郁：《主持人的语言艺术》，北京广播学院出版社 1999 年版，第 122 页。

应更多地被定位在代表社会普遍价值观理想化状态、起社会规范作用的"超我"情感的表现层面。所以在现实操作过程中，主持人的情感把握需要方方面面的控制。从情感表现的内容来看，一名优秀的主持人所表现的是人性之中普遍共有的情感，而不是个人私有的狭隘偏执的情绪。从情感表现的性质来看，优秀主持人所表现的是体现着社会道德理想的高尚情感，而不是意味着道德沦丧的丑恶心理；是鼓舞人生向前的积极情感，而不是怂恿自暴自弃的消极态度；是提升审美修养和精神境界的高雅情感，而不是迎合世俗、助长烂俗的低级趣味。从表现方式来看，优秀主持人将情感在自然、真实的状态中外化，而不做表演式的、煽情的刻意呈现。从场合来看，优秀主持人对情感的表现随节目类型的特点而有量的差别。从表现时机来看，优秀主持人的情感表现出现在意欲以情感的交流引发受众共鸣、体现节目宗旨和意图、深化节目内涵的时刻，以情感内在的感染力增强传播效果，而不是节目全过程都是主持人主观情感表达的舞台。

但也正是这种巧妙、适度游走于释放与控制之间的情感表现方式，构筑起了最为得体、和谐的公共话语空间与情感交流世界，为受众审美经验的生成营造了一种亲和自然的人际交往环境，同时也在交谈的话语情境中引发了受众与之相应的情感体验。

四　从被动接受到参与共享的转向

主持人节目受众的信息传播接受主体的地位，促使受众对主持人节目信息内容从被动的接受转向主动、积极参与、共享的审美观照得以可能。

（一）非主持人节目受众信息接受的被动性

非主持人节目话语文本的自指性及其信息传播过程的单向性，使受众处于信息接受客体的被动性状态。从传播话语的实现样态来看，信息内容仅仅被传送到受众一端，而不像主持人节目那样，生成于传者与受众之间的对话交往。这样的传播方式迫使受众对信息"照单全收"，然后自行消化吸收。相比而言，这种单向度的信息流动并不利于调动受众感官及思维的能动性与积极性。受众对信息内容的关注只能是外在的，往往无法渗透信息内部而关注信息本身。在这样的传播模式中，信息的传播运动只有单向流动，而没有或很少发生双向流通，是一种封闭、静态而僵死的状态。

而审美经验的发生却必须是信息接受一方充分调动主体能动性的结果。只有信息接受方积极地深入对象的内部世界而关注、体验对象本身，才谈得上对对象加以纯粹的观照和审视，进而发现美的存在。中国传统美学恰恰正是在主体的能动性体验的前提下界定美的。叶朗先生据此将美定义为"美在意象"，也就是"审美活动就是要在物理世界之外构建一个情景交融的意象世界"。① 不存在一种实体化的、外在于人的美，也不存在一种实体化的、纯粹主观的美。美的生成就在于主体与客体之间的交融、统一。宗白华先生从艺术美出发，认为美在"主观的生命情调与客观的自然景象交融互渗，成就一个鸢飞鱼跃，活泼玲珑，渊然而深的灵境"。② 而事实上，无论是艺术美还是自然美、科技美、社会美，都必然以情景交融与主客统一为前提。没有主体深入对象世界的体验与感受，美的意象便无法生成。

从这个意义上，相比于非主持人节目受众在信息传受过程中的既定状态，主持人节目受众在传受关系的对话场中的参与和浸入，更容易助其产生审美经验。

（二）主持人节目受众信息接受的参与共享性

从这个意义上说，主持人节目信息传播的双向性和受众作为信

① 叶朗：《美学原理》，北京大学出版社 2009 年版，第 55 页。
② 宗白华：《中国艺术意境之诞生》，载《艺境》，北京大学出版社 1998 年版，第 151 页。

息接受主体的身份特征，恰恰为其审美经验的生成奠定了良好的条件基础。节目主持人以受众"正在面前与我对话"的构想展开节目信息话语的传播行为，其每一言每一语都是在对受众回应的预设中组织而成的话语成果。基于此，主持人节目的信息话语实现的是可逆性的双向流通，而并未被束缚在单向度的话语指向中。由此种传播模式所决定，作为信息接收方的受众一改其被动接受的地位而成为主动参与话语交谈、与主持人这一信息传播主体共享信息内容的接受主体。在"我—你"对话模式以信息为中介的双向交往活动中，主持人开放于受众的话语行为时刻激发着受众应答与对话的潜在欲望，受众在节目友善、亲和、平易、和谐的整体氛围中得到了更多的话语权。受众主体性的加强，使其更加能够并乐于在精神交往中主动地参与主持人所设定的节目环节与话题探讨，并在一种相对来讲比较放松的心理状态下去更多关注到节目信息及其主持人的传播行为本身。如果说非主持人节目的受众只能在对象的外部"围观"，那么主持人节目的受众则能够通过"我—你"对话的方式融入节目内容这一观照对象当中，从而为审美经验的生成提供强有力的条件。

更进一步，受众以自身被积极唤起的主体性参与到节目当中，与主持人以节目内容为中介而共享信息的交往行为，建构了两者之间的主体间性关系，促成了大众信息传播语境中以主持人节目这种特殊形式加以体现的话语狂欢。传播话语因纳入了受众的重要组构元素而摆脱了高高在上的独语状态，呈现出复调交织的特点。虽然受众并没有出现在与主持人有声、有形的话语应答中，但主持人的传播话语却时时隐藏着受众的话语回应，是传受双方主体性和传受双重话语权的内在集合。信息传播过程这种和谐互动、对话交流的主体间性话语样态，建构出一种人际交往的理想形态，满足着人们对"人人平等"的渴望与追求。尽管现实生活中的不平等现象时时存在、比比皆是，但人们却可以暂时脱离现实的烦扰而从主持人节目中体验到这种平等。从这个意义上讲，主持人节目是对现实功利世界的一种超越，受众从与主持人潜在的对话交流中得到了暂时的超脱，在平等、参与、共享中获得了一种超功利的精神愉悦。

参与和共享，是后现代社会人类审美心理的一大重要的崭新表征。后现代思想强调去中心化，着意抹去主体的中心地位而将处于边缘状态的诸多元素纳入视野，建构多元主体与多元中心化的世界，强调的是主体之间基于交往互动行为的关系的建立，将世界塑成"公共空间"。"公共空间"并非指涉实际存在的某处场所，而是"由实际运行互动、分享关系网络所形成的"①，它也"不是空间或是社会组织，而是一个让'公共空间'不受拘束地随机出现的条件，也就是说，让共享的世界展现出来"。② 在这一共享的空间中，主体卸下了日常生活与现实工作中的重重不平等的压力和重负，有如在狂欢节上戴上假面，抹去身份的差异而实现尽情的狂欢。主持人节目对平等对话的话语交往模式与信息传播结构的建构，就是创造了这样的一处超越性的"公共空间"，带给受众纵情狂欢的愉悦。这可以从以下两方面来分析。

一方面，从其交谈话语亲和、平等地对待受众并于无形中赋予受众以高度的话语权来看，主持人节目把其受众整体变成了无中心化的群体，使其实现了话语的狂欢。主持人节目的受众，无论身份、地位、背景、年龄、性别、性格、智力在现实生活中相异几许，都在信息的接受过程中变成了同一类人，那就是节目信息的接受者。不管是谁，只要处于节目的传播场域之中，都是主持人与之

---

① ［法］卡特琳·格鲁：《艺术介入空间》，姚孟吟译，广西师范大学出版社 2005 年版，第 7 页。

② ［法］卡特琳·格鲁：《艺术介入空间》，姚孟吟译，广西师范大学出版社 2005 年版，第 5 页。

平等对话的主体。因为共享着"受众"这一同样的身份，其主体性便无所谓强弱。由于现实利害关系的制约，真实的人际传播的话语交谈双方往往存在相当明显的地位与权力差异，无法实现纯粹的平等交流；而在主持人节目这种以大众传播为本质的类人际传播通道中，受众与主持人之间存在于精神层面的话语交流却能够实现其主体间性的平等。

另一方面，主持人节目基于受众参与和共享的心理需求，在节目策划与组织中着意预设出内文本话语层面的互动环节。这一行为客观上更加显性、有形而直接地营造出一种全民平等参与的氛围，进而引起外文本层面处于隐蔽状态的广大受众感同身受。在邀请嘉宾与设有场外观众并组织集体互动的主持人节目中，虽然热烈的互动环节处于节目现场的内文本层面，但同样作为普通的大众，处于外文本层面的广大受众会不自觉地在与其身份互认的基础上进行角色转换，产生参与其中的就是自己的美好错觉，仿佛身临其境地与场上本来更具权威性的主持人与嘉宾进行平等的交流与互动。

这种现象在游戏类主持人节目中体现得最为典型。河北电视台大型文化季播节目《中华好诗词》，以中国古典诗词作品的背诵为比赛项目，设置多个环节展开角逐。节目邀请演艺界明星作为其较为固定的嘉宾，但场下参与节目的却是名不见经传的大众百姓。他们来自各行各业，身份也迥然不同，唯一的共同点是对中国古典诗词的精通或热爱。但他们的身份却远非默默无闻的被动观看者，而是场上的竞争者、游戏者或潜在选手。上台与众明星嘉宾 PK 诗词背诵的大众选手，通过问题抢答的方式从台下上百个座席中产生，当场 PK 结束需要更换选手时，后来者也要通过相同方式产生。在这里，只要你热爱文学并具有出众的文学才华，就不乏出场露脸、一夜扬名的机会。在别处，所谓明星总是高高在上，是被粉丝苦苦追求的对象，保持着完美的形象；而在这里，明星在文学难题面前也会丑态百出、被来自大众的诗词达人比得暗淡无光的情形随时发生，大众与明星平起平坐。现场观众对节目广泛而平等的现实参与，在促使节目氛围空前活跃的同时，大大增强了信息传受的主体间性特征。节目为普通人提供了宝贵的展示平台。他们凭借对诗词的爱好、丰富的知识积累和过硬的文学功底，摇身一变成为"诗词达人"，在公平的竞争中赢得了地位与荣誉，站到了公众的舞台。在那里，他们抹平了与昔日遥不可及的明星们的落差，也拉近了与媒体信息传播主体的距离。此时此地，他们实现了自身的价值，实质上也由文学信息的接受者从而变成了镜头前文学信息传播的主体，发出了自己的声音，掌握了更多的话语权。而同为大众传播环境下的普通受众，由于身份的相同、地位的相近，电视机前的观众往往无形中将自己与电视机节目内参与其中的参赛者进行互换，进而强烈地感受着自己被吸纳、共参与的快感与乐趣。在其中，那些同样热爱诗词又擅长背诗、写诗的受众与现场参赛者的身份特点更加接近，其所感受到的共享的经验也将更加强烈而尽兴。

第二节   主持人节目的审美主体和审美对象

通过从功利态度向审美态度的转换、从信息接收向审美经验的转变、从客观认知向情感体验的转化、从被动接受到参与共享的转向，主持人节目受众在信息接收过程中的审美经验已经具备了生成的可能性。当然，受众与主持人在信息传受之外真正处于一种审美活动之中、建立一种审美关系，还需要一定条件和时机的促成。必须进一步对这些条件和时机加以分析，由此明确主持人节目的审美主体和审美对象的具体规定，才能进一步认识主持人节目受众审美经验。

一　主持人节目的审美主体

接受问卷调查的 80 名主持人中无一例外地认为主持人节目能够为其受众带来美感，其中占比高达 88.75% 的回答者认为目前存在的各种主持人节目（涵盖新闻评论类、社教类、生活服务类、综艺娱乐类、文化类、情感类和访谈类等各种类型）带来的美感虽然程度上有差别，但美感是受众在信息接受之外的共同感受。但这并不是说审美经验发生在主持人节目信息传播的整个过程和任一情况之中，也不是说任何主持人节目受众在各种信息接受状态下都能被称为审美主体。审美经验的产生与审美主体的生成，取决于特定的传播方式下受众信息接受动机、接受状态与接受效果等综合性的复杂因素。

（一）受众的接受动机层次及其信息接受状态的差异

主持人节目受众是否成为审美主体，往往受到特定外部环境和内在心理因素的制约和影响。比如一位即将参加考试的设计艺术专业的学生，面对一档访谈节目演播大厅的布置与装潢，可能更多的是出于学习与认知的目的，而非直接本着艺术欣赏与审美体验的心理去观看。当然，设计艺术属于实用艺术门类，对演播大厅装潢的观看兼具实用与审美的双重因素，在学习与认知的过程中，也存在着审美活动的成分，但这种审美活动是不充分的，且被学习与认识目的所支配。又比如一位关注健康养生的观众收看相关主题的节目，其目的是学习嘉宾所带来的科学保健方法，审美活动也难以成为其信息接受过程中的主要活动。再比如某位身心俱疲的企业职员回家观看一档综艺文化节目，也往往可能因为更多关注其中消遣娱乐、放松身心的成分而无心感悟主持人在节目中所体现的人格魅力。虽然以上三档节目的信息传播过程均内含若干审美元素，但三位观众都不能被称为真正意义上的审美主体，他们并没有纯粹意义上的审美经验的发生与美感的生成。

　　所以，同样是信息接受活动，受众的接受动机却是不尽相同的。而动机不同往往决定了其信息接受状态的差异。高贵武在《主持传播学概论》中将受众的信息需要以金字塔的形式划分成"事""理""情""趣""美"五大由低到高的层次，处于塔底的"事""理"两个层次主要是指了解事实、知晓原因的需要，而处于较高层级的"情""趣""美"则上升到了情感与精神享受的层次。① 而从人类活动的领域与属性角度来看，这五大需求层次可以大致分为两类，即事理认知和愉悦感受。前者涉及人类对客体世界的认识，后者则关乎在此基础之上相应产生的心理活动与精神思维状态。

　　而从审美经验的生成及审美主体的塑造角度来看，情况似乎更加复杂。对事理的认知可以导向单纯的感官刺激与心理消遣，也可以引入理性的审视与境界的体悟。两者虽然都属于愉悦感受，所指向的却是感官的娱乐与精神的冥思两个方向。如果说作为基础性的事理认知是人类出于自身生存需要而产生的一种功利性动机，那么事理认知所导向的刺激与消遣则同样是功利的，因为它直接满足的是人体本能的需求，比如放松、发泄等。此时，在实用目的的驱动下，受众对节目所传播的内容往往聚焦于信息的知识与娱乐的层面，满足的是求知与消遣的直接功利性需要。具体体现在对实用性较强的新闻信息、生活服务性知识与技巧以及娱乐性较强的花边新闻、奇闻逸事本身的关注，指向此类信息对认知、生活、放松身心的实际帮助。所以在上述愉悦感受这一层面，应该进一步细分为娱乐消遣与精神愉悦两个层面。

　　更进一步，根据其愉悦的方式，精神愉悦又可以划分为一般的精神愉快与审美愉悦两个层面。前者仅仅发自概念的满足，比如行

---

① 参见高贵武《主持传播学概论》，中国传媒大学出版社2007年版，第129—130页。

为符合得体、适度、谦逊、尊老爱幼这样的社会规范概念所引发的满足；后者则要求概念与美感同时在场，比如在讲述好人好事之时，讲述者的声音动听悦耳，同时配以旋律优美的音乐。

这样，受众接受动机的层次就可作如下表述（见图2.1）。

图2.1　主持人节目受众的接受动机层次

图2.1中，从受众的审美经验生成角度划分，由事理认知，到娱乐消遣，到精神愉快，再到审美愉悦，主持人节目受众的接受动机呈现为由低到高的逻辑发展层次。当其接受动机处于审美愉悦这一最高层时，审美经验才得以真正生成。

（二）作为主持人节目审美主体的受众

由此可见，接受动机是受众信息接受活动能够上升为审美经验活动的一个重要的衡量因素。秉持不同接受动机的受众会将自身的信息传播接收活动导向不同的状态。只有超越单纯的事理认知、娱乐消遣和一般精神愉快的接受动机而达到对审美愉悦追求的受众，才能抛开现实的利害和功利性的目的（事理认知、娱乐消遣），并在理性与感性、内容与形式相统一（超越一般的精神愉快的需求）的要求下对所接受的信息内容产生审美经验，从而成为真正意义上的审美主体。其接收到的信息内容才能成为克莱夫·贝尔所谓的

"有意味的形式"，其所进行的信息接受活动才能真正上升到审美活动。

当然，接受动机只是受众在信息接受过程起始阶段的心理状态与目标追求。原初的接受动机可能随着节目信息传播活动的推进而发生改变，使信息接受的实际效果挣脱前者的框定而达到新的层面。比如原本只想通过观看某档民生新闻节目来获知街头奇闻的观众，可能因为节目内某新闻事件好人好事所体现出来的社会人情之美或主持人精彩绝伦的语言艺术而最终获得了审美愉悦。再比如一位原本怀着获取审美愉悦之期许而收听某档艺术欣赏节目的听众，因为节目中话题涉及自己闻所未闻或较感兴趣的艺术常识的普及，而事实上仅仅对客观性知识发生了意向的转向。从这个意义上看，实际的传播效果也是影响审美经验是否生成以及认定受众审美主体身份的一大重要因素。

另外，信息内容的传播方式也可决定受众的审美主体的身份定位。主持人的话语表达方式、节目环节设置与思想意识导向都有可能影响受众审美经验的生成与审美主体身份的塑成。比如对同一新闻事件的深度分析，单调乏味的话语表达、生硬的环节转接方式、低级趣味的思想引导和生动精彩的语言呈现、自然的过渡方式、睿智向善的思想引领必然导致受众的接受效果截然不同。前者极有可能仅仅停留在事理认知与娱乐消遣的层面，而后者则往往带领受众到达审美愉悦的境地。在问卷调查中，面对"主持人节目给受众的美感来源于何处"这个问题，选择比例最高的前两项就分别是"主持人有文化、有内涵"和"主持人分析问题有思想深度"（分别占比85%和81.25%）。

综上所述，主持人节目受众作为审美主体，并非指涉一种固定的身份，而是一种即时的信息接受身心状态。只有当受众在信息接受过程中达到了超越认识活动与感官享受的功利目的，从而达到将理性思考与感性体验高度融合的精神状态时，才能成为主持人节目的审美主体。

二　主持人节目的审美对象

主持人节目的审美对象，是在审美经验活动中进入审美主体的意向观照，并给予审美主体以审美愉悦的节目信息内容。所谓"进入审美主体的意向观照"，是指这些信息内容超越了与主体切身利益息息相关的现实利害关系，从而在主体纯粹的意向观照中呈现，具有超功利性与无目的性。所谓"给予审美主体以审美愉悦"，是指这些信息内容带给主体的实际感受超越了感官的娱乐刺激而上升至精神的愉悦，又因为将理性的沉思与感性的丰满感受高度地融合而引领主体达到审美愉悦的精神境地。这样一来，作为受众审美对象的主持人节目信息内容，就包括以下三种类型。

（一）信息本身之美

这里的"信息本身"并非客观的信息本身。因为后者局限于客观认知和知识获取层面，只在一般的信息接受活动中存在，而实质上并没有进入到受众审美主体的审美经验活动之内。诚然，陌生路人勇救落水孩童、消防员勇救大火或是在天气变化中呈现星空美景的信息是美的，它们在其基本事实之外确实带给受众分别属于社会美与自然美的审美感受，而非仅仅局限于获知一个紧急事件或了解天气状况；又比如一档人物访谈节目所介绍的人物基本信息，也往往同时指向人物成长经历中人格的闪光点所折射的人物美，带给人美的感受。但这样的感受却先天地派生于基本事实之上，是与客观信息本身相伴相随的，不分你我。受众因此而产生的愉悦感实质上依然属于认知层面的事实本身。

而作为受众审美主体在审美经验活动中的审美对象的"信息本身之美"，更多指涉的是主持人通过多种手段将此类信息加工之后传达于受众审美视野的美。这种美是由多个层次构组而成的。由于主持人节目的传播特点及其传受结果所致，主持人在处理陌生路人勇救落水孩童、消防员勇救大火或是在天气变化中呈现星空美景这样的信息时，必然融入自身声音条件的美、语言表达之艺术、个性风格之展示、对节目组构环节的设计以及诸多辅助手段。而经由如此带有主持人色彩的加工处理后的信息，成为了主持人节目传播话语的内文本整体，向受众交付。请看下面一例：

> 刚才是童安格创作的一首带有 50 年代摇摆音乐风格的全英文的歌曲《ONLY LOVE YOU》（《只爱你一个》），选自他的那张《跟我来》的专辑。在情歌的演绎上，童安格的确有他过人的地方，有的时候细腻玲珑得像颗宝石，有的时候又大气磅礴如天空般的辽阔，而且在他情歌里的爱往往不仅仅是局限在男欢女爱的卿卿我我，他更多是在作品里强调城市、社会以及文化环境给人、给爱情的压力、局限和无奈以及随之导致的悲欢离合。就像武侠小说，我爱看金庸的作品，而情歌我爱听童安格。①

这一段介绍并评价童安格音乐作品的话语被主持人进行了精雕细琢的加工，带给人一种文学之美。"有的时候细腻玲珑得像颗宝石，有的时候又大气磅礴如天空般的辽阔"一句，用比喻营造画面感，用通感强化形象感，用对比手法加深意象的丰富感。而在声音的安排上，"辽阔""卿卿我我""悲欢离合""我爱听童安格"在字尾形成押韵，且其各自的出现——间隔着特定的距离，又给人一种节奏感。

---

① 吴郁：《主持人的语言艺术》，北京广播学院出版社 1999 年版，第 472 页。

从受众的接受角度来看，这样的信息内嵌着诸多艺术与审美元素，已然属于所传播的信息本身。换句话说，这些信息实现了自身的审美化。

（二）传播行为之美

如果说"信息本身之美"侧重于主持人节目信息传播活动中处于内文本层级上的传播对象，那么"传播行为之美"则更加偏重于实际传播进程中处于外文本层级之上的传播主体（主持人）的行为所表现出来的美。如果说内文本层级上的信息内容已然包含了主持人的传播行为，或是已经作为传播行为的某种成果而得以组构自身，但并没有将这种传播行为显现出来，而是将后者纳入了自身的整体之中，那么外文本层级上的主持人之传播行为则因为与受众处于有形可感的对话交谈中，而抽离了被传播的信息内容，得到了独立显现。

在外文本中，主持人向受众这一隐形的对话者展开交谈的所有行为表现，包括其外文本交谈话语的遣词造句、语气语调、情感态度、动作姿态及其内蕴于上述外在表征而存在的深层传播理念，比如人生态度、审美能力、格调趣味、思想导向、人文关怀意识等，都被纳入"传播行为之美"的范围。

> 在这百花竞相开放的时节，如果您能走出家门去欣赏一下盛开的鲜花，一定会感到心旷神怡，可是据我们了解，很多同志由于忙于工作，忙于学习，忙于家务，难得出来走走。今天，我们特意来到天坛公园的月季园，还邀请了几位朋友陪您一起赏花。[①]

春暖花开的季节，却有很多忙碌的人们无暇观赏。善解人意的

---

① 吴郁：《主持人的语言艺术》，北京广播学院出版社 1999 年版，第 229 页。

主持人于是特意来到花园中，将鲜花美丽的影像带给难得出来走走的人们，让他们也能够通过另一种方式大饱眼福。在这样的传播行为中，主持人对生活的热爱、对鲜花的审美、对受众的关心带给人强烈的美的感受，这种传播行为所折射出的美好的人格和灵魂，无疑成为了受众审美对象的一部分。

当被问及"如果主持人节目能给受众带来美感，您认为这种美感源于何处"时，参加问卷调查者选择最多的是"主持人魅力"（占比84.5%），而并非"节目内容""节目形式""嘉宾"等选项。更进一步，这种主持人魅力所带来的美感，又具体呈现为"主持人外形好看或声音好听"（62.5%），"主持人口才出众、语言有文采"（75%），"主持人平易近人、和蔼可亲、善解人意、尊重他人、关怀他人"（78.75%），"主持人妥善处理突发情况，营造和谐氛围"（71.25%），"主持人对节目场面调度、环节连接的连贯自然"（78.75%），"主持人有文化、有内涵"（85%）以及"主持人分析问题有思想深度"（81.25%）。这充分体现出由主持人主导的传播行为对生成受众审美经验的重要性。

（三）传受关系之美

如果说"传播行为之美"依然侧重于主持人节目信息传受结构的主持人一方，是受众作为审美主体对与自身对话交谈的主持人形象作聚焦观照，那么这里的"传受关系之美"则更多关乎主持人节目信息传播过程中所建立起来的无形的对话场，也即主体间性话语交往及其背后所依存的主体之间的关系氛围，并延伸至社会之中人与人相互共存、相处的关系模式。

首先，"传受关系之美"体现为建立在信息交流、共享之基础上的亲和对话关系，是在信息流通与传受领域内的主体间性关系。受众感到原本作为信息话语权利弱势群体的自身受到友善的尊重，并也积极地向主持人展开回应。这意味着作为信息持有者的主持人与作为信息领有者的受众之间的平等地位以及在此基础上营造而成的融洽的交往氛围。这是一种处于节目内部世界微观层面的交往关系之美。

其次，"传受关系之美"进一步体现为始自节目的信息传播而辐射至整个社会的生存个体交往的和谐关系之美。节目的本质是一定内容的信息传播，但其大众传播的传媒语境、主持人话语面向全体社会而开放的姿态以及广大受众作为群体的概念，却无疑将主持人节目传播话语变为一种公共话语。后者以类人际的亲和传播方式建构起广大的公共空间，这就由微观的节目世界而延展至宏观的社会领域，使亲和平易的传播话语向社会层面扩散。其"我—你"的间性对话形态最终在社会个体之间建立起理想的交往模式，生成了和谐友善的个体交往之美。

第三节　主持人节目审美主体与审美对象的意向关系

主持人节目审美主体对审美对象的关注与聚焦，构成了主持人节目受众审美经验中主体对对象的意向指向。换句话说，审美主体观照于审美对象而生成的审美经验活动，是在主体与对象之间的意向性关系中进行的。在其中，审美主体在信息接受过程当中对其审美元素的观赏、体验与审视的姿态，审美对象在接受主体视域中所呈现的基本面貌，都是在两者所构成的意向性关系之中构成自身的。深入探索主持人节目中审美主体与审美对象之间的意向性关系，是揭示受众审美经验的必由之路。

著名现象学家胡塞尔认为，意识总是以不同的方式与意识中的对象发生着关联，总是指向并关涉某物，即使与外部实在没有发生联系，意识也因"指向"某物而保持着自身的完整性与自主性。没有缺乏其对象的意识。"我们把意向性理解为一个体验的特性，即

'作为对某物的意识'。……一个知觉是对某物的，比如说对一个物体的知觉；一个判断是对某事态的判断；一个评价是对某一价值事态的评价；一个愿望是对某一愿望事态的愿望；如此等等。行为动作与行为有关，做事与举动有关，爱与被爱者有关，高兴与令人高兴之物有关，如此等等。在第一活动的我思中，一种从纯粹自我放射出的目光指向该意识相关物的'对象'，指向物体，指向事态等等，而且实行着极其不同的对它的意识。"① 20 世纪初，以摆脱西方哲学生存危机为己任的胡塞尔，创立了以现象为研究对象的现象学哲学，批判并扬弃传统哲学将本质与现象严格区分的旧有思路，主张"回到事物本身"的严谨科学态度，即通过研究现象学意义上蕴含着本质并与本质相同一的现象来达到对真理之普遍明晰的认识。而要"回到事物本身"，就必须首先对那种未经考察而相信事实存在的"自然态度"进行"悬搁"，并依次将包括身体在内的日常生活事物、自然科学与社会历史科学中研究的现实事物、宗教信仰及其超验世界，乃至数学与逻辑的对象统统"加括号"存而不论，在如此进行层层的现象学还原后，发现意识之中最本源、自明的纯粹意识，以此为开端展开对现象的探求。而这种纯粹意识的本质特性，便是意向性。②

　　根据胡塞尔现象学的观点，"意向性是一般本质体验领域的一个本质特性……意向性是在严格意义上说明意识特性的东西"，③"意向性这个概念涵盖了现象学的全部问题"。④ 可以说，意向性是

---

① ［德］埃德蒙德·胡塞尔：《纯粹现象学通论》，李幼蒸译，商务印书馆 1992 年版，第210—211 页。

② 参见尹航《重返本源和谐之途——杜夫海纳美学思想的主体间性内涵》，中国社会科学出版社 2011 年版，第 54—55 页。

③ ［德］埃德蒙德·胡塞尔：《纯粹现象学通论》，李幼蒸译，商务印书馆 1992 年版，第183 页。

④ ［德］埃德蒙德·胡塞尔：《纯粹现象学和现象学哲学的观念》第 1 卷，转引自［荷］泰奥多·德布尔《胡塞尔思想的发展》，李河译，生活·读书·新知三联书店 1995 年版，第 5 页。

我们的意识认知一切对象事物的原发机制，构成了意向中自我意识与对象事物之间的关联样态，构成了我眼中的对象与观照对象的自我。胡塞尔之后，法国现象学美学家杜夫海纳秉承其"回到事物本身"的根本宗旨，将意向性关系理论运用到美学研究领域，在审美知觉意向性关系中揭示审美经验的主体与对象之间的关系。他认为审美主体与审美对象处于一个奠基于意向性的"现象学循环"之中，二者在知觉中相互生成。审美对象期待于审美主体的意向指向以澄明自身、揭示自身、构成自身，而审美主体则注目于、静观审美对象，驻留于对象本身而感受对象、读解对象，二者是相互朝向、实现意义共在的关系。而主持人节目受众审美经验中的审美主体向审美对象的注目与朝向，并在这种注目与朝向中构成自身、维持自身，正是在此一经验活动的意向关系中得以展开的。

一 主持人节目受众的知觉意向性对一般意识意向性的取代

一般意识意向性意味着意识主体对意向对象的一般认知，指向于意向对象的外部及其引发的具体感受。在此时刻，意识主体极易将基于自我视角的有用性加诸对象之上，其意向指向在触及对象的外部之时即已返回自身。这样的意向指向属于人类的认识活动范畴。

具体到视听化大众传播信息接受领域，新闻文稿播音节目、纪录片与广告三种非主持人节目的受众意向指向属于典型的一般意识意向性。在此种意向关系的设定中，受众所接收到的信息无一不是基于客观认识与知识获得的工具性、有用性存在：三个类型的节目将信息原稿或蓝本忠实呈现出来，被作为意识主体的受众构成为物而加以利用。在新闻文稿播音节目的意向指向中，对事件的了解、对政策的掌握、对他人经验教训的吸取转化成意识主体日后行动的指南；在纪录片的意向指向中，对知识的获得转化成意识主体的内在知识工具，在各方面生存活动中加以使用；在广告的意向指向中，对产品性能与品牌功能的辨识转化成意识主体进一步消费行动的影响因素。虽然三种节目类型因不乏艺术表现元素而暂时会将意识主体的意向指向由信息的外部转向信息本身，比如播音员声音的悦耳、纪录片文学的润色与广告片生动的场景与动听的音乐，但因为这些艺术表现元素无一不是为增强信息本身的传播效果而加入的，所以意识主体的意向指向并不会在其上长久停留，而势必回归其有用性的知识辨识与获取的方向。所以存在于此三类非主持人节目的意向性整体上依然属于一般意识意向性。

从一般意识意向性的人类认识活动归属上看，主持人节目受众信息接受经验理应存在着大量的一般意识意向性。因为作为大众信息传播的一种重要形式，主持人节目也是认知信息的重要载体，是实现认知信息传播的一大有效途径。但主持人节目对信息的话语呈现方式与呈现手段却必然使受众的意向指向不再满足于停留于对象外部，而是形成了向对象本身及其内部世界的聚集。主持人不再满足对文稿原稿"照本宣科"，而是以谈话方式通过个性化的话语呈现、手段运用与环节设置来将信息更加形象、生动、富有情感与趣味地向受众传达。朝向受众的、交谈中的主持人话语并非抽象的概念判断与推理论证，而是介入了大量的形象思维工具以辅助受众来理解、消化与记忆所传达的信息，目的在于在情感的体验中帮助信息通俗易懂，提高传播活动的质量。这在科普型的社会服务节目中体现得尤为明显。

在中央电视台某期《健康之路》节目的录制中，主持人巧妙地借助了道具的可视化效果与描述性语言的形象性特点，有效地帮助受众理解了医学上的脊柱侧弯问题：

嘉宾一：我今天为了更好地说明什么叫脊柱侧弯的问题，

带了一个模型给大家看一下。这是一个脊柱的模型，正常人的脊柱应该是直的，这个脊柱可以看到往这边弯，它可以向左弯，也可以往右弯，也可以往前弯，也可以往后弯，还可以旋转。所以脊柱侧弯不单纯是一个弯的问题，它是一个三维的畸形，就是立体的一个畸形。我还准备了几个漫画，可以给大家看一下。

主持人：好，我们一块来看一看。

嘉宾一：这是一个正常人体躯干图。

主持人：嗯，基本上是直的。

嘉宾一：基本上这是直的，而这个就可以看到，脊柱往这边弯了，这就是所谓的脊柱侧弯了，那么下一个图可以看到。

主持人：从侧面看。

嘉宾一：侧面看，你看这个正常人应该有一个生理的曲线，所谓的曲线美。在正常人，从这侧面看是直的，如果说它有了侧弯以后，它引起了这个前凸或者后凹，那么破坏了这个正常的生理的曲线美。那么这个人呢，就可能很难看。

主持人：就是像驼背这样的情况了。

嘉宾一：这个就像是驼背了，这个后面鼓出一块。这样呢，这人一看就是一个病人。

主持人：哦，这是一个病人的背面。

嘉宾一：这是一个病人的背面，这个不是很严重，已经可以看见。

主持人：能够看出一点啊。

嘉宾一：对，已经看见往这侧弯了，这是一个骨架的模式图，这是 X 光片。通过 X 光片，我们可以看到这个病人有 45 度的脊柱侧弯的问题。那么这个病人就比较明显的，这个小孩可以看出明显的脊柱侧弯，而且从侧面看他也比较厉害，他没有一个正常的生理曲线，所以看出来就比较严重的。这是另外一个。所以，如果脊柱偏离了它的中轴线，那么就是脊柱侧弯……

主持人：都算是脊柱侧弯，不过在我们日常生活中，好像很少见到脊柱侧弯的病人，感觉好像这样的病人并不多见。①

由于主持人节目的信息传达方式多元化、个性化，所以主持人及其节目内其他传播主体（如嘉宾等）拥有更多的表达空间与表达途径，在这期医学科普节目中，传播者放弃了纯粹的概念化、术语化的科学知识传授话语，而是通过道具与形象化的语言来降低受众理解的难度，提高信息传播的效率。在与嘉宾的讲解配合中，主持人不断用方位性的话语来描述或重复嘉宾提到的科学知识，使受众感受到大量生动的形象以帮助理解信息意义。

于是作为信息接收方的受众便也必然不经意地被这些富有表现力而醒目凸显的元素所吸引，将意向指向转向于此。所以，主持人节目受众的一般意识意向性在此被知觉意向性所超越并取代，知觉意向性成为受众与节目对象之间意向关系的主要形态。

二　主持人节目受众的审美知觉意向性对一般知觉意向性的超越

但是，这里所谓的"知觉意向性"并非一般知觉意向性，而是审美知觉意向性。

著名现象学美学家杜夫海纳在自己对艺术作品审美经验的研究中对二者做出了明确的区分："一般知觉一旦达到表象，就总想进行智力活动，它所寻求的是关于对象的某种真理，这就可能引起实

---

① 王群、沈慧萍主编：《电视主持传播概论》，华东师范大学出版社 2008 年版，第 47 页。

践，它还围绕对象，在把对象与其他对象联系起来的种种关系中去寻求真理"①。一般知觉其实也并不总停留在任何知觉对象上，"就在它走向智力活动的情况下，它像讯问一个符号那样去讯问形象。……它引导人去区分真实的存在与被知觉的存在，在被给定的现在之外去寻求真理；显现的是对象自身，不是它的幻影。但是，必须透过形象才能按照理念去思考对象，才能在将它构成对象的外部世界的关系中去掌握它"②。作为人类认识活动中理性认识前一阶段的认识形式，一般知觉总是在其感觉经验的基础上最终向理性提升，最终达到理性的概念、判断与认识。上述主持人节目传播话语那些特别富有感性特质从而引发人类知觉意向关注的话语形式与表现手段，如果没有一种特殊的意向指向来做固定、限制与方向引导，也将作为一般知觉而导向认识论的一般意识意向性。

与一般知觉趋于理解和意志、思考和行动不同，"审美知觉却从容不迫，不急于离开自己的对象。它深入考察对象，以便通过感觉去发现一个内部世界。所以这是另外一个世界……是潜在于感觉之中的世界"③。审美知觉并未趋于滑向理性认知，而只维持自身于纯粹知觉的世界，与对象本身紧密结合在一起。正是前面提到的主持人节目信息传受的基本特点，决定了受众在信息接受过程中所形成的知觉可以超越于一般知觉而上升至审美知觉。首先，主持人节目传播话语的对话交谈模式将受众意向所指引向主持人本身，在人与人的精神共在之中超越了人与物的功利关系而实现了非功利关系的人格交往，使受众的意向指向不必急于奔赴现实功利性的理智认

---

① ［法］米盖尔·杜夫海纳：《美学与哲学》第 1 卷，孙非译，中国社会科学出版社 1987 年版，第 53 页。

② ［法］米盖尔·杜夫海纳：《美学与哲学》第 1 卷，孙非译，中国社会科学出版社 1987 年版，第 53 页。

③ ［法］米·杜夫海纳：《审美经验现象学》，韩树站译，文化艺术出版社 1996 年版，第 584 页。

识；其次，主持人节目因朝向受众传播所需而采用的一系列亲和平易并富有艺术性甚至趣味性的话语手段与表现方式，能够时刻将受众的意向指向牢牢固定在信息对象的表现力本身而不是信息对象的本身；再次，主持人节目信息传播主体情感化的个性魅力，也促使受众在共鸣与感染效果的基础上将其意向指向于对象的情感价值而非认知价值；最后，受众参与和共享行为的活跃与话语权的大大提升，更有助于其在自身高度融于节目对话情境的同时，将意向指向停留于纯粹的对象内部世界。

三 主持人节目受众审美知觉意向性的三重结构

审美知觉意向性使主持人节目受众得以真正进入并驻留于节目信息内部，以纯粹的意向指向注目与观照对象世界，从而生成审美经验活动。基于主持人节目信息传播话语的双重文本及其审美对象的三大组构，其受众审美知觉意向性由三重指向构成，分别体现为内文本层面上指向信息本身之美的"人—物"方向、外文本层面上指向传播关系之美的"人—关系"方向，以及在内、外两个文本临界点上指向传播行为之美的"人—人"方向。与此相应，发出意向指向的审美主体所获得的审美经验也就体现为三重层次，即内文本层面的艺术感受、外文本层面的人伦感应，以及内、外文本交汇处的人格感染。

（一）内文本层面："人—物"向度的审美知觉意向性

在这一向度上，主持人节目受众审美知觉意向性表现为审美主体对"信息本身之美"的意向指向，达到对信息审美化形式呈现的艺术感受。

"信息本身之美"，即加工处理过的信息之美，即主持人在信息传播过程中凭借其审美化的追求而呈现的信息之美。它并非天然地来自信息本身，而是由人的后天加工处理进而展现于受众审美意向当中的有形表达，折射出主持人在其审美理想的引领下所做出的一系列艺术化传播行为的可见效果。它往往是信息本身赖以传达的外化形式，既生成受众知觉领域的信息形貌，又附着在信息的实际内容之背后。比如与信息内容高度结合的主持人的声音美、语言美、形象美（包括副语言的辅助）、风格个性美、情感表达之美以及主持人作为信息传播主体对节目场景的设计与布置，对节目进程的策划、安排与组织等。

如果说后两者可能更多融入了主持人背后节目制作团队的群体智慧，或者作为节目的背景与流程元素，较少引起受众的自觉关注，那么在主持人对信息内容的话语呈现方面，这种艺术气息强烈的"信息本身之美"则更加明显。主持人的声音、语言、形象、风格个性与情感表达，将信息本身加以艺术加工，赋予艺术的包装，在相得益彰中将信息内容做艺术化的传达。就声音而言，主持人发声的饱满有力、语音的清楚圆润、语调的顿挫抑扬、语流的自如顺畅，触发起受众感官的听觉美感。就语言而言，声音承载着语言内核，美的声音与美的语言相得益彰。词语选择的精确到位、语法组织的条理清晰、修辞手法的巧妙精彩、语意表达的妥当精辟，带给受众的是博大精深的语言魅力。就形象而言，在电视节目中，相貌的端正、表情的亲和、服饰的大方、举止的得体创造的是视觉的享受。就风格个性而言，主持人各具特色的话语、外形、行为与性格，将信息以不同的范畴形式加以呈现与传达，在灵活多样的话语形态中带给受众多元多彩的趣味感受。就情感表达而言，主持人对个人感情的适度外露激起受众强烈的心理认同感、情感共鸣与精神感染，使其在强烈的人际传播话语交往中达到物我同一、情景交融的审美之境。

（二）外文本层面："人—关系"向度的审美知觉意向性

在这一向度上，主持人节目受众审美知觉意向性表现为审美主体对"传受关系之美"的意向指向，达到对和谐理想的交往关系的人伦感应。

主持人节目传受双方主体间性关系所营造的和谐融洽的交谈氛围，促使受众对主持人节目信息内容的观照重点与意向指向由"真"和"美"向"真善美"的统一转移，在和谐理想的人际交往模式建构中生成审美经验。

1. 非主持人节目受众对"真"与"美"的关注

从传播话语层级来看，非主持人节目只有单层文本存在，而不像主持人节目具有内、外双层文本。前者的单层文本类似于后者的内文本，具有自指性与封闭性而缺失了信息的直接传播者与受众的话语交谈行为。这就致使受众对非主持人节目的重点关注对象更多地聚焦于"真"与"美"，而较少观照人与人话语交往行为的"善"的方面。

受众对非主持人节目信息内容之"真"的关注，是指其对客观事件、人物、知识以及事物规律、性能、特点这些人类活动客观方面或领域的关注。在对新闻文稿播音节目、纪录片、广告的信息接受过程中，受众对"真"的关注最为集中与典型。其关注的重点，在于新闻文稿播音节目的新近或正在发生的真人真事、纪录片所介绍的自然世界与社会历史之中的真实存在以及广告节目所提供的产品性能、用途（商业广告）或本质内在的规则和道理（公益广告）。为了传播效果的提高，此类非主持人节目的传播者也力求以美和艺术化的方式，即形象化的、情感性的、创意性的方式来呈现其本质内容，但其最终目的依然是对其传播主旨加以服务，使"真"更显得"真"，而并非为美而美、为艺术而艺术。比如微电影类型的广告片无论其制作多么精良、多么具有电影艺术的气质和特点，却仍然能够被我们识别其广告本质。所以受众对这三类节目形态的关注，归根结蒂还是表现出对"真"的侧重。

受众对非主持人节目信息内容之"美"的关注，是指其对节目信息内容内含的美与艺术的元素加以关注。在对影视剧（广播剧）和无主持人（淡化主持人）游戏类节目的信息接受过程中，受众对"美"的关注最为集中与典型。两类节目当中的审美化与艺术化的组成元素，不再像新闻文稿播音节目、纪录片、广告那样只作为手段而存在，而直接就是其信息内容文本的内在组成部分。受众对影视剧（广播剧）和无主持人（淡化主持人）游戏类节目内容的观看或收听的过程，本身就是通过对其人物形象刻画、矛盾冲突设定、故事情节设计、布景道具设置及音乐旋律创作等艺术元素的欣赏而重点指向于"美"之关注的过程。近年来，随着消费社会的形成以及人们对图像感官感受的倚重，这种关注似乎明显呈现出向形式之美的靠拢，在选角、道具、布景方面都更加重视视觉艺术效果的光鲜亮丽，这就更加突出了受众对"美"之关注的强烈。

当然，无论是上述哪种节目类型，受众的关注点都并非是绝对单一的。在新闻文稿播音节目、纪录片、广告的信息传播中，受众也同样会关注到其中作为表现力体现的"美"以及人与人和谐关系的"善"；在影视剧（广播剧）和无主持人（淡化主持人）游戏类节目的信息传播中，作为艺术真实对生活规律性、内蕴性加以展示的"真"以及其情节设定与游戏进程中体现出的人与人和谐关系的"善"，也一并会进入受众的关注领域。但相比于前者的"真"和后者的"美"而言，它们都并非受众直接关注的重点，而是作为手段或附加生成的元素而存在。

2. 主持人节目受众对"真""善""美"及其统一体的观照

与此不同，主持人节目信息传播话语外文本的存在，使其在传播行为的表层体现为主持人与受众之间的话语交往。而受众对主持人节目信息的实际接受行为是时刻通过外文本的对话行为而进入内文本的信息内核的，这就使受众对信息关注的重点发生了转移，由对信息文本本身的"真"与"美"而转移到作为信息文本传达方式的人与人的话语交往上面，也即体现着主持人与自身建立主体间性和谐对话关系的人与人交往层面的"善"之上。

诚然，主持人节目信息话语内文本丰富的"真"与"美"的内容必然为受众所认识、感知、理解与领悟，但这些元素都必须经由外文本中主持人作为谦逊亲和、有血有肉的"人"的话语行为在交谈模式中引向受众。而且正是因为交往这一传播特点的存在，这里的"真"与"美"本身也必然融入了主持人对受众的参考因素，也体现出一定的交往对话性。比如主持人向受众传达"真"与"美"的内容时，势必考虑到受众的接受能力、心理需求及类人际传播本身的互动特点，而对"真"与"美"的传达形式与话语表现方式做出符合节目受众现实的进一步调整。所以，主持人节目受众对"真""美"的关注与接受，都是在人际交往的"善"的引领与统摄下实现的。也就是说，"善"变成了其所关注的重中之重。而在"善"统领之下的"真"和"美"的集合，也就是"真善美"的统一体变成了受众的观照对象。

如前所述，处于主持人节目主体间性关系中的人与人之间的交往行为具有和谐理想的特点，能够生成积极的社会意义与伦理价值。它既体现出哈贝马斯社会视野中基于"交往理性"的人与人之间的沟通与调解，也呈现出列维纳斯的伦理倡导对自我朝向"绝对他者"的敬意与责任的呼唤。其所导向的，是真正和谐美好的人际相处模式与社会文化环境。从这个意义上讲，主持人节目信息传播活动不仅能够促生审美经验活动本身，更能将其引向更高形态，即融合"真善美"及其统一体的人文关怀。

（三）内、外文本交汇处："人—人"向度的审美知觉意向性

在这一向度上，主持人节目受众审美知觉意向性表现为审美主

体对"传播行为之美"的意向指向，受到对主持人传播行为背后所蕴含的深层人性特质的人格感染。而"人"的形象与意味，正是作为传播主体的主持人概念的重中之重。白岩松在《我们到底能走多远》一文中指出：

　　在我所接触到的主持人的理论中，大多讲的是怎样能成为一个主持人，而不是什么样的人可以成为一个主持人。这种研究过分技术性，关注了"主持"，而忽略了对"人"的研究。

　　对于任何一个主持人来说，只有先拥有一个大写而丰满的人，才能派生出一个被观众认可的主持人形象。要成为一个主持人，最首要的条件，应当看他是不是一个独立而大写的人，是不是一个拥有内涵，并在主持人这个位置上释放自如的人。

　　对主持人从业者的要求应当是：把"主持"缩小，把"人"放大。①

主持人节目信息传播话语的内、外双层文本并不是截然相分的，二者正是在主持人的统摄下组成了有机整体。一方面，主持人面向内文本组织信息内容的内在构成，并适时抽离自身，从而在外文本的对话交谈情境中向受众传达。正是由于这种始终积极活跃的发话状态，主持人的个体形象及其传播行为在受众的意向指向中一直就是醒目的对象存在。作为话语的交谈者与共享者，作为审美主体的受众与作为审美对象的主持人始终处在人与人、心对心的精神对话交往中。本质上，人与人之间的交往与注视，最终是一场穿越表象而进行的心灵的交汇和精神的交锋。作为人之深层组成部分的审美素养，往往深深沉浸在个人的外在形象、言行举止、谈吐风度

---

① 魏南江：《节目主持艺术学》，中国广播电视出版社 2006 年版，第 51 页。

和精神面貌之中，一并向其交往者的感知域给予和交付。在主体间性的节目主持传播活动中，受众对主持人的倾听、观看与欣赏最终都会透过外在的声音、相貌、服装和语言而指向内在的精神素养层面，并在共存交往的双向互动中受到其人格的感染和影响。这种感染和影响源于主持人内在的审美追求与审美素养，源于其精神深度的内涵与境界，源于其闪光的人格魅力。它丰富并深化着受众在人文素质与人生境界方面的领悟，潜移默化地对其加以人生的启迪与人格的塑造，具有深远而内在的心灵感染力、震撼力与影响力。具体体现在以下四大方面：

1. 节目主持人超越常人的审美态度对受众审美态度的启示

审美态度，是一种审美地看待世界的豁然心胸。日常生活的烦琐和生存的压力，使人们习惯用功利的眼光处事立身而忘却了存在的意义和本真的美好，造成人性的异化和对全面发展潜力的阻滞。优秀的主持人往往能够在节目中自觉地去睁开存在的眼睛，适时地帮助受众与日常生活拉开一定的审美距离，"用自己敏锐的审美眼光去观察、捕捉、揭示和品味世界的美，并将这些美传播给公众，让公众和自己一样去分享世界的美的快乐"。① 北京交通广播主持人刘思伽曾有心在恶劣的沙尘天气里寻找那些"可爱的细节"：路边杨柳枝发出嫩绿的新芽、汽车灯光在阴暗的天气弥散着诗意的光晕、有趣的行人戴着夸张的卡通口罩艰难前进……所有这些存在于尘土飞扬中的亮点，被她巧妙地穿插在路况报道中生动地描述，向那些被沙尘困扰的受众及时送去被忽视的生活的明丽面，有力地缓解着他们躁动的情绪和灰暗的心情。② 主持人以自己特有的审美眼光，启迪受众换一种角度对待生活，推开他们心中通向审美王国的

---

① 肖建华：《主持人审美修养》，华中科技大学出版社 2005 年版，第 58 页。

② 刘思伽：《投入的说事　开心的聊天——我做广播主持人》，中国广播电视出版社 2003 年版，第 55 页。

那扇窗。

2. 节目主持人卓越的审美能力对受众审美能力的构建

即主持人高人一筹的审美知觉、审美想象、审美情感、审美领悟的审美心智对受众的影响。美的意义不仅在于发现，更在于发现之后用心去感受，抛却功利性的日常计较，通过联想和想象来领会美的内涵和意义，使之幻化出丰富而浓郁的色彩。20世纪80年代初期的电视系列节目《话说长江》的主持人陈铎，就是通过对长江两岸自然风光和风土民情出神入化的语言描绘，联系相关的历史风云和神话故事，将深邃沉郁的宇宙广博感和人生沧桑感交由受众去领悟和品味。在主持人的引导下，受众得以更加细致地去欣赏长江的美、更自由地去联想相关的今昔过往、更深刻地去体验生命的意义和存在的价值。很多人由于审美能力的种种局限，往往对已经发现的美好事物只有浅尝辄止的感受和认识，而优秀的主持人则能发挥自身较强的观察能力与分析能力，运用多种手段去帮助他们丰富、深化对美的欣赏和品鉴，从而完善受众的审美心智，陶冶受众的审美情操，提升他们的审美能力。

3. 节目主持人高雅的审美趣味对受众审美趣味的提升

这是对高尚的审美格调和审美理想的共同追求。优秀的主持人一方面区分开高级的美感和低俗的快感，将前者作为自身言行的审美标准，在传播中感染受众。美感是一种升华的快感，它经由理性的思考和判断超越了感官的快乐，而成为精神的高级愉悦，是人之全面发展的有力表征。快感则被局限在肉体原始的感官快乐当中，闭塞在功利目的和本能欲望当中，是停留于物质浅表层的较低级享受。优秀的主持人所持有的正是体现着高级美感的审美趣味，在题材选择、引证说理、语言表述、行为举止、穿着打扮、语气语调的取舍之间，处处以高雅的格调带动受众的审美趣味向更高的层面飞升。另一方面，还将美与真、善结合起来。在对真理的追求、正义的倡导中，帮助受众明辨是非、认清价值、正视人生的正道所在。以齐鲁电视台《拉呱》节目的主持人小么哥为代表的一大批优秀的民生新闻节目主持人，在对一件件新闻事实鞭辟入里的嬉笑怒骂中，向受众传授着惩恶扬善、追求真理、渴求美好的道德理念，潜移默化地引导着受众心中对真善美的向往，提升着受众的精神境界。

4. 节目主持人细致温暖的人文关怀对受众生存方式的启发

人文关怀，是一种对人类生存状态和生命境遇的密切关注与真诚守护。在海德格尔的存在论视域中，人作为此在，"在世界之中存在"，社会中的人始终生存于与他人、与世界彼此的交往和共存中。人与人之间交往氛围的和睦温暖、人与人相遇照面的互敬互助、人与世界之间共同环境的和谐融洽是人类幸福生存的重要标志，也是人类文明向前发展的动力保证。优秀的主持人，在节目中往往特别重视通过自身言行表现出这种关怀，水均益在伊拉克战事报道中反思人类的共处之道，倪萍在介绍劳模困难家庭时潸然落泪，柴静在批判虐猫者的同时也在理性关注对方的精神状态，李响本能地扶住晕倒的求职者并关切地嘘寒问暖，鲁豫访谈人物的氛围总是融洽而和谐……人文关怀生成于主体人际交往的整体意识，也是主体生存于世的一种理念和态度，但它处处从点滴的细节中展现。赵忠祥在某期节目中就以看似微小的词语选择行为，体现了深刻的人文关怀思想：

赵忠祥去精神病院同一女患者（小学教师）交谈。事先准备的问话是："你什么时候得的精神病？"到了现场，他临时改为："你在医院住多久了。"并和蔼、委婉地说："住院前觉得怎么不好？"没想到在这样的情境中，这一精神患者竟说："最近我快出院了，我非常想念我的学生。我真想能快一点治好我的病，能为孩子贡献我的一份力量。"话语感人，大出意料，赵忠祥也很兴奋："你很快就会出院的。今天这段话已经录了像，过几天电视一放，你的学生看到你，一定会非常高兴。"①

患有精神病，是谁都不愿降临在自己身上的事情。而在人类的社会文化语境里，"精神病"这个词本身就带有贬意。作为一个陌生到访的人，也作为代表着相当的媒体话语权与公共舆情评论倾向的著名主持人，如果开口就把这个词语加之于访谈者身上，将会显得十分突兀、无礼甚至带有言语的暴力。赵忠祥得体地以"你在医院住多久了"代替"你什么时候得的精神病"向病人发问，不仅避免了语词带来的伤害，更表达了对患者真诚的关切。非但没有造成访谈对象的抗拒，更以真心换来了对方的真实心声与真情流露。主持人的这种人文关怀，不仅使节目获得了大于预期的效果，更营造了和谐美好的人际交往氛围，产生了十分积极的社会影响。

优秀节目主持人的话语满溢着人文关怀的思考、同情、包容、关心和尊重，它们无不随着电波与信号传播到受众的思想和人格中，无形地劝导着他们以合理的方式和人性的态度处理自身与他人和世界的关系，潜在地促使他们在自我意识中塑成人文关怀的生活姿态，并在现实中付诸行动。

四　"人—人"向度的审美知觉意向性在三重结构中的中心地位

在主持人节目受众审美知觉意向性的三重结构中，"人—人"向度的审美主体对"传播行为之美"的意向指向及其对审美主体的人格感染处于中心地位。由于主持人对内、外双层文本的连接、中

---

① 魏南江：《节目主持艺术学》，中国广播电视出版社 2006 年版，第 134 页。

转作用以及主持人在两个文本之间来回跳转、往来的活动，"人—人"（主持人与其广大受众之间）向度引发了另外两个向度的意向性生成，统领二者的持存，同时也作为核心因素渗透在二者之中。

（一）"人—人"向度的审美知觉意向性对意向性三重结构的生成引发作用

主持人节目审美经验活动的形成与受众审美知觉意向性的生成，有赖于此种节目呈现方式的主体间性话语交往模式的存在。而这一模式正是主持人与其受众通过营造亲切和谐的对话情境来建立的，它是主持人节目审美知觉意向性得以生成的前提。正是经由"人—人"向度的意向指向，受众审美主体才能够通过主持人的话语传达而进入传播信息内容的世界，实现"人—物"向度的审美知觉意向性的建构；也正是经由"人—人"向度的意向指向，受众审美主体才被拉进"我—你"间性对话情境中，从而建构起"人—关系"向度的审美知觉意向性。所以，"人—人"向度的审美知觉意向性对主持人节目受众审美经验意向性的三重结构的并存起到了关键的生成引发作用。

（二）"人—人"向度的审美知觉意向性对意向性三重结构的持存统领作用

主持人节目信息传播话语的内、外双层文本并非各自封闭，而是相互贯通、时时过渡的。但二者的区别是十分明显的：内文本自成整体，其向受众的传播属于一般的"一对多"模式的大众传播领域；而外文本具有极强的开放性，从话语的组织与指向上看，其向受众的传播十分类似于"一对一"的人际传播。那么两种性质和类型的传播方式之所以能够有机组合在一起，成就主持人节目这种特定的传播形式，靠的就是主持人的内外贯通与接合作用。它时时出入两个层面之间，将内文本信息内容带入外文本加以呈现，又将外文本的意向关注引向内文本的方向，由此统领了主持人节目整体的持存。而具体到受众的审美知觉意向性，正是受众审美主体在"人—人"向度上对传播行为之美背后的主持人形象及其行动的意向指向，把受众的意向进一步随着主持人向内文本的话语指向而引入"人—物"向度上的审美知觉，同时又随主持人向外文本的话语指向而引入"人—关系"向度上的审美知觉，从而同样进行着对审美知觉意向性三重结构的持存统领。

（三）"人—人"向度的审美知觉意向性对意向性三重结构的广泛渗透

无论是"信息本身之美"还是"传受关系之美"，都离不开其共性因素——节目主持人。作为审美对象的"信息本身之美"之所以区别于一般对象的信息本身，就在于其加入了作为传播者的主持人人为而自觉的艺术加工，从而使作为审美主体的受众能够超越客观的认知与单纯的官能刺激而关注于信息呈现与传达过程中的艺术化因素，从而生成审美知觉意向性。同样，作为审美对象的"传受关系之美"之所以能够超越一般的关系形态，也是因为作为信息传播者的主持人着力打造自身谦逊、亲和的主体身份和形象，来营造和谐融洽的对话情境与交往模式，从而达到人伦之"善"的理想状态。所以在主持人节目的审美知觉意向指向当中，虽然存在着审美主体对物、关系和人的三重不同向度，但其最终的归途都汇集于"人"。这也是主持人节目受众的审美知觉意向性区别于影视剧（广播剧）和无主持人（淡化主持人）游戏节目受众审美知觉意向性的最主要因素，使前者呈现出十分强烈而鲜明的个性特点。

第四节　主持人的审美素养对受众
审美经验的建构作用

上述"人—人"向度的审美知觉意向性在主持人节目受众审美

知觉意向性中的中心地位，表明了主持人的人格形象在主持人节目受众审美经验当中所起到的核心作用。正是通过朝向主持人的审美知觉意向指向，受众被同时引入由主持人所加工的内文本审美信息世界和由主持人所组构的外文本审美关系世界。也就是说，主持人作为人格存在的审美素养及建基于其上的受众审美知觉关注，是联通主持人节目内、外文本受众审美经验的枢纽，建构起主持人节目内、外双层结构的受众审美经验。

来看一档朗诵节目中主持人的传播话语：

主持人：新春伊始，万象更新。一场白雪，一串脚印，一鞭新柳，一苞花蕾，一声燕啼，一缕清风，一片白云，大千世界，芸芸众生，每每触动了我们敏感的神经，我们都命之为诗。于是你写，我写，他写，在座的各位都想写。可是，我们为什么要写诗呢？问你，问他，问我？不！我们还是问一问××同学："你为什么要写诗？"——

（××朗诵《我为什么要写诗》）

主持人：哦，要写诗，写人生的美，写人生的丑，写男儿伤口里渗出的血，写少女笑窝里溢出的酒，给弱小者以脊梁，给虚伪者以刀枪，给黑暗以光明，给痛苦以欢畅。我歌，我哭，我颠，我狂，这也是生活呀！不信，你问她——

（××朗诵《这也是生活》）

主持人：生活，没有固定的轨道；自然，也没有永恒的春光；万物处处给人以启迪，雪原也蕴藏着精湛的诗行——

（××朗诵《雪盼》）

主持人：雪，覆盖了山，覆盖了地；覆盖了河流，覆盖了道路。它以严酷的寒冷冻结了显赫，却以温柔的心湖孕育着希望。看，沃野上微微蠕动的新笋不正是白雪创作的诗行？

（××朗诵《春笋》）①

在这档节目的受众审美经验中，呈于受众的审美对象既有来自节目本身（也即内文本的传播内容——诗歌作品及其朗诵）的美，也包括在节目信息之外（外文本）由亲和、平易的谈话氛围所创造的人际和谐之美。而将这看似各不相干的两种美整合于一体的，恰恰就是节目传播话语的发出者与节目内容的组构者——主持人及其审美素养。在内文本层面，主持人用优美、典雅且满含深情的话语为每一首诗歌作品做介绍、评价，对其润色、加工、美化，从而带领受众进入文学的天地，使这些诗歌在思想内涵与艺术特色上更加动人，使受众对它们的审美经验更加强烈；在外文本层面，主持人用其充满了友善与亲切的语调、语词和语句，向屏幕之外的广大受众言说，邀请后者与自己一道聆听诗歌、品味美好。内文本话语所体现的审美态度、审美能力与审美趣味，与外文本话语所体现出的人文关怀，都是主持人审美素养的体现。所以，正是主持人连接了节目的内、外两个文本，也正是主持人的审美素养将受众在节目内、外两个文本中的审美经验融合在了一起。

所以，探讨主持人节目的受众审美经验，我们就一定离不开对主持人审美素养及其对受众审美经验建构作用的探讨。主持人审美素养往往决定、影响与制约着受众审美经验的范围、样态、特点与深度。可以说，主持人节目受众的审美经验，就是在主持人审美素养的建构中生成的，没有对主持人审美素养的全方位认识，也就没有对主持人节目受众审美经验的全面、深入的认识。

主持人审美素养在受众审美经验建构中的优先性，可以在现象

① 王群、沈慧萍主编：《电视主持传播概论》，华东师范大学出版社 2008 年版，第 62—63 页。

学美学，特别是在杜夫海纳对审美对象和审美主体的相互关系的认识中得到更加深入的解释。

　　继承了胡塞尔"意向性"概念并将其运用于探讨人类审美经验活动的杜夫海纳认为，审美主体与审美对象存在于"现象学循环"之中，两者之间相互构成、相互界定。而秉承胡塞尔的"回到事物本身"的精神，以及将一般意识意向性发展为纯粹知觉意向性（审美知觉意向性），在这一"现象学循环"之中，他明显更加倾向于审美对象对审美主体的优先地位。早在界定审美对象，区分作为"对象"的审美对象与作为"物"的艺术作品的时候，杜夫海纳所提出的标准就是：审美对象是审美知觉的对象，而这一知觉必须是能够给予作品以"公正待遇"① 的知觉。他所举出的著名实例"挂在我墙上的画对搬运工来说是物，对绘画爱好者来说是审美对象，对擦洗它的专家来说，则一会儿是物，一会儿是审美对象。同此道理，树木对砍柴者来说是物，对游人来说可能是审美对象"，② 正是以主体是否将意向之指向停驻于对象本身为依据来判断此时主体是否产生审美经验、进行审美活动的。他以音乐为例，认为审美对象之所以成为审美对象，其"无法替代的东西……就是只有在其呈现时才能给予的感性，就是我试图沉浸在其中的这种音乐的满溢，就是我试图把握其细微差别并跟随其展开的这种色彩、歌唱与乐队伴奏的结合"。③ 主体的知觉停留于对象本身、停留于对象的感性，而并不滑向理智。否则，知觉便上升为一般的意识活动，而不再是审美活动了。所以在现象学的视域中，如果在一般意识意向性中是主

---

　　① ［法］米·杜夫海纳：《审美经验现象学》，韩树站译，文化艺术出版社1996年版，第23页。

　　② ［法］米·杜夫海纳：《审美经验现象学》，韩树站译，文化艺术出版社1996年版，第23页。

　　③ ［法］米·杜夫海纳：《审美经验现象学》，韩树站译，文化艺术出版社1996年版，第36页。

体构成对象，那么在纯粹的知觉意向性或审美知觉意向性中则是对象构成主体，而非主体构成对象。主体之所以成为审美主体、之所以经验的是审美经验，就在于在他的意向指向中对象处于何种位置。在审美经验之中，审美对象要求审美主体作为见证者，对其尊重、顺从，"如果它想要全部呈现，那是为了使我向它呈现"①。在审美活动之中，"作品期待于欣赏者的，既是对它的认可又是对它的完成"，② "与所有主观论相反，应该说，人带给作品的除了认可之外，别无他物……人在不放弃自己的条件下，必须在作品面前持有见证人的那种公正态度和清醒头脑，而且还要具有见证人的那种特殊勾结，即和他录下的东西勾结在一起，这时与其说他是裁判，不如说他是同谋者"。③ 所以，杜夫海纳称审美对象是一种"愿在"，"它不但不等待被知觉之后才存在，甚而还引发知觉，操纵知觉"④。

因此，从现象学美学的角度看，审美主体与其审美对象就是这样难分难解、相互作用的关系，二者相互界定，而从审美经验的生成与建构上说，审美对象更是有着决定性的作用。故而，主持人节目的受众审美经验也离不开其审美对象建构作用，而前面已经分析到，在主持人节目受众审美知觉意向性的三重结构中，"人—人"的审美主体对"传播行为之美"的意向指向及其对审美主体的人格感染处于中心地位，也就是说，主持人的审美素养在受众审美经验的对象整体中处于主导与统领地位，将内、外文本中的审美对象融

---

① ［法］米·杜夫海纳：《审美经验现象学》，韩树站译，文化艺术出版社1996年版，第71页。

② ［法］米·杜夫海纳：《审美经验现象学》，韩树站译，文化艺术出版社1996年版，第74页。

③ ［法］米·杜夫海纳：《审美经验现象学》，韩树站译，文化艺术出版社1996年版，第82页。

④ ［法］米·杜夫海纳：《审美经验现象学》，韩树站译，文化艺术出版社1996年版，第260页。

为一体，所以要谈论受众审美经验并对其展开具体分析，就一定要从分析主持人的审美素养及其对受众审美对象整体的建构作用入手。这正是下面第三章、第四章所要进行的工作。

第 三 章

主持人审美素养对节目内文本
受众审美经验的建构

在信息传受过程中，主持人将处于内文本层面的信息内容加以个性化组织后向受众呈现与传达，也就是将内蕴在自身传播行为背后的审美素养向受众一并呈现与传达。受众在被主持人的传播行为带入内文本信息层面的同时，所接收到的信息也是体现着主持人传播行为审美素养的信息。在这个意义上，受众在"人—人"向度的审美知觉意向性与"人—物"向度的审美知觉意向性分别表现为受众对主持人传播行为深层理念与外在结果的关注，二者是交相并行、相互转化甚至融合为一的。这样一来，主持人的审美素养在建构并显现自身的同时，也建构起主持人节目内文本层面的受众审美经验。

第一节　主持人的审美态度对节目
内文本受众审美经验的建构

所谓审美态度，是超越日常生活的利害关系，以一种纯粹而本真的眼光观察世界和立身处世的豁达心胸。它要求审美主体从日常生活中脱离出来，保持一种与实用功利无关的态度，即超功利态度。因此，审美态度是审美活动得以生成所必需的一种特殊的心理状态。如果说在日常生活中，人们为了生存、发展而不得不追求各种实用功利的目的、处理各种实际的事务、考虑并计算各种成败得失，因而对于事物很难从实用功利的态度转到审美的态度。那么在审美态度中，人们则将现实利害计较悬置起来，从对对象的实用功利态度中超脱出来，转向对象本身，从而获得审美经验。

主持人节目的信息传播与接受虽然本质上属于具有实用功利性的信息传达与获取行为，但信息在其基本而核心的内容得到正确传达的基础上，以何种方式呈现自身，却可以超越其功利性的本质而上升至更高境界。在其中，作为信息直接传播者的节目主持人以何种角度来认识信息、以何种姿态来传达信息就显得尤为重要。由主持人节目的传受结构特点所决定，受众所接受的信息永远是主持人所表述出来的信息，所以在信息传达的过程，主持人的传播话语在适当的场合、恰当的时机由实用功利态度向审美态度的转变，就大大影响了受众接受信息、认识信息、判断信息的角度和姿态，将其向基于审美态度的审美知觉意向性方向导引，从而建构起节目内文本世界的受众审美经验。

一 以审美眼光发现世界

主持人以自己敏锐的审美眼光去观察、捕捉、揭示和品味世界的美，并将这些美传播给受众，与受众分享世界之美带来的快乐，其所传播的信息内容就将在其基本意义之外呈现美的光环，为受众带来美的感受。

（一）发现世界的社会之美

《综艺大观》"邻里之间"节目有一段节目组提供的串联词，文稿原话如下：

> 邻居是什么？是相互帮助的朋友，是在你困难的时候可以向他求援的伙伴，是你生活中不可缺少的友情，是你生命中相互给予的人们。①

这段话概括阐释了"邻居"的内涵，但原文虽然用了排比的文学修辞手法，却依然是以概念而论概念。朋友之间相互帮助、困难时期伸出援手、生活中必不可少的友情、人们之间的相互给予，都是泛泛而谈，仍然处于讲道理的层面，不免失之空泛，可谓理性认知色彩有余而生动形象不够。况且"帮助""朋友""求援""伙伴""友情""生命""给予"这样的字眼都是日常生活口头语言与书面语言之中使用的高频词，人们早已司空见惯，造成了审美疲劳，更是难以产生审美经验。基于此，主持人倪萍在节目中将其做了个性化的表达：

> 邻居是什么？是你正在炒菜，发现酱油瓶子是空的，于是你就敲门要点酱油的那家儿；是你出差了可以让他常看看门锁是否被人撬开的那家人；是你家房子冒烟了能第一个去打119的那些人……②

改动后的主持人话语大大增强了生动形象的画面感，使"邻居"这个概念变得有血有肉、有灵有性。同时，如此表述更加接近受众的亲身体会，使其在切身感受的共鸣中去认同主持人所传播的信息。这一方面使传播效果大大提高，另一方面也为受众开辟出一种崭新的审美视角来看待"邻居"的定义，进而体会到日常生活之

---

① 应天常、王婷：《主持人即兴口语训练》，中国传媒大学出版社2009年版，第22页。
② 应天常、王婷：《主持人即兴口语训练》，中国传媒大学出版社2009年版，第22页。

美。在此，传播话语表述行为所折射出来的主持人内在的审美态度，促使受众超越简单的信息接收与认知而达到了美的体验。其所传播的内文本信息内容就这样以美的形态呈现于意向指向之中，从而生成了审美经验。

（二）发现世界的自然之美

崔永元在《实话实说》"鸟与我们"节目中以这样的话语开场：

> 春天到了，万物复苏，大地一片绿色。南方的鸟儿已经开始长途跋涉，它们要迁徙到北方，开始它们繁衍子孙的工作。我们今天的话题就跟春天有关，来谈谈鸟……①

主持人在节目开篇就用语言勾画出一幅春意盎然的自然美景图。虽然接下来节目的话题因涉及现代社会对鸟类的伤害而显得较为沉重，但主持人却用自己审美的眼光奠定了整场节目的明丽基调。这就使节目的内文本信息在原来灰暗严肃的主题规约下，被着上了一层明亮的乐观色彩，引领受众在信息接收的同时发生审美经验的感受。

（三）发现世界的艺术之美

在《实话实说》"走进沙漠"节目中，崔永元又将文学的艺术魅力引入受众的视野：

> 不知道您去过内蒙古没有？如果没去过，您一定听过这样的诗句："天苍苍，野茫茫，风吹草低见牛羊。"还有"大漠孤烟直，长河落日圆"。无边的草原和无边的黄沙，从来都是

---

① 李元授、谈晓明、李鹏编：《知名主持人妙语评点》（上册），华中科技大学出版社2005年版，第291页。

历代文人墨客赞美的对象。我们今天谈的是在库布齐改造沙漠，绿化植树的话题……①

此处，主持人面对节目话题而联想到相关的文学诗句，使话题中纯粹属于自然界的信息内容焕发出语言艺术的光芒，并使观众体会到博大而深邃的宇宙感与历史感。这就使节目内文本的信息话语世界瞬间丰富、鲜活起来，并具有了意味，它促发了受众一般知觉向审美知觉的深化，品味信息本身的审美力量，生成审美经验。

（四）发现世界的狂欢参与之美

崔永元在《实话实说》"鸟与我们"节目的结尾处向受众发起共同参与的邀请，他说：

> 人们说，对鸟的爱护，标志着一个国家自然环境的文明进步，代表一个国家的文明程度。从这个角度讲，我们应该爱鸟，我们应该选择最恰当的方式爱鸟。感谢大家参加我们的谈话。在我们结束这次谈话时，让我们倾听美妙的鸟鸣声。（动人的百鸟争鸣声）②

这就使受众不仅作为旁观者"接收"节目信息内容，而且被邀请到节目内容之中，一道"构成"节目内容。在参与的过程中，有关目前鸟类正受到人类危害和官方呼吁保护鸟类的信息，由于受众的切身体会而更加深入人心。前面提到，电视机前的广大观众与现场观众因为传播话语身份的相似而倾向于身份同一的体认，对美妙鸟鸣声的倾听将其更近距离地带入内文本信息内容当中，感受到与

---

① 源自《实话实说》1996 年 10 月 13 日节目话语实录。
② 源自《实话实说》1996 年 4 月 28 日节目话语实录。

世界一体、人人平等的狂欢体验。于是爱鸟的节目主题不再外在于"我",而是关乎于"我"以及与"我"同样的每一个人。这里,内文本信息内容通过主持人的独特的传播行为,以共享的形式呈现出来,引发受众的审美经验。

二 从积极角度观察世界

如果说主持人以敏锐的眼光发现世界,为受众在日常功利的操劳状态中打开一个审美世界,是在受众对生活和世界的体认中作审美化的锦上添花,那么从积极的角度观察世界,在生活的平庸、失落甚至不幸中发现生活中的美,则是为受众开启观看世界的阳光大道,开导那些被烦琐生活所累、被日常压力所困、被艰苦处境所难的受众走出麻木与阴郁,以豁达的心态面对人生。

(一)富有情趣,逆弊而行

在北京沙尘肆虐、天空灰暗、人心烦躁的日子里,北京交通广播主持人刘思伽却怀着一颗热爱生活的审美之心,寻找、发现并在节目中饶有兴味地讲述她上班路上看到的那些"可爱细节":

> 我找到了刚刚发芽的杨柳,细细的枝条上布满小芽,在昏黄的背景下绿得格外娇嫩可人。
>
> 我找到打开灯光的汽车,明媚的眼波透出几分诡异迷离,在平常日子可不容易见到。
>
> 我找到戴着口罩执勤的民警,并琢磨,是不是应该给警察统一制作一款和制服相配的蓝色口罩,并在上面也印上"police"字样。
>
> 我还找到了戴着夸张的猪嘴形防毒面具上街的行人,(他们)引来不少讶异的目光。
>
> 在等红灯的时候,我看见年轻的交通协管员用手中的小旗

子悄悄掸了掸落在大衣褶皱里的灰尘。

……①

　　主持人将沙尘的弊端暂时悬置，而以纯粹的审美眼光去重点关注那些常人无心入眼而关注不到的美好细节：街边不起眼角落里的杨柳悄悄地发了芽；白天不开的车灯在极端天气被打开，与夜晚的正常状态风格迥异；奇形怪状的口罩平时没有机会亮相，此时却被派上了用场……主持人以浓浓的生活情趣，引领受众在恶劣的环境下依然能够展开审美的联想与体验。不要小看这些仿佛是不经意的发现，也不要认为这些细节处的事物无足轻重。海德格尔认为"美是作为无蔽的真理的一种现身方式"，②又说"美属于真理的自行发生"③。怀着审美态度、富有审美眼光的人能够看到常人察觉不到的美，美的"意象世界照亮一个真实的世界"④，一个天人合一、情景交融、主客统一的美的世界。而能够感受到这种美的世界，也就感受到了诗意的世界、令人愉悦的生活以及爱的人生。也就是说，他所看到的美"会给他带来无限的喜悦，使他热爱人生，为人生如此美好而感恩，并因此而提升自己的人生境界"⑤。站在时代的前沿，立足生活的土壤，将广大受众向这种积极的生活状态引领，是一名优秀主持人应有的责任。正如刘思伽本人所认识到的："现代都市人的心理有时候敏感脆弱的程度比我们想象的更甚。在彷徨无助之际，人一定需要温暖的感觉和适度的安抚。我们的作用无外

　　① 刘思伽：《投入的说事　开心的聊天——我做广播主持人》，中国广播电视出版社2003年版，第55页。
　　② ［德］海德格尔：《艺术作品的本源》，载［德］海德格尔著，孙周兴选编《海德格尔选集》（上册），上海三联书店1996年版，第276页。
　　③ ［德］海德格尔：《艺术作品的本源》，载［德］海德格尔著，孙周兴选编《海德格尔选集》（上册），上海三联书店1996年版，第302页。
　　④ 叶朗：《美学原理》，北京大学出版社2009年版，第73页。
　　⑤ 叶朗：《美学原理》，北京大学出版社2009年版，第449页。

乎让大家知道，我们会一直待在这里，陪伴大家度过这样一个'特殊'的日子，请大家不要紧张。"①

（二）善于疏导，引人向上

武汉人民广播电台夜话节目主持人王小勤曾接到一位被学习所困扰的学生的电话："我数学成绩总是不好，我信奉'书山有路勤为径，学海无涯苦作舟'，可我花了很多工夫，还是没有效果。"王小勤的回答堪称巧妙："能不能改变一下呢？书山有路'趣'为径，学海无涯'乐'作舟。兴趣是最好的老师，获得知识能使你得到快感，如果你是在这样的状态下学习，相信你的学习效果一定会事半功倍。"主持人沿循学生的思路，将学生所举的诗句做出灵活的变动，由"勤"到"趣"、由"苦"到"乐"的建议，有力地体现了主持人以乐观积极的心态对该学生的心理疏导，引其换个角度看待问题，以阳光向上的心态去寻找问题的解决之道。这样超脱而潇洒的姿态透过收音机而传达给万千听众，使其感受到语言艺术与生活态度的双重审美经验。

著名主持人叶惠贤在《浦江同舟》电视文艺晚会上对受众的引导也是一例：

> 叶（叶惠贤）：一年多前，浦东残联送给她一辆残疾车，过了没多久，她就把这辆车转送给了一位上夜大学习的待业青年。她说：30岁的残疾人比我更需要。今天这辆新车是统战部的朋友们集体捐赠给她的。
>
> 陈（陈雪兰）：谢谢，谢谢！如果苍天有眼，我要感谢苍天，让我活了这么多年，和大家一起手拉手为这么美好的时代

---

① 刘思伽：《投入的说事　开心的聊天——我做广播主持人》，中国广播电视出版社2003年版，第54页。

多尽一份教师的责任。谢谢大家。

（陈雪兰硬撑着立起身向大家鞠躬，叶赶紧扶住了她。）

叶：陈老师，您站立不便，行走困难。但是您的行为已经告诉了我们，您始终站立在我们的面前，始终走在了我们的前面。[①]

面对身负残疾、行动不便的嘉宾陈雪兰，主持人却通过语言的转换来做了很好的安慰。虽然不能站立和行走，但嘉宾身上却有着这些表面形式背后更加珍贵的闪光点，所以她"始终站立在我们的面前，始终走在了我们的前面"。这是对嘉宾心情的抚慰与纾解，更是对人生的开导与理解。于是，节目内文本信息就在原貌的基础上被附加了人格之美与灵魂之美，使其饱满并富有深度，呈现于节目受众的审美经验之中。

（三）寻找生活里的艺术

主持人通过发现与体会艺术与生活的相通之处，将生活转接艺术，向艺术提升，从而在提升节目内容之格调的同时，引领受众体会节目信息所蕴含的生活与艺术相通的韵味。

北京音乐广播主持人伍洲彤的《零点乐话》节目，把情感疏导同音乐欣赏相结合，可谓独辟蹊径。某期节目中，在倾听过一位男性听众诉说对自己女朋友的不解时，主持人根据这位听众的经历选择了莫文蔚的一首相同主题的歌曲播放，并结合歌词内容对其进行了劝导。在这里，生活与艺术的壁垒被打通，在优美的旋律与动听的歌词萦绕耳际之时，生活的内蕴以审美化的形式呈现出来，使节目内文本信息迸发出强烈的艺术气息，使受众同样感受到了歌词中的那份洒脱，从而在对原本平常的谈话的收听过程中生成了审美经验。

---

① 叶惠贤：《荧屏瞬间——叶惠贤即兴主持100例》，上海人民出版社1998年版，第86页。

三　凭机智幽默化丑为美

机智化解尴尬，幽默对待缺陷，将现实的丑化作传播话语行为的美，也是节目主持人超越现实利害功利计较的审美态度的重要体现。节目信息本身的丑与不足，会因为传播行为机智、幽默的矫正，而在本来的面貌之上得到转化提升。在这一过程中，受众所关注到的主持人相应的人格魅力以及随之形成的人类的智慧感，将节目内文本信息转化为受众审美经验的对象。

（一）机智地化解尴尬

杨澜在第九届大众电视"金鹰奖"颁奖文艺晚会上报幕退场时，不慎摔跤滚倒在地。面对这突如其来的意外，她却"一跃而起，笑容可掬地说：'真是人有失足、马有失蹄呀，我刚才的狮子滚绣球的节目滚得还不够熟练吧？看来这次演出的台阶不那么好下哩，但台上的节目很精彩。不信，你们瞧他们。'"① 而接下来的节目，恰恰就是滚绣球的民间舞蹈。杨澜机智地将自己不慎摔跤这一变故跟整场节目的实际进程紧紧结合，既没有回避意外和尴尬的事实，又对下面的节目做了自然的衔接。这样的化解堪称精彩。此时受众的意向指向不再是节目内文本信息的缺陷及其传播的失误（正常情况是晚会各节目单元的紧凑进行，而这一信息内容却被杨澜退场摔跤所阻断），而向主持人的智慧之美转移。难怪当时"话音刚落，全场观众为她机敏的反应爆出热烈掌声，有的观众还大声喊：'广州欢迎你！'"② 由此一来，观众对这场文艺晚会的收看也因此而被附加上了另一重审美经验。这样的例子比比皆是，在此另举几例：

---

① 李元授、谈晓明、李鹏：《知名主持人妙语评点》（下册），华中科技大学出版社2005年版，第296页。

② 李元授、谈晓明、李鹏：《知名主持人妙语评点》（下册），华中科技大学出版社2005年版，第296页。

——在《倪萍访谈》的第三期，来宾正热烈讨论歌星的假唱问题，突然现场内灯光暗了下来。面对这一突发情况，主持人倪萍没有表现出丝毫的慌张，而是借此作了发挥，幽默地说道："你看灯光也不容忍一点假……"说着灯光又恢复了，讨论不仅没有因此而中断，反而调节了现场的氛围。①

——在一次中央台"八一"期间的《综艺大观》节目中，由部队的小学员做心算表演，主持人倪萍请嘉宾中的一位老军人出题，不料这位老军人十分怯场，连连闪身摆手不愿配合。见此情景，倪萍笑容满面地向观众说："这位老同志把这个机会让给年轻的朋友！"于是现场立刻有许多观众主动要求上场出题，避免了尴尬的局面。②

——上海人民广播电台文艺节目主持人陆澄照，在一次大学艺术节开幕式的主持现场，因为事先未整理话筒线，导致出场时只能一边走一边拽，场面十分尴尬。群众中也时时发出阵阵笑声。陆澄照灵机一动，指着话筒线说："看来，咱们感情的纽带实在是难分难解啊！"这一席话，使得现场观众掌声阵阵，效果出奇地好。③

——上海东方电视台主持人袁鸣，应邀到海口主持海南狮子楼京剧团成立仪式，误把一位叫南新燕的先生说成"小姐"。察觉自己的口误后，她没有慌乱，而是面带微笑、真诚地说："哎呀，真是非常抱歉，我可能望文生义了。不过，您的名字让我想起一首古诗：'旧时王谢堂前燕，飞入寻常百姓家。'这可真是一幅充满诗意的美妙图画。同样，国粹京剧作为宫廷艺

---

① 柳艳辉：《"心"有多大，舞台就有多大——试论主持人心理素质》，《传媒》2009 年第 3 期。

② 曾致：《播音主持艺术新说》，中国广播电视出版社 2002 年版，第 65 页。

③ 陈思雨：《电视综艺娱乐类节目主持人的"控场"艺术》，《西部广播电视》2014 年第 14 期。

术，一直在北方盛行，如今，随着海南狮子楼京剧团的成立，古老的京剧也首次飞过琼州海峡，到海南安家落户，这不也是一幅美妙的图画吗？"[①]

无论是何种突发情况，以上几例当中的主持人或将其与当下主持行为相联系，或与节目主题相对接，其化解尴尬的方式堪称艺术。特别是袁鸣由人名想到古诗，又由古诗想到同样古老的国粹艺术形式——京剧，并以两者同样都构成美妙的图画这一共性作结，将意料之外的尴尬纳入传播信息原本之中，在矫正信息的同时，也相当于对信息本身做了进一步的审美化加工，由此丰富了受众的审美体验。具体而言，受众从中感受到了主持人语言之美（既来源于语言的修辞之美，比如"灯光也不容忍一点假""咱们感情的纽带实在是难分难解啊"的一语双关，"旧时王谢堂前燕，飞入寻常百姓家"的文采与诗意，又来源于用语的机智，如"这位老同志把这个机会让给年轻的朋友"通过转换措辞来化解令人难堪的局面）与主持人的人格之美（来源于其临危不乱、巧妙化解尴尬、拥有平和包容的胸怀、及时改正错误的美好品格）。

（二）幽默地对待缺陷

如果说意外发生的尴尬局面是偶发于传播进程中的，是内文本的外来附加因素，那么缺陷便是呈现于内文本话语构成部分的主持人自身的不完善、不美的状态。而以幽默的姿态与语言去直面这样的缺陷，有助于节目信息内文本的丑向趣味之美转化。

赵忠祥对自己体态的肥硕有过两次幽默的自嘲：

——我说我怎么控制不住，吃什么——好像喝凉水都长肉

① 曹可凡、王群：《节目主持人语言艺术》，上海人民出版社2005年版，第332页。

啊！我就去找一位熟悉的王医生。他给我开了个方子："你每天只能吃两片面包。"好啊，什么药都不要，只吃两片面包。有的人用那减肥药，抹啊抹啊，万一抹出一点儿毛病来了哩？我挺高兴，就走了。走老远，我又赶紧转了回来……我不大好意思，可我有些话得问清楚啊！我就问："您开的药方子，让我吃两片面包，倒是挺好的，可是，是饭前吃呢还是饭后吃？"①

——有一次，国际象棋冠军谢军来做嘉宾，介绍她时，杨澜开玩笑说："谢军这么聪明，大概是因为脑袋特别大，容量也就大。"转身看到赵忠祥，杨澜发现他的脑袋也不小。赵忠祥嘿嘿一笑，说了一句："脑袋大，里面东西的质量可不一样。"②

两个例子分别侧重于体重和体形，都是主持人作为节目内文本信息内容的元素之一，直接呈现在受众信息接受感知域中不可否认的现象。然而经由主持人传播话语的转化，其中不完善的元素立即被语言与智慧的完善所填充，丑被转化为美，被纳入受众的审美知觉意向性中加以观照。

四　用传神形象表达概念

作为归属于大众信息传播的一种形式，主持人节目本质上是认知性信息与概念、观点的传达。但由其传播方式的特点所决定，主持人又可以把枯燥的概念加以亲切、形象地呈现，体现这个世界鲜活、饱满的情趣，给人以审美体验。由此，节目的内文本信息也不

---

① 曾致：《播音主持艺术新说》，中国广播电视出版社2002年版，第75—76页。

② 李元授、谈晓明、李鹏：《知名主持人妙语评点》（下册），华中科技大学出版社2005年版，第319页。

再是单纯的认知性信息，而是能够在感性体验中所获得的信息。在这个过程中，受众审美经验得以生成。

比如，天气预报所传达的是典型的认知性信息，未来天气情况、气候变化及其在传达中所使用的概念化、专业化术语，在具有较强实用性的同时，都无法避免单调枯燥的特点。但宋英杰的传播话语却时时将相关信息通过亲和、传神的姿态加以呈现：

> ——其实我们大家都经常地和冷空气打交道，不过，冷空气有强有弱，范围有大有小，有的冷空气小得在这样的图上都难以看清，但是有的冷空气却是真正的庞然大物。现在我们所看到的这股冷空气，它们占据的范围足足有几百万甚至几千万平方公里。在这样大范围的高气压控制之下，天气现象就比较单一，尤其现在北方地区基本上都是比较晴朗的天气，但是南方呢，还有一些地区是偏东风，能够吹来充分的水汽，所以通过今天的卫星云图我们就可以看到，南方地区上空还有一些降雨云系，不过以后这里的降雨将有所减少。下面是具体的预报结果。①
>
> ——可能我们对温带气旋并不是特别熟悉，但是我们对它的同胞——热带气旋却耳熟能详，因为热带气旋所包括的热带风暴、台风等都是我们经常说到的话题。热带气旋主要出现在夏天，而温带气旋在春天活动……所以在春天里，我们不妨记住这个名字——温带气旋。②

上面两段话中，"真正的庞然大物"使冷空气的感性形象一跃

---

① 应天常、王婷：《主持人即兴口语训练》，中国传媒大学出版社 2009 年版，第 104—105 页。

② 应天常、王婷：《主持人即兴口语训练》，中国传媒大学出版社 2009 年版，第 105 页。

而出，而"同胞"这样生活化、拟人化的语言则瞬间拉进了与受众的距离，使其由陌生转为熟悉、亲切。于是，内文本信息内容也因此不再是生硬、绝缘的客体，而变成了受众的审美对象。

具有异曲同工之妙的是下面敬一丹对中国楼市的解读：

> 现在全国的特困户有 325 万户，困难到什么程度呢？就是人均居住面积不足 4 平方米，也就是一张双人床那么大小。另外在全国还有 45% 的住房不配套，也就是说没有相应的厨房和卫生设备。……有资料说，现在全国现有的商品房是 5000 多万平方米，其中普通住宅的面积 3600 万平方米。这是一个什么概念呢？就是如果把这 3600 万平方米的房子卖给刚才我们提到的那 325 万户特困户的话，那么每户可以得到 11 平方米的住房。[①]

主持人每说一句专业话语，就紧接一句生动、传神、与受众生活相贴近的解释性话语。以"一张双人床那么大小"解释"人均居住面积不足 4 平方米"，以"没有相应的厨房和卫生设备"解释"全国还有 45% 的住房不配套"，以"如果把这 3600 万平方米的房子卖给刚才我们提到的那 325 万户特困户的话，那么每户可以得到 11 平方米的住房"来解释前面的"现在全国现有的商品房是 5000 多万平方米，其中普通住宅的面积 3600 万平方米"。如此一来，抽象的概念被转化成了饱满的日常形象，枯燥的数字通过类比而加以具体化、具象化，在帮助受众更好地理解其意义的同时，也为其增添了一种审美的体验。本例能够有力地证明，也许楼市信息本身与美关联甚少，但出现在该档主持人节目受众意向指向当中的楼市

---

① 陈虹：《节目主持概论》，高等教育出版社 2013 年版，第 147 页。

信息却是审美化了的。也就是说，本来具有纯粹认知性的信息，在主持人节目当中可以被转化成为审美体验式信息，促发受众审美知觉意向性的指向与观照，从而生成审美经验。

第二节　主持人的审美能力对节目内文本受众审美经验的建构

审美能力，指审美主体进行审美活动所具备的能力。审美能力与前面所讲的审美态度不同：审美态度是审美经验得以产生的前提，是一种心境，一种体察世界的角度，只有审美态度存在，审美经验才可能生成与持续存在；而审美能力却是审美经验已经生成并存在后，审美主体获得审美愉悦的能力。也就是说，审美能力是审美主体在审美态度所建构的超功利心境中，对审美对象的接受力、欣赏力和创造力。审美能力的高低直接决定了审美感受的丰富度和深浅度以及由此而来的审美愉悦的强烈程度。面对同一座中国古典园林，人们会无一例外地认为园中景致是美的，但在不同审美主体的心中，对这景致美在哪、有多美的回答却不尽相同。有的人只看到绿树成荫、莺飞草长的画面，从中获得视觉的享受；有的人却能通过景色的外在形态来品味心灵的恬淡沉静带来的情感愉悦；有的人感受到了人与自然和谐相处的精神的超越与自由；还有的人通过园中曲径通幽的布局设计而领悟到中国传统文化内敛含蓄、虚实相生的形而上学哲思的精妙。

具体的审美感受不同，决定了审美主体从对象中获得的愉悦程度不同。如果把美及美感分成三重层面，即感官层面、情感层面和精神人格层面及其所分别达到的悦耳悦目、悦心悦意和悦志悦神的审美体验①，那么审美主体每上升到一个更高的层面，都将是内心的洗礼与精神的飞跃，向其人格化的完善迈进了新的一步。同样是雨，在老舍的心中却富有最为饱满纯粹的体验：

> 四月中的细雨，忽晴忽落，把空气洗得怪清凉的。嫩树叶儿依然很小，可是处处有些绿意。含羞的春阳只轻轻的，从薄云里探出一些柔和的光线，地上的人影，树影都显得很微淡的。野桃花开得最早，淡淡的粉色在风雨里摆动，好像媚弱的小村女，打扮得简单而秀美。
>
> ——摘自老舍《二马》

老舍眼中的细雨及其所到之处生成了一个独立自存的审美世界，在对后者的审美观照中，感官、情感与思绪统统被引入对象世界内部，达到了情景交融、物我同一，原本渺小而有限的人类化成广袤而无限的时空，在精神的超越中达到审美的极致境界。

而节目主持人的审美能力，就是在主持人作为审美主体②在对对象进行审美观照时，所表现出来的审美接受力、欣赏力和创造力以及面向受众将自己的所见、所感、所思传播给受众的审美表现力和传达力。如果说主持人的审美态度侧重于审美对象的发现与激发受众审美经验生成的可能性，那么其审美能力则更多地强调主持人在自身审美感悟的引领下对受众审美体验的丰富、深化与提升，使

---

① 参见彭吉象《艺术学概论》，北京大学出版社 2015 年版，第 411 页。

② 为避免概念的混淆，这里需要说明：本书谈论主持人节目受众审美经验，其审美主体是主持人节目的受众。而此处又说"主持人作为审美主体"，其实并不构成矛盾。因为这里所指的是主持人在主持节目的过程中，首先会对节目内美的元素展开审美活动，这时他（她）成为审美主体，而节目内美的元素是其审美对象。而主持人在自己的审美经验活动中产生美感，并将这种美感叙述、描绘、分析、评论，向受众传达他（她）所体验、感受到的美，这一行为及其展示出来的主持人的审美能力，在受众的感知中便成为了审美对象。

其达到审美经验的醇厚至美之境。

在上海国际汽车工业展览会"名车名影"摄影大赛颁奖典礼上，叶惠贤在获得二等奖的作品之前驻足并作解说：

> 一边是著名京剧演员方小亚，一边是"通用"汽车，一个是古，一个是今，一个是动，一个是静，旋转中的方小亚啊，今天"通用"成了你的知音。①

该作品画面呈现的是著名京剧演员方小亚身着戏装在"通用"汽车旁边旋转。主持人巧妙抓取了画面中"古—今""动—静"的对比元素，将摄影者的艺术理念完美诠释了出来，同时也给了观众一个欣赏该作品的艺术参照，启发受众向作品更深层次的艺术寓意去观照和领悟，丰富并深化了后者的审美经验。

而在获得特等奖的作品面前，叶惠贤所做出的一番表述更是提升了作品的内在品质与受众观赏经验的趣味：

> 这幅照片意境很美，点点星光，星河中两颗明星相遇了，这是星的接吻还是心的碰撞，做一个甜甜的汽车梦吧！这是对未来汽车的憧憬，更是对美好生活的向往！②

这幅画面是星光下一位名模侧卧于一辆黑色名牌轿车之上，脸庞贴近铮亮的车厢盖而陶醉。原本些许落入俗套的构思却因为主持人较强的审美能力而有了新意：叶惠贤紧扣"星"这一意象，在群

---

① 叶惠贤：《荧屏瞬间——叶惠贤即兴主持 100 例》，上海人民出版社 1998 年版，第 61 页。
② 叶惠贤：《荧屏瞬间——叶惠贤即兴主持 100 例》，上海人民出版社 1998 年版，第 62—63 页。

星闪耀的背景之中突出名模与名车这两颗"星"的主体形象，又将"星"与"心"作谐音关联，从而将原本浓浓的商业气息转化成超越人间烟火的宇宙气象，大大升华了受众的审美经验。

节目主持人的审美能力往往在亲切随意的只言片语中，引导受众去心领神会那丰富而强烈的美感。它直接决定了受众在当期节目中审美感受的丰富度、深浅度和强烈程度，而在受众结束该期节目的信息接受后，在潜移默化中间接影响着其审美能力。

主持人审美能力对节目内文本审美层面受众审美经验的建构，体现在主持人对信息内容的审美化加工、对信息话语的审美化表达、对信息传达方式的审美化设计与对信息内部氛围的审美化营造。

一　对信息内容的审美化加工

对信息内容的审美化加工，是主持人对节目信息内容进行深入的挖掘，使之向"真、善、美"的境界提升，并在此基础上对信息内容的整体进行编排并呈现。主持人对信息内容的审美化加工，以不违背新闻事实与现实存在为前提，但使节目整体在受众的意向指向中进一步呈现艺术化的特点，成为一件准艺术作品而得到受众审美知觉意向性的关注，从而转化为审美对象而在受众审美经验中丰富并强化审美体验。

（一）对节目信息内容叙述顺序的调整

即将信息内容各个部分的前后出现顺序做出灵活安排，以更加符合受众的审美接受心理。比如改变事件正常发生的"开端—发展—高潮—结局"的自然时间顺序，或将缩短或淡化开端与结局，而将情节最为集中体现的发展和高潮两部分做特别强调，或将结局前置，设计悬念引起好奇，等等。从而达到类似小说、剧本或影视剧的艺术化的叙述效果，增强受众的审美经验。如目前法制类节目中主持人对犯罪事件及其案情侦破故事的叙述，便常常是将犯罪事件的结果首先摆上台面，制造悬疑，继而在后续的对事件来龙去脉的讲解中为受众解开心中的重重谜团。

（二）对节目信息内容核心意义的提炼

即将与节目有关的大量信息内容做梳理、分析，从中提炼出最具有审美闪光点与意义的部分，加以重点突出、强调，使受众集中而充分地领略事件或新闻人物的美的一面。《艺术人生》中主持人朱军采访张海迪的段落是为一例：

> 朱军：我每次见到您的时候，我都觉得特别漂亮。
>
> 张海迪：我从 5 岁得病，但是我始终没有放弃对美丽的追求，我曾经说过越是残疾越要美丽。我追求美丽的心灵，所以在家里也好，或是出门也好，我都要把自己打扮得非常整洁、漂亮，我觉得整洁、漂亮对一个女性来说，不仅仅是外表的事，它还要有一种心灵的东西。
>
> 朱军：听说你决定要来这里做嘉宾的时候，特意给自己买了一件衣服，就是你身上穿的这一件吗？
>
> 张海迪：是的，大家觉得好看吗？我特意配了一件开满鲜花的衬衣，5 月的鲜花。就在昨天，我拿到自己刚刚出版的一本书，我想它会在 5 月份跟朋友们见面。5 月是鲜花遍地开的时节，在这美好的季节，跟大家在一起，我真的从心里觉得非常非常的高兴。让我们大家的生活都像鲜花一样，永远美丽地开放着。①

在关于张海迪大量的事迹资料中，主持人敏锐地抓住了"越是

---

①　魏南江：《节目主持艺术学》，中国广播电视出版社 2006 年版，第 132—133 页。

残疾越要美丽，我追求美丽的心灵"这一句精彩的、对揭示嘉宾人物内心世界与精神境界具有点睛之笔的话，对之进行集中强调。并适时进一步提问"听说你决定要来这里做嘉宾的时候，特意给自己买了一件衣服，就是你身上穿的这一件吗"，不仅打开了张海迪的思路和话匣子，更是通过张海迪对追求美丽的详细诠释，促使受众深深地感受到她的心灵之美。

二　对信息话语的审美化表达

也就是主持人在为信息传达而遣词造句时，着力追求语言的精彩、彰显语言之美，对信息本身在话语的层面加以美化与包装，从而愈加将受众的意向指向引入内文本信息内部，而远离对信息外在认知性与有用性的关注，达到审美知觉意向性的层面，进而强化其审美经验的感受程度。

（一）通过文采增强话语的表现力

即通过词语、句式的精选与修辞手法的妙用，来极大地增强信息话语的表现力，使其达到语言艺术的高度，从而加强受众审美意向性指向的密集度，增强受众审美经验所带来的愉悦程度。

叶惠贤在 1993 年"金华小组"评选决赛暨文艺晚会（直播）现场对参赛者的答话有着十分出彩与精要的概括：

> 叶：你们认为谁最有希望获得"金华小姐"的称号？
>
> 甲小姐：（光笑不语）……
>
> 叶：不说话，我明白了，沉默是成功的法宝。
>
> 乙小姐：（斗争了一会儿）我觉得我有希望！
>
> 叶：好！自信是胜利的武器。
>
> 丙小姐：不管谁能当选，对我来说都是个学习的机会。

　　叶：嗯，谦虚是进步的钥匙。①

　　"沉默是成功的法宝""自信是胜利的武器""谦虚是进步的钥匙"，三个言简意赅的句子分别对应三位参赛者的答话，不仅是对三人三种态度——"沉默""自信"和"谦虚"——的概括式总结，更是意义到位的暗喻。三句话以短小的形式包蕴着来自节目的进程、性格的魅力以及语言的技巧三大方面的强大信息量，成为"有意味的形式"而吸引着受众的关注、品味与回味。它们建基于其内在的信息意义，但又以自身强烈的表现力超脱其上，为受众的审美体验注入强烈的感受和活力。

　　叶惠贤这种非凡的艺术性话语总结的能力，在1994年上海市庆祝"五一"国际劳动节群众歌会的直播节目中体现得更加明显：

　　李培红：刚才场上的拉歌，歌声此起彼伏，气氛十分热烈，你听了以后有什么感受？

　　叶惠贤：我觉得他们唱出了"情"，他们用"情"打动了观众。刚才文化宫唱的是《带头羊之歌》，唱出了对"带头羊"的深情；接下来是邮电工人队，唱的是《黄河船夫曲》，充满了激情；还有我们的物资工人，唱的《长江之歌》一派豪情；我们的梅山英雄唱出了对故土的恋情。②

　　……

　　李培红：老叶，第二轮拉歌结束了，你又有什么新的感受？

　　叶惠贤：应该说我又有了新的感受，我觉得他们之所以唱

①　魏南江：《节目主持艺术学》，中国广播电视出版社2006年版，第21—22页。
②　魏南江：《节目主持艺术学》，中国广播电视出版社2006年版，第5—6页。

得这么好，他们不仅是用嘴在唱，而且用心在唱。

李培红：你看到他们的心了吗？

叶惠贤：应该说看到了，首先唱的是海港工人，他们唱的是《我们走在大路上》，我们看到了他们跟党走的决心。

李培红：第二（个）唱的是机电工人。

叶惠贤：他们唱的是《机电工人之歌》，你可以看到他们对本职工作热爱的责任心；还有我们建材工人唱的是《党啊，亲爱的妈妈》，看到了他们对党的忠心；我们还看到了航天工人献给蓝天的红心，教育工作者献给下一代的爱心。（掌声响起）

李培红：还有我们的房产工人？

叶惠贤：对！（非常激动）我想听了你们的歌，电视机前的观众、收音机前的听众、每个上海市民都会增强住进新房的信心。（笑声、掌声、欢呼声汇成一片）①

主持人根据各代表队演唱的歌曲和演出的表现，将"情"与"心"的主旨思想做具体表达，分别是"深情""激情""豪情""恋情"和"决心""责任心""忠心""红心""爱心"以及"信心"。这样的表达融主持人自身高超的语言能力和汉语语言乃至中国文化的博大精深于一体，令受众在指向其上的审美知觉意向之中叹为观止，从而大大强化了审美经验的醇厚程度。

（二）驾驭语言的创造力

对信息话语的审美化表达，还在于主持人对语言进行自由驾驭、生成崭新的语言序列组合的创造力。这样的传播话语对节目内文本的信息内容赋予审美新质，从而在受众的审美知觉意向指向中

---

① 魏南江：《节目主持艺术学》，中国广播电视出版社 2006 年版，第 8—9 页。

丰富审美体验。以下是关于叶惠贤语言创造力的几个例子：

  ——（在1996年庆祝中国人民解放军建军69周年文艺晚会直播中）三十多年过去了，马玉涛老师音色依旧，表演依旧，《涛声依旧》，咱们掌声依旧。①

  ——（在1993年《今夜星辰》第52期节目中）这次我们在香港采访了一些艺员，都说你的口碑很好，特别热衷香港的社会公益活动，把一些好事都让给别人，留给自己的是品德和才华，所以你叫刘德华。②

  ——（在1995年上海有线戏剧台开播晚会的直播中）亲爱的观众朋友们，今天我们的直播现场是上海戏剧学院实验剧场，刚才为我们表演"喷火"的肖英就在上戏二年级学习。同学们，明天的星就要从你们这里升起，明天的星是怎么回事，你们知道吗？明天的星，简称明——星。③

第一例将马玉涛老帅名字的"涛"字与《涛声依旧》歌名中的"涛"字联系起来，把马玉涛老师从事声乐事业的关键字"声"与《涛声依旧》的"声"字联系起来，在做谐音反复的基础上又将意义向前推进到观众的"掌声依旧"之上。四个"依旧"既是文字与音韵的回环反复，又是深层意义的逻辑推进，无论在话语表达还是思想表述方面都达到了一唱三叹的效果。第二例对刘德华的名字做了个性化的解析，用两个既代表刘德华优秀品行又与"德""华"相联系的形容词组成了这位天王级巨星的名字，有力地展现了语言的智慧。而第三例则将词组做了艺术化的减缩，同时汇入了

---

① 魏南江：《节目主持艺术学》，中国广播电视出版社2006年版，第50页。
② 魏南江：《节目主持艺术学》，中国广播电视出版社2006年版，第161页。
③ 魏南江：《节目主持艺术学》，中国广播电视出版社2006年版，第173页。

美好的祝愿，同样是话语之美的创造。

主持人驾驭语言的创造力，不断在文字的创意组合中带给受众新的惊喜，并在新词新意的表征下不断生成崭新的审美意象于受众审美经验之中，强化其审美感受的浓烈程度。

三　对信息传达方式的审美化设计

值得注意的是，对信息呈现结构乃至整个节目进程顺序的组织往往是主持人背后节目制作团队的策划成果。但因为主持人无疑是"代表群体意识，以个人面目出现"的信息直接传播者与节目实际运行的现场统筹者，从受众的信息接受与审美经验角度来看，对信息传达的具体方式便也成为主持人个性化操作的结果。况且，随着当前"参与型主持人"与"主导型节目主持人"[①] 的出现，主持人本人确实也在相当程度上参与了信息结构的策划与组织，决定了信息结构的实际呈现方式。

（一）对信息具体呈现方式的设计

也就是对内文本信息的外在形式及其呈现形式做选择性设计，使其更加丰富多样并符合受众信息接受心理的规律特点。比如根据实际需要，在节目进程的某个节段以其他多元丰富的审美化形式（播放相关录像录音、电话连线采访、访谈场内嘉宾与受众，等等）取代单纯的语言叙述，以此来完成信息话语的编制。

比如《今夜星辰》第 69 期"京都趣事"部分，主持人在介绍日本当地文化历史时，便接入了一段自编自演美女救英雄的故事。[②]以视频录像的形式嵌入叙述话语，以人物行动和情节串联各个景点

---

① "参与型主持人"参与节目采、编、播各个环节的工作，而"主导型节目主持人"更是整个节目的策划组织者、体现者、主播者。（参见陆锡初《节目主持人导论》，中国传媒大学出版社 2013 年版）

② 参见叶惠贤《荧屏瞬间——叶惠贤即兴主持 100 例》，上海人民出版社 1998 年版，第247—249 页。

的展示和介绍，实现整个叙述行为的异质组构。从而丰富了节目的表现方式，增强了内容的趣味性，在受众的审美知觉意向体验中加入了情趣感，从而丰富其审美经验。

（二）对信息传达辅助手段的运用

也即主持人采取相应的手段来辅助信息内容的传达，增强信息本身的可理解性、易接受性与艺术表现力，使其在受众的审美知觉意向指向中呈现更加辉煌的感性魅力，从而强化受众的审美经验。

叶惠贤在《今日影视》第 40 期介绍美国百老汇剧院的节目中，采用了自己客串乐队指挥的后期合成影像，作为节目内容信息传达手段的辅助[①]；在《今夜星辰》第 73 期"今日彼得堡"节目中，又与当地女主持人共舞来重现当年彼得堡皇宫舞会的热闹景象，使节目散发着浓浓的艺术气息[②]。主持人的语言美、人格美，当地风土人情、历史故事的社会美以及艺术美，构成了综合性的审美对象，多元辅助手段的运用为受众带来了复合性的审美经验。

四   对信息内部氛围的审美化营造

与外文本的信息传受双方之间对话交谈的氛围不同，处于主持人节目内文本的信息内部氛围是指主持人向信息内部诸多元素进行话语建构，进而完成信息世界加工组构的过程中所营造的氛围。它内含于节目内文本中，是随着外文本对话交谈方式的展开而将自身交付受众的信息接受行为与审美知觉经验。主持人对信息内部氛围的审美化营造，就是在这个层面上为信息内容蒙上一层审美的基调，于审美知觉意向关系中引发受众某种相应的情感，使之达到与

---

① 参见叶惠贤《荧屏瞬间——叶惠贤即兴主持 100 例》，上海人民出版社 1998 年版，第 250—252 页。

② 参见魏南江《节目主持艺术学》，中国广播电视出版社 2006 年版，第 253—255 页。

所传播信息的内容情景交融、合二为一的效果，并以此强化受众在内文本层面的审美经验。

（一）和谐氛围的营造

即营造节目信息内文本场域内诸多元素之间的和谐关系，使其结为有机整体，同时透过外文本层面的传受对话模式，把受众的意向性指向拉入内文本场域之内，与此一整体相互结合而共同聚焦于节目本身。在和谐、团结、统一的气氛中，增强受众审美知觉意向性的凝聚力，从而强化其审美体验。

在第四届上海国际电视节开幕式（直播）中，主持人叶惠贤在巩俐演唱之前所做的氛围营造努力，是为一例：

> 叶：巩俐小姐今天是新潮的装束领先一步，微微的笑容含而不露，举手投足尽显明星的风度。巩俐小姐，现在您成了影迷们说话的重点、心中的热点、视线的焦点。您主演的几部电影都在国际上获得了大奖或提名，在这里我代表上海观众向您表示祝贺！
>
> 巩：谢谢！
>
> 叶：观众朋友都知道您能歌善舞，今天在这儿是不是给大家唱一首。
>
> 巩：好，我给大家唱一首《潇洒走一回》。
>
> 叶：行，妹妹你大胆地往前走！①

主持人面对巩俐的上场，先通过独到而巧妙的语言将话语场内所有意向关注的焦点聚于巩俐这一中心，而后又借由《潇洒走一

---

① 叶惠贤：《荧屏瞬间——叶惠贤即兴主持100例》，上海人民出版社1998年版，第43—44页。

回》的歌名与自己主持词的相似之处，表达出了邀请大家静心聆听巩俐歌声的意思，从而将节目进程向前推进。他唤起了场内、场外受众对巩俐演唱的高度期待，也就将众人的期待转化为一种热切而和谐的氛围。而受众审美知觉意向受此氛围的吸引，更加凝聚于节目的进程之上，从而加强了相关的审美经验感受。

（二）主题氛围的营造

即通过将节目主题高度突出并彰显，营造节目信息内文本诸多元素向节目主题的意向指向的专注氛围，同时透过外文本层面的传受对话模式，使受众的意向性指向更加重点突出、聚焦鲜明地围绕于节目内文本的主题。从而在高度集中的审美知觉观照中，增强受众审美体验的强烈程度。

在《今夜星辰》第 30 期节目中，主持人叶惠贤与毛阿敏的出场互动如下：

叶：古人云，三十而立，再回首心潮难抑。改革开放给电视屏幕带来了源头活水，我们《今夜星辰》有过辛苦耕耘的昨天，有了多姿多彩的今天，相信会有光辉灿烂的明天。今天的嘉宾主持是大家非常熟悉的歌星毛阿敏，（看表）这会儿也该来了。

毛：（匆匆赶来）叶老师，对不起，来晚了。

叶：《你知道我在等你吗》，你《迟到》，该罚。

毛：可《我真的不是故意》，因为这两天录音忙得够呛。

叶：你《知道不知道》，上海观众对你很《思念》。

毛：其实我也是越来越《渴望》回到上海，上海是我《热恋的故乡》，她寄托了我《深深的恋情》。

叶：上海儿女忘不了《绿叶对根的情意》。

毛：我们俩现在说的话怎么全是歌名？

叶：你是歌星，我们俩说的话题自然离不开歌啦！①

两人的对话紧紧围绕毛阿敏的歌曲展开，甚至以歌名置换用词和语句来表达语意，这就使节目内容高度集中于作为本期节目中心人物的毛阿敏身上，使受众通过注目歌曲而将审美知觉意向向演唱这些歌曲的人物再聚焦、再集中、再注目，从而增强了受众的审美体验。

（三）人文氛围的营造

也就是通过主持人的精心设计，使节目信息内文本生成浓郁而厚重的历史人文氛围，引领受众的审美知觉意向性停驻于历史、社会与文化的底蕴之上，促使受众的审美体验向历史的沧桑感、社会的深沉感和文化的厚重感延伸，从而丰富并强化其审美经验。

在《今夜星辰》第 66 期"六月的东京"节目中，主持人叶惠贤的一席话赢得了场下观众雷鸣般的掌声。他说："非常高兴在东京拍摄期间有机会参加这个非常有意义的音乐会，我觉得音乐是没有国界的。（掌声）刚才我看到了原田一会长在指挥乐队时，用手划出一个弧形，犹如用音乐架起一座美丽的中日友好之桥。"② 主持人就所看到的乐队指挥的弧形手势作审美化联想，将其比喻为音乐架起的中日友好之桥。这句并不复杂的话语却蕴含着丰富而复杂的意味，它贯通了两个民族的历史、现在和未来，弥合着怨仇、开解与友好，建立起宽容、大度而友善的人文氛围，将受众的审美知觉引向了精神境界的更高层次，激发出强烈的审美情感体验。

而在《今夜星辰》第 72 期"您好，莫斯科"节目中，两位主持人通过对话营造出艺术气息浓郁的人文氛围：

---

① 叶惠贤：《荧屏瞬间——叶惠贤即兴主持 100 例》，上海人民出版社 1998 年版，第 167 页。

② 叶惠贤：《荧屏瞬间——叶惠贤即兴主持 100 例》，上海人民出版社 1998 年版，第 81 页。

奥丽佳：从 1931 年到 1936 年，高尔基临终前五年是在这里度过的。

叶：我明白了，他可能就坐在这条长凳上，回顾他的一生；他的《母亲》《童年》，还有《我的大学》《在人间》……

奥：是这样。

叶：他可能就在这两棵树下产生了新的灵感：（朗诵）在乌云和大海之前，海燕像黑色的闪电高傲地飞翔……

奥：（用俄语接着朗诵）……①

主持人通过对高尔基生前活动与生活情境的联想，进入节目信息主人公的文学世界，在一股浓浓的艺术气息中将受众带入一种历史人文的氛围，受众在与主持人共同的回顾与联想中，加强了自身的审美经验感受。

第三节 主持人的审美趣味对节目
内文本受众审美经验的建构

审美趣味，是人们对"何为美的事物"所进行的判断和选择、对事物审美价值的评估、对美与丑的区分，体现着审美主体对自身审美格调的定位和对审美理想的追求。较高的审美趣味并不满足于纯粹感官本能欲望的简单满足，而是追求将美与美感悦耳悦目的感官层面、悦心悦意的情感层面和悦志悦神的精神人格层面有机融为一体的具有深度的审美经验，从而实现人之本质力量的确证，使自我真正生存于精神家园。

作为大众信息传播者，优秀的节目主持人往往在节目所建构的

---

① 叶惠贤：《荧屏瞬间——叶惠贤即兴主持 100 例》，上海人民出版社 1998 年版，第 84 页。

公共话语空间去追求体现美与美感三层一体的较高的审美趣味，因为面向整个社会、整个人类文化群体的大众传播活动应当担负起引领方向、提升受众的社会责任。而这种引领与提升，就发生于主持人审美趣味对节目内文本受众审美经验的建构中。具体而言，通过受众的审美知觉意向性对主持人的个人审美趣味、主持人所体现的时代审美趣味和主持人所具有的民族审美趣味的关注与指向而发挥作用。

一　主持人的个人审美趣味对节目内文本受众审美经验的建构

个人的审美趣味，"是一个人的审美偏爱、审美标准、审美理想的总和……作为一个人的审美价值标准的体现，它制约着一个人的审美行为，决定着这个人的审美指向"[①]。作为内文本信息之组织者与加工完成者的主持人，其个人审美趣味往往决定了其传播行为的主导方向及在这一方向中所建构的信息本身的审美格调。只有具备了高雅纯正的审美趣味，节目主持人才能将真正的美的对象呈现并传播给受众，助其生成审美知觉意向指向，在较高的审美趣味与精神境界中形成审美经验。

（一）雅观得体的言行举止对内文本受众审美经验的建构

主持人个人言行举止的雅观与得体，能够体现出一个人的文化、涵养、气度与人格魅力，从而能促使受众产生尊敬、认可、赞同、欣赏甚至钦佩的审美知觉意向指向，继而作为一个饱满而独立自存的精神主体形象而呈现于受众的审美体验之中，建构起节目内文本的受众审美经验。

与之相对，如若主持人的言行举止随便、轻浮、粗俗、戏谑无度甚至卑躬屈节，则将会降低主持人在传播活动中的主体地位和人

---

① 叶朗：《美学原理》，北京大学出版社 2009 年版，第 160 页。

之生存的自觉地位，打破其与受众在主体间性交往场域中的平等态势，而遭到后者的轻视、质疑与非议，进而使由其所组织、加工、建构、呈现与传达的节目内文本信息世界一并发生降格与坍塌。受众对内文本信息的审美知觉意向指向与审美经验也将不复存在。

比如某卫视一档娱乐节目的主持人在嘉宾出场后，看到人太多，便干脆管男嘉宾叫干爹、女嘉宾叫干妈。现场歌手唱歌时，他突然跑上台抱住歌手的腿索要签名。主持人这种低俗而戏谑无度的信息呈现方式，没有重视社会伦理和自身人格的得体表现，其呈现于受众意向指向的，必然仅仅是一个没有独立主体价值的客体形象，其所传达的信息内容也失去了应有的价值维度。另有一档娱乐节目的主持人对被邀请到现场的中外混血明星过度崇拜，而对自身极度贬低，这种主动损毁自身的行为使主持人作为节目驾驭者与把控者的主体力量大大减弱，其所发出的信息话语在受众看来也就没有了可靠性与表现力。

主持人言行举止的随便、轻浮与粗俗也是阻碍受众审美经验生成的屏障。在某期诗词鉴赏节目中，特邀主持人身穿短裙而落座，大腿处过于暴露，其主持过程中不乏拽裙子、捋袖子的大幅度动作，体态抱臂翘腿，语气随意、语调娇嗔，在这档古典文学节目中，完全没有传统文化的内敛、端庄与公共空间的大气与郑重。虽然这位主持人所访谈的是文化名家，谈话也是围绕文学经典而进行，但主持人的上述言行举止却破坏了节目内容的正统文化氛围，使信息的传播显得不伦不类，也就阻断了受众审美知觉意向和审美经验的生成。同样，在某期介绍澳大利亚旅游的节目中，主持人每谈到历史上英国的伊丽莎白女王都会抬手作揖、屈颈做半鞠躬状，且在主持的全程中语气随意、语调闲散、动作粗俗、体态卑微，严重影响了受众审美经验的生成。

（二）健康纯净的传播内容对内文本受众审美经验的建构

主持人所传播的内容健康与纯净，也就是以传递真、善、美为主旨，拒绝假、恶、丑的侵蚀，也将有助于建构内文本的受众审美经验。这不是说主持人在节目中不能出现并谈论假、恶、丑的现象，而是其在提及、谈论、呈现假恶丑的人物与现象时，将自身的趣味指向调整为向真、善、美的最终诉求，从而化谈丑为求美。也就是通过批判假、恶、丑来达到追求与倡导真、善、美的目标，而并非仅仅就假、恶、丑来谈假、恶、丑，甚至本着猎奇、八卦、幸灾乐祸的心理看热闹。

同是评论演员柯震东吸毒一事，某档娱乐评论节目与《新闻1+1》《焦点访谈》就选取了截然不同的两个方向。前者极尽八卦消遣与幸灾乐祸之能事，从明星收入大幅缩水、影片戏份被删除说到广告代言形象被毁，处处都是冷嘲热讽、恶意取笑。而后面两者则从扫毒行动的社会背景、明星被查的事实细节、明星吸毒的原因分析、对明星严格律己的强烈呼吁几个方面呈现信息内容，表面谈论假、恶、丑，实则摈弃、批判假、恶、丑，引导社会大众追求真、善、美，给节目受众以真、善、美的审美体验。

（三）脱俗高尚的审美境界对内文本受众审美经验的建构

主持人对审美境界的高尚期待与追求，也是建构节目内文本受众审美经验的重要因素。也就是不以庸俗、粗俗、烂俗甚至恶俗为乐，而将审美趣味向更高层次的精神审美导引。同是旅游节目的体验娶亲主题，某节目的四位主持人处处以色情、嫉妒、打闹甚至咒死为聊天的主题，以感官的刺激与消遣为乐，而《美丽中国乡村行》之"准格尔走西口之旅"则围绕走西口的社会历史背景和西部地区的风土人情呈现节目内容，主持人对迎娶的体验也紧扣当地民俗的文化主题而展开传播话语的组织，体现了向较高层次审美境界的追求，唤起节目受众的审美知觉意向指向与审美经验的生成。

（四）本真纯粹的美感追求对内文本受众审美经验的建构

能够建构受众审美经验的主持人审美趣味，同样体现在超越快感而追求善感、超越娱乐而追求审美上。美感和快感虽然都带给主体以愉快，但二者是泾渭分明的：快感始终停留在本能欲望和功利目的当中，属于单纯而原始的肉体感官快乐。它是止步于物质浅表层的低级享受，是美感的假象而有待向美感升华。而美感则超越功利目的与本能的欲望，融合着真与善，是经过理性的思考和判断而超越了感官快乐的精神愉悦。它是全面发展的人性所追求和拥有的精神品质。真正的美感，融合着文化内涵、生活情趣与一定的理性思考，具有精神的超越性。对美感的经验是审美，而快感的体验只能称为娱乐。

主持人带给受众的，应该是美感而不是快感，是审美而不是娱乐，是提升而非迎合。

二　主持人的时代审美趣味对节目内文本受众审美经验的建构

时代审美趣味意指处于同一时代的人们，由于拥有大致相同的生存方式、生活环境，面临大致相同的社会问题，受到极为相近的时代精神和社会风尚的影响，所以形成了大致相同的集体审美趣味。比如在对人体美的审美方面，魏晋南北朝以秀骨清相、飘逸自得为美，崇尚仙风道骨，而唐代则以丰腴为美，青睐世俗生活，就是时代审美趣味的典型佐证。我国当代社会的时代审美趣味，构成了大众审美取舍与判断的共性特征，也为主持人自身的审美趣味提供了时代的参考标准。作为大众传播行为的直接实现者，主持人建构受众审美经验的审美趣味必定与时代难分难舍。

（一）以主流文化和精英文化为导向的高尚趣味

主流文化是为社会大众的大多数所接受并认可的、在诸种文化中占据主导地位的文化形态。主流文化因其广泛的社会普适性而成为大众审美判断的共通标准。正因如此，以主流文化为导向的审美趣味也就成为当今时代人们所普遍选择的审美量度标尺。精英文化是社会精英阶层，特别是知识占有人群所共同呈现的文化形态。对知识的渴求、对各领域高端地位的向往，使精英文化同样成为当今时代人们普遍的审美趣味追求。以主流文化与精英文化为导向的审美趣味崇尚积极健康的生活方式与睿智高端的智慧形态。

《杨澜访谈录》及其主持人杨澜、《文明之旅》及其主持人刘芳菲、《文化大观园》及其主持人王鲁湘，都是持有此类审美趣味的代表。他们的主持风格与节目内容大气、高端，富有深厚的知识学养与文化底蕴，在受众的审美知觉意向中构成了极具专业素质与人格魅力的精神主体形象，其所呈现与传达的节目信息内容也因此具有强烈的说服力、可靠性与表现力，满足受众的主流与高端的审美趣味，从而在审美经验的建构中生成丰富而强烈的审美感受。当然，主持人时代审美趣味的此一向度，必须避免自视清高的姿态和脱离大众的倾向。过高的主体姿态与过于"高、精、尖"的内容设定会给受众带来陌生感，无法生成亲切和谐的审美知觉意向性，从而有阻断审美经验的危险。

（二）以民间文化为传统的乡土审美趣味

民间文化根植于人们所栖居的大地，来源于人类原初的生活家园——乡土。所以，对乡土家园的依赖及其民间风土人情的回归就成为人们共通的审美判断。主持人在节目传播行为中体现出来的乡土审美趣味，将节目的信息内容注入强烈而亲切的风俗气息与生活元素，彰显人情的浓郁、质朴和淳厚，在受众的审美知觉意向性中呈现原汁原味的地域文化特色与区域生活之美。

在《美丽中国乡村行》之"'大'葡萄'小'斗笠"节目中，主持人深入乡村并融入当地人文环境，以单纯、朴实、亲切、谦虚的形象与当地农家交流互动，其对民间文化与乡土氛围的热爱及其所呈现、传达的风俗与景象，与受众内心深处的家园意识产生强烈的共鸣，从而实现了受众审美经验的建构。当然，此一导向下的审美趣味必须避免传播落后的习俗和思想观念。将受众向淳朴自然的乡村生活与民俗风貌作导引，倡导科学合理的生活方式与世界观，而自觉摒弃其糟粕所在。

（三）以流行文化、消费文化为导向的大众审美趣味

流行文化与消费文化是当前商品社会与消费社会的文化表征，是时代中人每日践行的生存方式，成为当代社会大众普遍认同的文化形态与价值形态。以流行文化、消费文化为导向的大众审美趣味，张扬的是现代生活的多彩气息，流行、时尚、源源不断的新事物、新动向充满其中。主持人此种大众审美趣味因与大众当下的生活息息相关而引发审美知觉意向，建构审美经验。《完全时尚手册·天桥云裳》主持人将琳琅满目的前沿时装动态向受众介绍与解析，特别是其中对男装设计师的访谈更是将变动不居的设计理念在感性与理性的相互结合中传达，具有较强的文化品格。优秀主持人的大众审美趣味能够避免肤浅、拜金、浪费与奢靡的取向，流行文化与消费文化所要求的通俗风格并不等于庸俗与低俗。《完全时尚手册·天桥云裳》主持人对设计师的访谈完美游走于通俗时尚与理性品位之间，重点在于配饰知识的介绍、流行趋势的解读和设计师个人设计理念的挖掘，从而在光鲜亮丽的声色时尚中依然保持着审美的品格，而没有将受众带入纯粹娱乐消遣之中。

三　主持人的民族审美趣味对节目内文本受众审美经验的建构

不同的民族由于自然环境、社会条件、语言习惯、社会风尚、文化传统、血缘生理等诸方面的差异，产生了不同的审美方式，形成了各个民族自身独特的审美趣味。民族审美趣味最为集中和典型

地表现在各个民族的艺术之中。比如杨丽萍所演绎的《孔雀舞》便以优美柔韧、轻盈敏捷的动作，惟妙惟肖地模仿了傣族人民心目中的圣鸟——孔雀的千姿百态，以舞蹈语汇和身体意象述说着傣族人民对自然的崇敬、对自然美的审美趣味。所以，民族审美趣味可谓该民族的"眼睛"，能够表现出该民族的民族精神。主持人的民族审美趣味体现在其传播行为当中，使其所组构而成的节目内文本信息内容呈现着强烈的民族文化与风情之美，在受众的审美知觉意向性中呈现鲜明生动又极富个性的审美意象，使受众在强烈的审美经验中体味到民族之美。

（一）主持人的中华民族审美趣味对受众审美经验的建构

不管来自哪个民族，节目主持人作为中华民族的一员必须遵从中华民族的共同的审美趣味，才能与受众的意向指向相契合，建构受众审美经验。中华民族的审美趣味体现为含蓄内秀，优秀主持人的传播行为始终收放自如、保持分寸、不走极端、不事张扬，在获得受众价值认同的基础上建构其节目内文本信息的受众经验。

（二）主持人的少数民族审美趣味对受众审美经验的建构

主持人的传播行为在涉及少数民族风情时，尊重并把握好该民族的审美趣味，以平等尊重的态度把握并选取其中的文化精华元素，向受众传达该民族值得欣赏的生活方式、价值观念和民族精神。在对少数民族文化的友好体验中，激发受众的情感共鸣，从而引导受众建构审美知觉意向性，生成审美经验。

在《远方的家》之"寻美喀纳斯"节目中，主持人深入蒙古族当地居民的"家访"旅游活动现场，始终以平等、尊重的视角与亲和、热情的姿态向观众呈现并传达在"家访"中的所见所感，特别是对当地的特色音乐形式"呼麦"保持着友好接纳的好奇心，静心聆听、虚心提问、细心品味、耐心介绍，将"呼麦"的音乐独特性忠实且生动地呈现在观众面前，并对其演唱乐队的成员们积极向上的事业追求赞赏有加。主持人这种传播行为，成为受众了解少数民族优秀文化的一座桥梁，帮助受众在对感受民族之美的审美知觉意向指向中建构起鲜活而饱满的审美经验。

第四节　主持人的人文关怀对节目内文本受众审美经验的建构

　　人文关怀，在哲学层面主要指对人在生存和发展过程中所遇到的问题的关注、探索和解答，它是与科学理性相对应的一个概念。而在伦理学层面，主要指对人的价值、个性、尊严、地位、发展与自由的关注。节目主持人所具有的人文关怀审美素养主要是在伦理学层面上讲的，指主持人在节目中关注人、关心人、尊重人并爱护人，与节目内的人形成互敬、互动、互爱的和谐关系。它是传播主体的一种与人为善、以人为本的基本态度和指导意识，并最终外化为实际的话语和行动，在节目信息的组织、呈现与推进中体现出来。它促使主持人在节目话语的内文本中建构人与人之间和谐理想的主体间性交往关系，使其所呈现与传达的信息在真与美的基础上整合人伦之善，从而在受众的关注中形成审美知觉意向对"真、善、美"统一体的指向，建构内文本受众审美经验。随着节目的播出与观看，主持人通过自己的人文关怀意识及相应的行为，将这种人伦交往的指导意识长久而无形地植入受众的思维活动当中，潜移默化地影响受众在人际交往中形成协调和睦的行为模式与关怀意识。

一　倾听心声，表达善意

　　节目主持人的人文关怀，首先体现在把节目中的他人当作与自己平等的对方，耐心地倾听他人的心声、真心地提供帮助、真诚地表达善意。这在那些情感求助节目、心理咨询节目中尤为明显。在此类节目中，他人作为倾诉者，大多由于种种原因遭受挫折或不幸，期望在与主持人的互动中获得理解与同情，在迷惘中得到正确的指引和情感的疏导。而主持人的善意恰恰就是伸向他们的援助之手，弥满浓浓的人间温情与博爱。而这样的节目整体呈现在收音机、电视机前受众的信息接受视野中，就是一种由"善"统领的作为"真、善、美"之统一体的审美对象，在受众审美知觉意向性的关注中建构审美经验。

前文提到的王小勤开导学习成绩不佳的中学生、伍洲彤劝解情场失意的男听众，都是十分典型的例子。两位主持人以热情、亲和、充满善意的姿态抚慰对方遭受创伤的心灵，帮助他们重新从积极的角度看待困难、面对问题。节目的内文本充满了人与人之间互帮互助的正能量，营造出融合着真诚、善意与美的氛围，作为审美对象而构成于受众的审美经验之中。

人文关怀的前提是主持人对他人持有平等态度，它是节目人际和谐关系的构成基础。此种态度的缺失将直接导致节目内文本和谐关系的消失与受众审美经验的瓦解。黑龙江某夜话节目主持人，在接听一位遭遇家暴、丈夫出轨的听众热线电话时，态度高高在上，语气强硬恶劣，甚至使用污辱性的词语来严厉批评该听众的软弱，最后单方面挂断了电话。虽然其本意是以局外人的理智点醒局内人的痴迷，但这样的方式不仅导致主持人节目本应具有的对话交谈的和谐氛围荡然无存，更使整个节目信息内文本变成了丑与恶的存在，受众的审美经验更是无从产生。

二　尊重对方，善解人意

主持人在节目中的组织、驾驭与统筹作用，使其在与节目内他人的交往中相当于"主人"的角色。当然，由于节目性质与类别的不同，这种"主人"角色也有强弱程度的差别。在汉语中，"主持人"这个词在字面上是看不出其具体的类型差异的，而在英语中却能够找到表征其区别特征的不同表达方式。我们可以从中更加明显地感受到这种强弱程度：

Anchor：一般指新闻节目或大型直播活动的主持人。英文词的本义是接力赛跑中的最后一棒，其作用更多地体现在对前几棒工作的统筹和协调上。引申到主持人意义上，很大程度上指信息的最终整合者。

Presenter：多指综艺或表演性节目主持人。英文词的本义是"展示者"或"表演者"。引申到主持人意义上，侧重于主持人在展示、表演或对整个传播活动进行协调方面的作用。

Moderator：最初是指游戏、竞赛节目主持人，后来又指一些轻松的讨论节目和辩论节目的主持人。他们发挥着 moderator 一词"缓解人、协调人、仲裁人"的作用，在对抗性的节目中客观公正地平衡局面和控制场面。

Host：一般是有嘉宾或受众共同参与的节目的主持人，尤其是谈话类节目的主持人。就像 host 一词的中文意"主人"一样，他们在节目中发挥主人在朋友聚会中的作用：热情好客，调动起客人们（嘉宾和受众）的积极性，并创造轻松自在的环境和氛围，使客人的兴趣和魅力毫无保留地释放和发挥。

需要注意的是，在上述四类主持人中，谈话类节目主持人被直接用"主人"这一词语指称，其"主人"的特征无疑最为强烈。但任何一种节目类型的主持人相对于受众都具有"主人"的身份。虽然主持人所采用的传播方式是交谈式的，故其话语形态与传受关系更加平等、亲和，但其大众传播主体的定位、对信息的实际掌握和对节目进程的组织和把控，使其实质上成为话语权的拥有者。只不过这种话语权不再具有非主持人节目的那种绝对性，而只是在与受众的交谈与信息共享中的相对占有。节目的进程，类似于客人到别人家中做客的过程。就像客人初次到访都会出现的紧张、拘束一样，每一位参与节目的他人也都或多或少会因为对节目现场环境和媒体运作方式存在陌生感，而显得相对弱势。而那些本来自身就存在一定缺陷的人，就更是如此。所以主持人必须在平等的视角下充分尊重对方，尽量淡化其缺陷与不足的呈现，善解人意，才能营造和谐的交往氛围。崔永元曾说："人文关怀的最高境界，是你发自内心地尊敬每一个人。"这在访谈类、真人秀、竞赛类节目当中尤为明显。访谈类节目嘉宾在公共的谈话中可能出现心理紧张、用语不当等现象，而真人秀、竞赛类节目的选手或参赛者们相对于比赛机制、评委和主持人更是话语权偏弱的一方。这时，优秀的主持人在尊重每一方的基础上去平衡现场的权力关系，从而营造节目内文本和谐向善的氛围，积极地建构生成受众的审美经验。

（一）尊重对方的人格

求职类节目《职来职往》在某一期迎来了一位盲目自信的求职者。他在与诸位公司老总的互动中思维混乱、盲目自大、自我吹嘘，招来了老总们的一致非议和批评，最后因心理压力过大而晕倒在节目现场。但面对求职者不讨喜的表现，主持人却没有附和公司老总对其严厉批评，而是始终保持客观中立的态度，甚至试图挖掘求职者自己没有说出的优点，来维持现场的话语平衡。在求职者晕倒时，也是及时上前搀扶，与现场观众一起把他送到后台。在这个例子中，虽然求职者存在较为严重的缺陷，但主持人却一直将其放在与自己平等的位置上，对其人格加以充分的尊重，并在其遇到困难时施以援手。这样做，在充分表现出自己作为大众信息传播者的媒介素养的同时，也在节目中营造了温暖和谐的氛围。

与之形成鲜明对比，在另一档求职类节目中，主持人对一名涉嫌学历造假的求职者始终采用批判、鄙视甚至轻蔑的态度，在现场公司老总们开始对其发起质疑的时候，不但不试图平息冲突，引导话题趋向平和，反而随着老总们群起而批判，甚至有意将话题引向新的矛盾。在该求职者不明原因晕倒在地时，非但没有表现出丝毫的关心，反而任其瘫倒并严厉地质问"你是在演戏吗？"——主持人盛气凌人的姿态，在没有明确证据证明其学历造假的情况下对求职者的主观质疑与责问以及在其晕倒时讽刺性的话语，都构成了对对方人格的不尊重，更不用谈和谐氛围的营造和受众审美经验的产生了。

主持人所营造的内文本人际关系的和谐氛围之所以能够成为受众审美经验的对象，是因为受众往往把处于节目内文本的现场嘉宾、观众或听众与自己进行身份认同与置换。同样作为区别于主持人信息占有者与传播者媒介身份的个体，他们在信息传受过程中都先天地处于弱势地位，具有相似的心理处境。当主持人平等而尊重地对待节目内文本的他人时，受众作为外文本的他人也似乎感到了同样的平等与尊重。反之，当主持人对节目内文本的他人采取高傲、轻视与怠慢的态度时，受众也会感到相似的不适。曾有一档节目以东北大秧歌为专题，现场请到三位东北大秧歌男演员，其中一位身材矮小。评审团嘉宾小姐说了一个投票的理由："浓缩的都是精华，我们喜欢浓缩的……"主持人当即问道："那给你一个这样浓缩的你要吗？"姑娘连连答道："不要，不要。"致使场上选手好不尴尬。[①] 其实，由于前面提到的身份认同现象，尴尬的并不只是那位男演员，受众也会因为这种不平等和不尊重而影射于自身，产生尴尬。此时，受众的审美经验自然也便无从生成了。

(二) 适时帮助解围

由于身份的差异与工作环境的不同，被邀请访谈或上台参与节

---

① 参见吴郁主编《提问：主持人必备之功》，中国广播电视出版社 2008 年版，第 100 页。

目的内文本场内观众或听众出现失误是常见的现象。但诸如话语卡壳、词语误用、行动失误、表现不佳这样的情况，毕竟会对节目内和谐的人际交往关系构成影响。所以为维持和谐氛围的继续，主持人在必要的时候及时帮助他人接话、圆场、解围，化解尴尬、减免可能造成的负面影响，也是促使受众审美经验得以持续的重要手段。

1. 及时为他人接话来避免尴尬

以杨澜为节目中不同身份的嘉宾对象接话，避免尴尬、启发思路、维持话语进行为例：

（1）为权威人士接话

访何厚铧

杨澜：近些年来从内地，还有从台湾、香港地区都有一些黑社会的势力陆续向澳门转移，这会不会增加你的工作难度？这样一个综合性的问题你怎么样处理？是不是会很多地引入内地和香港的警力来支援你的工作？

何厚铧：我觉得今天的问题不是某一件事情，也不是一段很短的时间才有，而是过去长期对这些问题不重视而造成的。处理黑社会问题是个整体问题，不可能等到有案件发生、黑社会互相争斗政府才处理。面对今天黑社会这个复杂的问题，我多次公开讲还是要从政治上的层面去着手解决，就是……

杨澜：预防。

何厚铧：就是每一件事情，每一个措施都要从长远的利益出发，怎么样去打击黑社会，要让他们知道这个游戏的规则是怎么样的。①

----

① 杨澜主编：《为何执着：杨澜工作室》，现代出版社2000年版，第3页。

（2）为文体名人接话

访李宁

杨澜：你已经是有一个刚刚满月的儿子的父亲了。有了小孩子以后，对你的人生会产生什么样的影响？你对这个世界的看法会不会有所改变？

李宁：这恐怕跟你一样，我想你的一些感受也会像我们这些做父母的一样，都有很多共同的东西。我觉得尽管孩子才来了一个多月，我认为是突然让自己成熟的一个……

杨澜：不一样了。

李宁：看问题会更加柔和，更加综合一些。

杨澜：小孩降生的时候你在旁边是吧？

李宁：对。我看着他……

杨澜：你看着他出来了，感觉什么样的？

李宁：感觉这是外星人一样，脑袋是这样长的，眼睛像水泡一样凸着，大鼻子，大嘴巴，跟我一样。不过听到那声音一哭一叫，心都软了，感觉……感觉有一种不能用语言所说的一种联系，感觉非常……

杨澜：世界从此不同。

李宁：对。说一句……怎么讲呢？完整的话，感觉生命有个延续。①

访唐国强

杨澜：你希望别人怎么评价作为演员的唐国强？

唐国强：如果大家给我一个评价说"唐国强还是一个比较

---

① 杨澜主编：《为何执着：杨澜工作室》，现代出版社2000年版，第172页。

用功的演员"，我觉得这个比较中肯。因为我父亲说我，小时候就不是那么聪明。我自己在上电影学院的时候，我常跟同学开玩笑说"我是印度兵"。

杨澜：什么叫印度兵？

唐国强：就是打死目标，你让我打一个死目标可以，一游动，我可能就眼花缭乱，就打不准了。所以如果说用功，那我还可以担得起来，我觉得自己还是比较用功的，但是有人说我比较"拙"，"拙"就是……怎么说呢？

杨澜：有点执着，同时又有点倔，还有点笨。

唐国强：对。这个"拙"有时候可能，你说执着吧，还够不上那么高雅，就是山东人的脾气比较犟，人家说"犟眼子"，我就属于比较犟的那种。还有一个"拙"就是说，有时候人家可以拐几个弯达到这个目的，我可能经常想走直线，经常要碰壁，碰了壁也不回头，还要往前走，就属于这类，也比较拙。[①]

以上三例当中，被访谈嘉宾在语词的选择方面出现迟疑、停顿，而其身份都是知名的公众人物，主持人在之前认真聆听的基础上，结合当时的语义、语境马上为其选择了恰当的词句，迅速填补了话语流中突然出现的空白，避免了对方词穷的尴尬，也使整个节目内文本的信息得到接续。而嘉宾受到主持人提示的启发，继而对这个词进行了更加详细的补充，可谓丰富了信息内容。如此一来，受众所接受的节目内文本的信息整体性与连贯性免于被破坏，主持人的人文关怀意识及其与嘉宾之间的默契配合，从中体现的人性、人情与关怀之美，便促发了受众的审美经验。

---

① 杨澜主编：《为何执着：杨澜工作室》，现代出版社 2000 年版，第 259 页。

（3）为普通的参赛者接话

在某期《正大综艺》节目中，当导游小姐问："塞舌尔王国很有趣，在人们下飞机时每人都发一块小木板，为什么？"之后，杨澜要求一位来宾回答这个问题，于是就有了下面一段对话：

来宾：（推测）塞舌尔是印度洋的岛国，既是岛国，雨水一定很多，地上泥泞，那脚下……（语塞）

杨澜：是刮泥板，是吧？

来宾：（笑）是，是的……①

在对话者因语塞、紧张或过久思考而造成语流停滞时，杨澜及时的话语填充是缓解对方紧张心理、启发思路的重要方式。虽然是简单而少量的话语，但对维持谈话双方交流平衡、避免可能出现的尴尬局面、营造和谐关系的氛围是十分必要且关键的。这一行为表面上看是对话进程的常见现象，不值一提，但其背后所蕴藏的却恰恰是主持人心存他人、关注他人、为他人着想的人文关怀意识。其对话语正常行进的维持，所具有的意义也不仅仅囿于语言表达与信息呈现的层面，而是人与人之间的热情互助，是通过和谐氛围的营造而向广大受众传达的社会人情温暖的信息。试想，如果没有主持人在谈话过程中对对话者的充分尊敬、重视、耐心细致的聆听，也就不会有对话者语流停滞时主持人及时而到位的话语填充与修补。在这个意义上，主持人节目受众审美经验的意向指向并不仅仅是对话文本本身，更是其所折射出来的人与人和谐交往、人情温暖这一审美对象。

---

① 李元授、谈晓明、李鹏：《知名主持人妙语评点》（下册），华中科技大学出版社 2005 年版，第 39 页。

2. 为他人圆场解围来化解尴尬

当对方失误所造成的尴尬局面已然形成时，主持人及时、智慧、巧妙的圆场与解围是化解尴尬、重新建立和谐交往氛围的法宝。

有一次，在主持《正大综艺》"知识问答"环节时，杨澜问道："阿拉伯某小国的公园里，常常有武士模样的人摇着铃铛走东串西，这是干什么的？"参赛者的回答各种各样，结果都是错的。谜底出乎意料——"这是卖茶水的人。"杨澜觉察到了参赛者的情绪有些低落，她在宣布答案后赶快补上一句："看来这地方的水真是太宝贵了，卖茶水的人也穿戴得这么漂亮，把我们都迷惑了。"①意思是集体答错再正常不过，自己的答案也错了。这就以谦逊亲和的姿态将自我融入大家之中，维持了和谐共存的关系氛围。

在某期《欢乐总动员》中，第一轮上场的是台湾地区的王雅丽和大陆的陈珠珠，她们都是模仿张惠妹的选手，先出场的王雅丽演唱完主模仿曲目后，便到后台去换衣服准备再度出场进行副项展示，而后出场的陈珠珠在演唱完主模仿曲目后，王雅丽仍没有回到场上。主持人胡瓜为了打圆场，说道："我们的选手换衣服，要先洗个澡，再按摩一下，才换衣服呢！"②原本已成既定事实而无法改变的尴尬局面就这样被主持人幽默机智的话语所化解。

而在第12届 CCTV 全国青年歌手大奖赛团体赛上，一位藏族歌手在综合知识问答时，听不懂普通话，请现场评委宗雍卓玛翻译也无济于事，最终综合素质得分为零。在现场的一片惋惜声中，主持人董卿即兴说出了下面的话："其实他听不懂我们的话正如我们听不懂他唱的藏歌一样，但是他今天为我们带来的是中国海拔最高

---

① 李元授、谈晓明、李鹏：《知名主持人妙语评点》（下册），华中科技大学出版社 2005 年版，第 40 页。

② 参见新浪娱乐《〈欢乐总动员〉：海峡两岸模仿秀对抗赛花絮》，http：//ent. si-na. com. cn/c_film/2000－05－12/6034. shtml，2000 年 5 月 12 日。

地区的歌声，歌声里他的感情我们听得懂，他唱出了打动人心灵的歌声！其实，此刻他听不懂我们在说什么，来到这座城市时他感到的是一种陌生，我们该给这样质朴的歌手更多的关怀，即使听不懂，但是歌声没有界限，情感没有界限，相信我们的关怀他一定听得懂！"话音刚落，全场掌声雷动。① 主持人不仅化解了这位参赛选手的尴尬，还把话题巧妙地转换到了歌唱比赛的主题、歌声的情感共鸣力量上，引申到了民族团结的高度，使受众在对节目内文本的关注中将审美经验的层次得到了更高的提升。

更进一步，有时主持人对他人的失误进行圆场、解围，在弥补失误本身的基础上甚至提高了他人的话语优势地位，充分可见主持人尊重他人、欣赏他人的人文关怀素质。

在某期《正大综艺》节目中，有个中学生做嘉宾。他是抽签上来的，他前面都是作家、舞蹈家，轮到介绍他时，他特别不好意思地说："我什么都不是，我就是一个中学生。"这样自卑的话语说明了这位嘉宾心情的失落，不利于和谐交往关系之中话语权的平衡。于是杨澜马上就说："中学生才好呢，中学生将来做什么都有可能！"这样的圆场不仅维持了交谈双方话语权的地位平等，更意味着主持人对对方高看一眼：相比于其他人的人生已经定性，中学生的未来却是无限可塑的，很可能拥有更好的发展定位。

在 1984 年的"质量月文艺晚会"上，音乐设备突然出现故障，主持人叶惠贤马上表示："刚才音乐突然停住了，演员清唱了两句，我想大家从来没有听到过这位歌唱家无伴奏的演唱吧，这就叫此处无声胜有声，因为清唱更显魅力，更见功底！"② 主持人在化解无音

———————

①　参见李伯冉《浅论电视综艺娱乐节目主持人演播状态的构成》，《电影评介》2015 年第 7 期。

②　叶惠贤：《荧屏瞬间——叶惠贤即兴主持 100 例》，上海人民出版社 1998 年版，第 28 页。

乐伴奏的尴尬时，对当前清唱的演唱状态给予了更高的肯定，这就给受众的审美经验以更高的期待，现场的和谐氛围不减反增。

在国际"白玉兰"电视节群星荟萃音乐会上，当法国著名歌星多罗黛正款款地走向舞台中央时，音响设备不知何故"哐"地轰天一响，场上顿时十分尴尬，在法国主持过少儿节目的多罗黛以特有的幽默举起双手做了个打枪的手势，曹可凡灵机一动，当即发挥道："多罗黛小姐，刚才是上海观众对您的到来表示欢迎，鸣礼炮一响。"① 原本的一场事故，经主持人的话语重构成为了现场对演唱者的欢迎程序，和谐的人际关系和现场的热烈氛围竟进一步得到了加强。

3. 考虑对方的感受

主持人在营造节目信息内文本和谐的人际交往氛围时，可贵的是特别留意因为个体的立场、视角不同所造成的话语冲突甚至无意中对对方的冒犯和伤害。本着从对方角度出发的原则，充分考虑对方的感受来组织交谈话语，才能真正建立和谐的人伦环境，进而建构受众的审美经验。

（1）预见并避免对方可能受到的伤害

崔永元有一次在节目里问一个小女孩见过什么鸟，那女孩很紧张，一直低着头，用手捻衣角，一言不发。崔永元解嘲说："她连见这么多人都是第一次。"主持人的本意，是向现场观众和场外受众解释孩子之所以很紧张，是因为第一次见这么多人，是可以理解的。这本是善意的表达。但这句话同时拥有第二层意思，就是这女孩从来没见过这么多人，没见过什么大世面。这就带有轻视甚至讥讽的味道了。如果这位女孩内心是敏感的，就会感觉受到了伤害。对此，崔永元事后自省："调侃与玩笑的分寸与尺度既是一个至关

---

① 参见曾致《播音主持艺术新说》，中国广播电视出版社 2002 年版，第 64 页。

重要的问题，又是一个难以把握的问题。同样的玩笑开在这儿可以，开在那儿不行，这个人可以接受，那个人或许不能承受。那么分寸与尺度在哪儿，很显然，在对方那里。"① 把话语的分寸和尺度放在对方那里，意味着主持人真正在人文关怀的意识指向下尊重他人、为了他人，从而营造出主体间性的和谐人际交往关系。唯其如此，才能在节目中建构内文本的理想人文环境，使之进入受众的审美经验而成为审美对象。

在中央电视台的某一届电视主持人大赛的即兴主持环节，一位参赛者抽到的模拟情境是幼儿园几个小朋友拿着棒棒糖，其中一名小女孩拿着较小的糖正在哭泣。参赛者立即质问旁边一名男孩："是不是你欺负她了？"然而从人文关怀的原则出发换位思考，我们就会发现这样武断的判定可能会对男孩弱小的心灵造成伤害。所以主持人的这一举动并不恰当，无助于受众体会到人文关怀的美感。

（2）避免揭人伤疤

在对话交往当中，主持人面对他人不幸的过往，应适当地加以回避而不是强调，甚至在别人的伤口上撒盐。不宜一味追求煽情的效果、提高节目的情感含量而忽略了谈话对方作为另一主体之"人"内心的当下感受，破坏当下和谐的交往环境。某主持人在访谈演员陈坤时，一直在刻意提醒其回忆自己不开心的童年和最亲密的姐姐离世的过往，在陈坤明显意欲转移话题、避而不谈时，一再把话题重新拉回。虽然节目内容凄楚感人，但这种效果却是以他人的痛苦为卖点而获得的，实质上因为主持人人文关怀缺失而并没能成功建立起和谐美好的关系氛围。② 虽然影视明星的隐私是大众的一大兴趣点所在，身为娱乐行业中人的明星也似乎比普通人拥有更

---

① 崔永元：《不过如此》，华艺出版社 2001 年版，第 189 页。
② 参见吴郁主编《提问：主持人必备之功》，中国广播电视出版社 2008 年版，第 202—205 页。

加强大的心理承受力，但从更根本的人际和谐交往层面上看，这一行为却并不可取。面对明星的潸然泪下，受众所能感到的实为一种猎奇、围观的快感而并非和谐醇厚的美感。在与节目发生情感共鸣的同时，受众所进行的其实并非真正的审美经验活动。

（3）避免追加伤害

更进一步，优秀的主持人在对事件的受害者、受害者家属进行对话交谈时，应十分注意话语往来的分寸。不去雪上加霜，是人文关怀的一种体现，否则将造成恶劣的后果。

> 1999 年 5 月 8 日我驻南联盟使馆被炸，第二天有位电视媒体明星大腕级主持人采访邵云环烈士的儿子曹磊时，反反复复在"你什么时候知道妈妈遇难消息的""你没有怀疑过妈妈工作单位的消息有误吗""你知道今天是什么日子？今天是母亲节，你真的意识到妈妈已离开人世到另一个地方去了吗""你难过吗"这些问题上纠缠，观众听来无异于往曹磊伤口上撒盐，再加上不断推进的主持人并无泪光却美目顾盼的眼部大特写，直到问出"你哭了吗？小朋友"，不由让人怀疑主持人此举就是想赚取曹磊痛哭失声的"轰动效应"。[1]

由于人文关怀追求的缺失，受众对此种节目内文本的情感建构往往不忍直视，造成意向指向的中断，更无审美知觉意向性的生成与审美经验的发生。

与此相对，在某档民生节目中，主持人报道了一起门口违章停放车辆而导致急症病人错过救护车不幸去世的事件。在叙事的最后，主持人提道"因死者亲属极度悲痛，记者没有上前打扰"。虽

---

[1] 吴郁：《21 世纪主持人的新标高》，《现代传播》2001 年第 1 期。

然事情的来龙去脉并未搞清，没能向受众呈现完整的新闻事实，但却令其感受到人文关怀之美。

4. 适时送达安慰与鼓励

主持人时刻心向他人、关注他人、帮助他人，在他人需要安慰与鼓励之时，及时提供力所能及的声援，也是主持人人文关怀在节目内文本和谐交往关系建构中的体现。

仇晓主持的湖南电视台《真情》栏目，在 2001 年 5 月播出了一期母亲寻找儿子的故事，场面感人至深。35 年前，一户人家又生下了一个儿子，因家中贫困，无力抚养，恐儿夭折，无奈之下含着泪将其送给了一对杨姓夫妇收养，取名杨力。岁月蹉跎，35 年过去了，联系中断了。随着时间的逝去，母亲增添的是苍苍的白发和对儿子无尽的思念。在多番寻找未果之时，求助《真情》栏目组。经过栏目组艰难的努力，终于帮其找到失去 35 年的儿子，母子及姐弟团聚的心愿终于了却了。陪杨力同来团聚的是精心抚养杨力而终身未育的养母，面对这唏嘘不已的母子团聚场面，养母既为养子高兴，又产生了深深的失落感，担心失去养子的心情溢于言表。此时，女主持人仇晓像女儿一样，上前轻轻地将手捂在养母的手上，以示安慰。并使杨力亲生母亲及家人表示："您不但不会失去儿子，相反，我们都是亲人"。在这里，通过一个小小捂住手的动作，受众看到的是一个美丽、善良、细心的女主持人富有同情心的形象，以及节目内文本中浓浓的人间真情。一种指向真、善、美的审美体验油然产生。

在游戏竞赛类节目中，主持人对参与者的支持与鼓励也将引发人文关怀的审美经验。在某期《脉动梦立方》节目中，主持人程雷对平民挑战者李建国不失时机地加油助威，使频频处于失败边缘的李建国连连冲关，得到梦想基金。李建国是一位酷爱音乐的"北漂"歌手，为了实现音乐梦想，他住在狭小破旧的出租屋里，每天以上街卖艺为生。在他冲关受阻的时刻，程雷一边分析他失利的原因，一边提醒他的梦想，让他不妨把游戏的现场当作舞台，把现场的观众当作自己的听众，最终助其绝处逢生。面对这样的节目内文本信息构造，受众感受到的不仅仅是游戏本身的热闹场面，更是游戏主人公的励志故事和主持人对他不遗余力的援助与支持，是和谐的关系氛围，更是人与人之间互助互爱的善的表征。受众的观看于是超越了消遣与惊奇，而达到因善而美、美善一体的审美经验的高度。

5. 与现场受众为友

与现场受众为友，就是主持人把现场受众真正当作朋友看待，体贴受众、关怀受众并表现在实际的传播行为当中。崔永元在谈与现场受众的交流时说过："比如，我们的现场非常挤，有时候观众坐得非常满，我在采访观众的时候，我不可能跟每一位观众都站到一排，当然跟他站到一排就无所谓了，而碰到我站的地方比他高一排时，我就会高出他很多，这时候，谈话会对他心理造成一些压力，所以每当这时，我都是弯着腰举着话筒，让他心里能平静下来。再比如遇到残疾人在现场的时候，尤其是下肢残疾的人，他们站不起来，而现场的观众都是站起来发言的。这个时候如果他发言，我就会走到他旁边，以最快的速度，蹲着给他举话筒，但是，这个时候我绝对不能说'您不用站起来了'，因为，这话里就带有歧视，好像我们对他丧失了这个功能很在意，而在跟孩子说话时，我从来都是单腿跪在地方，另一只手要扶着孩子的肩膀。"——无论是对普通观众，还是残疾人、小孩这些弱势群体，主持人都能站在他人的立场上调整自己的话语和行动。在节目中与他人的交谈就像与自己的朋友交往一样，周到地考虑，周全地安排。不仅包括给予其实际的便利，还包括心理上的平等尊重，而不是在同情和怜悯的心态下对其特别关注，由此也充分照顾到了对方的心情。

这是主持人在镜头前直接呈现给大众的表现，是主持人人文关怀意识的外在形态。而在镜头之外、录制之前，主持人的人文关怀意识也将指导其对受众的真心关注与真诚相处。正所谓"镜头内外，皆有关怀"。只有将人文关怀意识真正渗透在日常的思想里、平时的行动中，才能在节目中营造真正的和谐交往氛围。崔永元谈到自己的节目录制经验时说："比如，现场有小孩睡着了，早期的时候，我就觉得这很不好，这就显示我们的谈话质量也太低了。后来，我慢慢接受了。我觉得这完全正常，我们这个话题可能不太适合孩子。这时候我会拿起谁脱下来的衣服盖在他身上，或者让他家长把他抱出去。我们发言的时候，都是让观众站起来发言，但是有时候现场来了老年人，来了残疾人，遇到这种情况，我就会坐在他身边。有时候，没地方坐，我就会坐在台阶上。台阶是很脏的。我记得有一次开场前听音乐时，我就坐在台阶上。这时，有个小孩就跟他爸说：'你看，这么脏，他还坐在那儿。'这就给观众特别的感觉，觉得这小伙子很朴实。我觉得刚开始是无意识地去做，后来观众认可它，我就有意识地去强化它。这也对现场谈话有好处。"

　　"这小伙子很朴实"是现场观众对主持人的印象，也是节目外文本的受众在观看内文本信息内容时眼中所浮现的主持人形象，更是建构和谐人际交往环境，将受众引向审美经验的前提所在。

第 四 章

主持人审美素养对节目外文本
受众审美经验的建构

主持人加工重组的节目内文本信息，是通过其在外文本层面上与受众的对话交谈行为而最终传播给受众的。所以从整个主持人节目信息传受结构上看，受众在审美经验中的意向指向除了节目内文本信息的审美意象之外，必然还包括正与自己对话交流的主持人本身及朝向自身的对话交流行为。与节目内文本的审美对象一样，外文本的对话交流与信息传送活动同样是主持人所发出的。而这一过程中，主持人的审美态度、审美能力、审美趣味和人文关怀四大审美素养，从向内面向节目信息文本世界进行信息话语的审美化，转而向外面对大众传播语境的受众发起审美化的对话交往，从而对外文本受众审美经验进行建构。

第一节　主持人节目外文本受众
审美主体的意向指向

从信息传受的模式上看，主持人节目采用的是主持人这一传播主体"我"朝向受众这一接受主体"你"的对话交谈，建基于"我—你"主体间性相遇关系，其信息流动的方向为由"我"到

"你"。虽然其中隐形存在着主持人所预设的由"你"再到"我"的反向信息回馈，不断起到修正、调整主持人话语行为的重要作用，但从其有形的传播样态来看，信息却依然是沿循由"我"到"你"的主导方向运动。而在主持人节目的受众审美经验中，受众作为审美主体的意向指向发生了反转，是由自身视角出发而朝向主持人的基于受众"我"向主持人"你"的注目、观照、审视和评价。在这一向度上，主持人的言行、举止、气质、修养被受众尽收眼底。如果说在主持人向受众的"我—你"对话关系中，受众仅是一个隐形的、概念的、只存在于主持人预设当中的想象性的存在，那么在受众向主持人的反向"我—你"意向关注中，主持人却是一个有形的、具体的、存在于受众视听感官经验当中的实体性的存在。这种实体的有形话语和行为所体现的传播主体的审美素养，也不再是内文本层面上通过节目内容的审美化信息这一审美对象的内部组构而被受众审美主体所观照，而是在主持人与受众的直接对话中被受众这一审美主体所直观。与此同时，只要处在信息的传播过程中，主持人节目的传播主体永远都是处于与受众展开交往对话的主体，处在与受众的传受关系之中。所以，主持人节目外文本受众审美主体的意向指向便是主持人在对话进程中面向受众自身所表现出来的审美素养及其建构而成的审美化的传受关系。

一　朝向受众的主持人审美态度及其所建构的传受关系之美

在外文本层面，主持人的审美态度不再是面向内文本信息世界的超功利态度，而是直接面向大众而表现出来的达观的心胸。如果说这种审美态度在内文本的建构中是渗入节目内容的整体世界，只为受众营造出信息本身积极、开朗的基调，那么其在外文本中的呈现由于主持人与受众的对话关系而直接呈现自身。受众所感受到的是一个乐观阳光、善于发现美、富有情趣的主体形象，这个形象时刻在开导着自己以审美态度和视角观照世界、看待问题、解决问题，劝慰着自己拥抱世界、热爱生活，时刻准备把自己向正能量处指引。这样的形象是美的，其与受众形成的引人向上的传受关系也是美的。在这个意义上，直接朝向受众的主持人审美态度及其所建构的传受关系之美，也就促发了外文本层面上的受众审美经验。

二　朝向受众的主持人审美能力及其所建构的传受关系之美

外文本层面上的主持人审美的能力，也不再是对内文本信息进行审美化加工并最终由信息之美体现出来的主持人对美的鉴赏力与创造力，而是直接在向大众对话的过程中表现出来对美的感受与感悟能力。在内文本层面，主持人通过审美化的信息而向受众间接展示这种能力；而在外文本层面，主持人则在对话交谈中明确表达这种能力。在受众审美知觉意向性的关注与指向中，审美能力使主持人成为美的专家、向导，以专业的眼光、敏锐的感受、独到的分析能力发现受众所未曾发现的美好之处，点明受众所未曾感受到的审美对象，并用到位、精彩的语言恰如其分地把受众表达不出的审美感受表达出来，带领受众深度畅游在美的世界。这样的主持人形象主动、热情地将自己对美的对象的所见所闻、所思所感与受众分享，带给受众美的精神享受，与受众形成引人向美的传受关系，从而促发了受众的审美经验活动。

《交换空间》节目"家装气象站"环节的主持人徐涛，对每一期节目所精选的案例面向镜头做专业的分析，将概念化的设计理念与人们日常生活的审美感受相结合。她特别擅长在每个案例的视觉观赏中提炼出其得以成功的几个最关键因素，向受众做言简意赅又精辟独到的鉴赏式剖析。也许每个案例在普通受众眼中只是整体之美的存在，知其然但不知其所以然，而主持人却把其中的细节分析得头头是道，在对美的共享中加入大量的理性认知与深度阐释，使人观看后感觉茅塞顿开。在《远方的家》之"寻美喀纳斯"节目中，主持人吴丹在荧幕中出现阳光下喀纳斯河的美景之时，把播洒在河面上随水波徜徉流动的光照比作"碎金"，既描述了阳光的色彩，更突出了水面上阳光的质感，加强了受众对美丽画面的审美感受。此时，主持人是热情洋溢的向导，也是审美欣赏的专家，与受众共享美好。

三　朝向受众的主持人审美趣味及其所建构的传受关系之美

呈现于外文本层面的主持人审美趣味，不再是为节目内义本信息确定境界层次而由信息本身所间接体现的传播主体的趣味选择，而是经由外文本的对话交流而直接出现在受众感知域中的人格品位，与受众发起近距离的精神沟通。它以主持人直接面向受众的形象与行为呈现，作为一个活生生的人际传播环境中的"人"而引发受众的价值判断，直接决定受众对其人格魅力的评价与"约会意识"的形成。在受众的意向指向当中，具有较高审美趣味的主持人总呈现为一位精神导师的形象，启发受众摒弃低俗趣味而选择高层次的处世姿态与人生境界，带领受众拒绝假、恶、丑而追求真、善、美，从而得到人格的提升与人性的完善。这样的主持人乐于帮助受众成长、提升，影响受众自觉选择高品位的生活与思想，与受众形成引人向优的传受关系，从而促发受众的审美经验。

上海东方卫视《幸福魔方》节目的主持人陈蓉面对市井百姓的鸡毛蒜皮和家长里短，始终保持客观、公正与理性的态度来权衡利弊、调和矛盾。其得体的语言、大气的服饰、优雅的坐姿、知性的谈吐与宽容大度的胸怀，时刻无形地感染受众向高层次的审美趣味看齐。而湖南卫视著名主持人汪涵也在《天天向上》节目中表现出较高的趣味，在以他为主导的群体主持人的引导下，节目中的娱乐和搞笑元素也带有了审美的深度，就像其"天天向上"的名称一样，潜移默化地引领受众追求更高层次的趣味。

四　朝向受众的主持人人文关怀及其所建构的传受关系之美

存在于节目外文本的主持人人文关怀，不再是对内文本节目内容中他人的关注与观照，而是在外文本层面的对话交谈中面向受众的尊重、关怀与服务。它所建构的不再是信息本身的内部人伦氛围，而是信息传受过程中和谐的人际交往环境和媒介沟通环境。因为具有大众传播的本质和公共空间的性质，这种人文关怀意识引导下建构的人际环境又导向整个社会的交往环境。在节目受众的意向指向中，具有人文关怀意识与行动的主持人是谦逊、友善的形象，对自己充分尊重、友好，如朋友一样真诚。这样的主持人愿意平等待人、亲近受众、帮助受众、服务受众，与受众形成引人向善的传受关系。这种关系进而延伸到整个媒介环境与社会语境的人伦交往关系中，更是形成一种和谐理想之美，从而促发受众的审美体验。

我国早期的生活服务类节目《为您服务》的主持人沈力，本着以诚待人、服务受众的人文关怀原则而对节目内容的文稿进行调整完善，且看下面一组对比：

原稿：随着人民生活水平的不断提高，洗衣机进入了越来越多的家庭。目前市场上供应的洗衣机，主要以波轮式为主，而洗衣机的生产则正在向半自动和全自动方向发展，那么选择和购买哪种洗衣机好呢？我们先不忙定论，还是在洗衣机市场上浏览一下为好。

改动稿：很多朋友来信说：现在洗衣机种类比较多，不知买哪一种好，让我们给参谋参谋。因为我们不了解您家里的具体情况，这个参谋怕当不好，所以就录制了一个节目叫"洗衣机纵横"，向您介绍各类洗衣机的特点。您可以根据自己家里的情况和条件看看买哪种好。①

与原稿相比，改动稿更突出了主持人对受众的尊重与服务。如果说原稿更倾向于一种既成的信息传播和生硬的信息灌输，那么改动稿则体现出主持人与节目组所传播的内容是充分满足受众的要求、尊重受众的选择的。而这一变动，恰恰体现了信息的传播方式由单方强势的主体性言说向双方温和的主体间性对话交往过渡，其中和谐关系的营造意味着人伦之善的加强，从而构成一种亲和美好的人际交往环境，而进入受众的审美知觉意向视野。

第二节 主持人节目外文本受众 审美经验的特点与层次

由于主持人节目的受众审美经验是同时发生在内、外两个文本层面及其交汇处的，受众的审美知觉意向指向及其审美对象的不同，决定了外文本层面的受众审美经验与内文本层面的存在较大的不同。相比于前者以"人—物"向度的审美知觉意向性引发的受众对信息之美的关注，后者以"人—关系"向度的审美知觉意向性更多观照到的是与受众自身处在当下对话活动中的主持人形象、传播行为本身及主持人与受众自身所形成的关系。这使外文本的审美经验表现出鲜明的独特性。与此同时，由于与受众处于同一对话场域的主持人的传播行为及其建构的传受关系具有多重特点与意义，受众在外文本层面发生的审美经验随之也就体现出多元的层次性。

---

① 曹可凡、王群：《节目主持人语言艺术》，上海人民出版社 2005 年版，第 284 页。

一　主持人节目外文本受众审美经验的特点

在主持人节目信息传播的过程中，受众无法自行进入到信息文本中，其所接收到的内文本信息总是通过主持人这个"引路人"或"介绍者"在外文本层面向自己叙述出来的。相比于内文本信息，受众最先接触到的其实是外文本主持人的话语指向。所以相比于内文本审美经验，受众的外文本审美经验总显得更加人际化、更加切近于自身。也就是说，比之于内文本层面受众审美知觉意向指向的对象只是"内在地体现"主持人各方面的审美素养，外文本层面的意向指向则"直接对准"主持人的审美素养及其与受众建构的传受关系。这使得主持人的审美素养及主持人所营造的主体间性关系被更加清晰明确地呈现于受众审美经验之中。

（一）直接呈现性

如前所述，由主持人节目信息传播方式所决定，传播主体向接受主体传播的信息已经不再是其原始自在状态，而是经过前者独到的理念、独特的手法处理加工、二次创作的信息，从而内蕴着主持人的各种审美素养。实际上，没有主持人审美素养的影响和干预，就没有呈现在主持人节目受众感知域中的各种信息。然而在受众指向节目内文本的意向关注中所直接呈现的，却是各种信息的加工成品。换句话说，在信息内部间接存在的主持人审美素养往往是被忽略掉的，须经有心者进一步的理性分析才能被剥离出来。在受众的审美直观当中，主持人审美素养是附着在信息成品之后的。

但在受众外文本的审美经验中，这些审美素养却走上了前台，在主持人与受众展开的对话交谈中与后者"面对面"，而被后者所直观。主持人的露面及其审美素养的呈现，在话语形态上是通过典型的对话语句的言说而进行的。比如"亲爱的听众朋友们""下面请观看""那么您是否注意到""在本期节目中，我们将带领大家走进"这些明确或暗自指向受众的话语。而在内文本信息的层面，主持人的谈话对象却是信息世界内部的他人，而非节目的受众。在姿势体态上，主持人的露面及其审美素养的呈现，又是通过典型的对话状态来实现的。主持人向受众说话时，必须面向屏幕受众、看向屏幕外的受众。如果主持人转而朝向他人，则又进入到内文本信息世界的建构中去了。正是在这话语、身体转向受众的过程中，主持人个人的亲和、礼貌与涵养等一系列审美素养直接被受众所听到、看到、感受到，而无须由受众在对所听所看到的信息本身加以分析后再得出结论。

正是因为直接呈现，主持人的审美素养及其所建构的传受关系之美就愈加鲜明、生动，使人印象更加深刻。在对节目内文本的观照中，主持人心怀审美态度而对节目内的他人进行的启发疏导、持有审美能力而对节目内他人进行的审美引导、以较高的审美趣味对节目内他人进行的境界提升以及通过人文关怀而与他人建立的和谐关系，在受众看来，都是主持人对他人的指向；而在对节目外文本的观照中，主持人在所有这些审美素养影响下所做出的行为，都是朝向受众的。此时，主持人就是一个与受众面对面进行人际谈话的对话者，鲜明地呈现在受众的眼前。

（二）与己相关性

正是因为这种直接朝向受众的姿态，主持人的审美素养就不再是塑成并渗透于节目内文本信息对象中的隐形物，而是活跃跳脱于受众视野中的凸出物。主持人在节目外文本层面直接向受众发话，其声音明确而响亮，其面目鲜活而清晰，他（她）对我说，他（她）看向我，他（她）关注我，他（她）要求我与他（她）一起听、一起看、一起品味、一起思考、一起评判。主持人以"我"自指、以"你"称我的话语，主持人在看向我时的目光和眼神，都在对我发出要求、等我回应。如果说受众对内文本信息的接触与接收，相当于面对一个与己无关、客观外在、自行发生的他物或他事，可以理所当然地忽略或沉默，那么对外文本层面上主持人的这种召唤和要求，却是不能回避的。因为这一层面的信息传播已经超越了内文本的大众传播本质，而进入到人际传播的对话情境之中。受众时时处于主持人与其所共同组成的、先在性的关系中，主持人作为关系的对方所传播的信息、所体现的素养、所营造的氛围就不再是与受众无关的，而是休戚相关的。

所以，节目外文本所呈现于受众的主持人审美素养及其所建构的传受关系，在受众看来就具有了崭新的意味。主持人心怀审美态度而对外文本受众进行的启发疏导，就不再是对他人的疏导。受众此时也不再会认为"那个人应该"热爱生活、乐观向上，而是"我应该"热爱生活、乐观向上。主持人持有审美能力而对受众所进行的审美引导，也不再是对节目内部世界里某一个他人的引导或对节目信息本身的描述。受众此时不会再觉得"这座花园设计独到"，而是"我跟你（主持人）一样，觉得这座花园设计独到"。主持人以较高的审美趣味对受众所进行的境界提升，同时不再是对节目本身的境界提升。受众此时不再认为"这个节目很有内涵"，而是"这位主持人很有内涵"。最后，主持人通过人文关怀而与受众建立的和谐关系，更不再是对节目内部世界诸多他人所建立的整体氛围。受众此时不会觉得"这档节目真是关系融洽"，而是"这位主持人真的十分友好，看他的主持，我心情舒畅"。

这是因为主持人在外文本的对话交往中，主动将自身转向受众，其人格的魅力也由影响节目内容本身而转为向受众辐射。在面对面的交往中，主持人传播话语的由"我"到"你"，转变为受众的由"我"到"你"。在这种以人称称谓明确体现的内在先天的关系模式之中，只要信息传受活动还在持续，主持人就是受众无法摆脱的对方，其话语与行为所体现的审美素养，也就成为与受众密切相关的存在了。

（三）理想融洽性

主持人节目的交往关系同时发生于节目信息的内、外双层文本之上。在内文本层面，主持人在与节目世界的他人发起对话时，便构成了某种交往关系。具体而言，主持人与其搭档主持人、与节目嘉宾、与现场受众、与场外连线嘉宾或受众的对话交流，都是内文本交往关系的体现。由于内文本信息内容必然呈现并传达给节目受众，所以主持人同样试图建构内文本交往双方或多方的和谐关系。但由于各种主客观因素的制约，这种关系往往不甚理想。

在客观方面，节目现场设备的临时故障可能造成交往关系突遇危机。比如当节目进行到主持人与场上观众互动交流时，却因为话筒的故障而使观众的发言语流不清或听不到声音。此时，不仅节目的进程发生了梗阻，主持人之前已经建立起来的整场观众热情洋溢的氛围也受到一定的破坏。另外，人员的不慎失误也可能造成交往关系突生变故。苏联一位优秀的节目主持人在主持一场文艺晚会时，串播一则有关杯子的广告。正当他洋洋得意地介绍它如何结实时，却偏偏碰倒了那只杯子，杯子落地后立刻变成碎片，场内观众一片哗然。只见那位主持人面不改色心不跳，他先蹲下，拾起一块玻璃碎片，然后做了一个鬼脸，叹声道："唉，看来它并不像我说的那么结实。"观众哄堂大笑。在这个实例中，主持人碰倒杯子的举动是无意而为，却客观上造成传播话语的自相矛盾。主持人的话语可靠性被质疑，信息传播者的可靠的信源形象被颠覆。虽然主持人及时以自嘲来化解尴尬，但显然并不十分成功。再有，现场观众的不配合，如果没有主持人及时、机智的话语来扭转局面，也会成为和谐交往关系失效的一个重要因素。

在主观方面，主持人情感把控的失当可能导致融洽的交往关系失去平衡。黄健翔在 2006 年足球世界杯意大利队对澳大利亚队的比赛解说现场，面对自己钟爱的意大利队点球获胜而失控狂喊。但这个人当下情绪的发泄所代表的仅是一部分人的心声，并没有考虑到其他群体的存在，比如惜败的澳大利亚队的球迷。此时，主持人所引导的话语权极度偏向，造成平等人际氛围的丧失。另外，主持人表现的虚假做作也会影响融洽的节目氛围。《美丽中国乡村行》之"西北泉城寻美味"节目设置了一个当地居民的吃水果比赛，主持人在分析"战况"时，笑声极不自然，有刻意迎合讨好之意味，比较明显地影响到了主持人与他人之间话语的平等关系。再有，部分主持人人文关怀意识的缺失，更会导致节目内文本信息整体交往关系的缺失。前面所举到的一系列主持人高高在上、主观武断、态度蛮横甚至污辱谩骂的实例，是为佐证。

但在外文本传受关系交往氛围的营建中，情况会更为乐观。一方面，主持人节目的传播特点决定了平等和谐的主体间性理想状态的存在；另一方面，主持人在对话交谈模式中总是预设受众可能的即时反应而调整自己的话语组织，也有助于其始终维持于一个较为理想和谐的状态。更进一步讲，由于主持人在外文本所面对的受众，是传播语境中共有集体、公共特点的大众，主持人在这一层面所发起的对话交流的受众对象是无形而概念化的，只存在于主持人的想象机制与对象感的心理活动中，所以其与主持人之间的关系不像内文本世界与主持人直接发生现实、有形交流的利害关系，而具有很大程度的超越性。所以上述主客观因素都无法发生在外文本层面的传受关系环境中，后者所建构的人际交往氛围因此呈现更加和谐理想的特点，更能促使受众领略其中真、善、美的审美对象，从而生成并加强相关的审美经验。

二　主持人节目外文本受众审美经验的层次

由于主持人节目信息传播主体与接受主体的主体间性关系具有

多重内涵，建立在"人—关系"向度上的主持人节目受众审美知觉意向性上的外文本审美经验，也就相应地具有了多重逻辑层次。

（一）主持人节目外文本受众审美经验的对话层

与非主持人节目的信息单向传播方式相比，主持人节目的信息传受结构具有强烈的对话交往、双向可逆的特征。从受众的视角来看，信息的接受不是"被给予""被告知"，而是"被邀请""共参与"。这就决定了主持人节目外文本的受众审美经验是建立于信息共享这一基础上的。在受众指向节目所营造的传受关系的审美知觉意向性中，主持人始终是作为对话的对方，也就是交谈的伙伴而出现的，与之相应，主持人传播话语和行为背后所体现的四大审美素养，也是受众自身审美素养的人格交往因素。

受众对主持人审美态度的指向，融合着向自身处世态度、生活态度的反思。当感到有一位积极向上、充满生命力的主体形象愿意热情地与自己分享世界的美好，人与人之间相互感应、相互关照的一种关系之美也就在心中油然而生。受众对主持人审美能力的关注，反过来促使其比较自身对同一事物的审美能力，从而成为自身审美盲点的启发和补足。当感到有一位视角独到、眼光敏锐的主体形象正乐此不疲地与自己共享着对美好世界的精妙感受，人与人之间互助互补、同美同乐的一种关系之美也就随之产生。受众对主持人审美趣味的观照，令其在人格的差距中反观自己较低层次的境界追求是多么亟待提高。当感到有一位高雅大方、与众不同的主体形象能以身作则地带领自己进入人生的崭新天地，人与人之间互帮互促、共同进步的一种关系之美也就水到渠成。受众对主持人人文关怀的领会，使其感受来自社会他者的殷殷温情并思考自己对世界的关怀又是如何。当感到有一位体贴入微、诚挚关心的主体形象在不厌其烦地顾及、重视自己的处境和地位，人与人之间互敬互爱、真情呵护的关系之美也就跃然心头。

可见，在主持人节目外文本受众审美经验的对话层，受众存在于与他人的"我—你"对话关系之中，与他人共在。受众不再是孤独单薄、形单影只的个体，而是与他人欣欣共存于家园之中。

（二）主持人节目外文本受众审美经验的商谈层

如果说主持人节目外文本受众审美经验的对话层所强调的，是受众作为生存个体在对话中建构审美的世界，那么商谈层则侧重于体现这建构世界的对话是何以建构自身的。也就是说，如果以对话方式而展开的交往是和谐而美好的，是生成审美经验的一个触发点，那么又是何种方式造成了对话的和谐美好呢？在哈贝马斯以话语交谈为契机的交往理性中，商谈是促成社会个体和谐交流，达成意义共识的关键因素。发自个体一方的断言不能成为共享的意义，要使己方的意义被他人所理解、认同，就必须要站在对方的立场和角度进一步解释这断言内在的成因，从而形成普适的合法性。而主持人节目的对话交谈方式恰恰是其在信息传媒领域的体现。主持人节目从来不以传播者独语的形式强硬地向受众灌输信息，主持人始终心怀受众的预设，对其接受的效果进行充分的考虑和估计，不断站在受众的角度审视、反思自己的语言外形并做出相应的调整。其中很重要的一个因素，就是对话语成因的解释和分析，让受众在"心同此理""深有同感"的状态下欣然接受信息。这里通过回顾倪萍在《综艺大观》"邻里之间"节目中对信息原稿的改动来作分析：

　　　　原稿：邻居是什么？是相互帮助的朋友，是在你困难的时候可以向他求援的伙伴，是你生活中不可缺少的友情，是你生命中相互给予的人们。①

---

① 应天常、王婷：《主持人即兴口语训练》，中国传媒大学出版社2009年版，第22页。

改动稿：邻居是什么？是你正在炒菜，发现酱油瓶子是空的，于是你就敲门要点酱油的那家儿；是你出差了可以让他常看看门锁是否被人撬开的那家人；是你家房子冒烟了能第一个去打 119 的那些人……①

原串联词是既定的判断式话语，而改动后的版本却处处是对这定论的解释："你正在炒菜，发现酱油瓶子是空的，于是你就敲门要点酱油""你出差了，可以让他们常去看看门锁是否被人撬开""你家房子冒烟了，他们能第一个去打 119"——三处日常生活里充满温情的情景再现，充分地证明了信息本身邻居"是相互帮助的朋友，是在你困难的时候可以向他求援的伙伴，是你生活中不可缺少的友情，是你生命中相互给予的人们"的合法性。也许人们会觉得原稿的表述过于绝对、理想和意识形态化，但当对改动后的三个场景作结合亲身经历的联想后，几乎就不会再有人提出异议。改动后的表述促进对话的双方达成共识，又正是在共识中，社会中的诸多个体促成了理想和谐的交往。

商谈意味着独语和霸权的消失，意味着每一个主体在对共识的自觉追求中，对与自己对话交谈的对方话语权的充分尊重，从而建构起主体间理想和谐的交往模式。所以，这样的对话是美的，它让人在世界的居留中不仅有所陪伴，更被平等地对待和交付。而在外文本信息层面上呈现于受众感知域中的主持人的审美素养，其体现并给予受众的话语形式必然也是深嵌于这样的商谈对话模式中的，其与受众所建构的相互关系，更是这一模式的体现。

（三）主持人节目外文本层面受众审美经验的责任层

除了对话与商谈，主持人节目传播主体与受众形成的主体间性

---

① 应天常、王婷：《主持人即兴口语训练》，中国传媒大学出版社 2009 年版，第 22 页。

关系还包括强烈的责任意味。作为大众传播的一种形式，主持人节目向受众的信息提供已是一种责任的体现，而其类人际传播的实现方式所决定的主持人心中时刻有受众、预设受众、为受众服务的特点，更是这种责任感的升级。

主持人必须要服务受众。这种服务的意识和作用不仅仅体现在生活服务类节目当中，其他诸如新闻评论节目、社会教育节目、综艺娱乐节目、谈话类节目都把服务作为重要的信息传播理念。新闻评论节目在基本事实的报道基础上为受众深度剖析其来龙去脉，发起社会责任性的倡导，是一种服务；社会教育节目为受众普及各领域的人文科学知识，增强大众的文化底蕴，是一种服务；综艺娱乐节目满足受众的审美和娱乐要求，也是一种服务；而各类谈话类节目邀请各行各业人士满足受众的各种信息需求，更是一种服务。

当然，用服务满足受众的种种需求，并不等同于对受众的一味迎合，而是帮助受众获得更高级别的信息、提升人生质量。这是大众传媒的重要使命，尤其是社会主义的广播电视播音主持工作"贴近受众，目的是'提升'而绝非'低就'"。[①] 所以优秀的主持人节目在满足受众基本需求的基础上，总是以种种方式来提升受众的品位与境界。白岩松在《新闻周刊》中谈论"外国小伙撞倒中国大妈，中国大妈反被舆论误解"这一事件时理性睿智、鞭辟入里的分析和最后发自肺腑的呼吁，就是超越受众简单的猎奇心理而提升其理性心智及审美境界的行动。而优秀节目主持人所具备的审美态度、审美能力、审美趣味、人文关怀这四大素养及其指导下的传播话语、行为，也都体现了主持人节目对受众提升受众审美素养的追求。

---

① 张颂：《关于贴近受众的思考——语言传播杂记之十九》，载张颂《播音主持艺术论》，中国传媒大学出版社 2009 年版，第 45 页。

列维纳斯所构想的自我与绝对他者的主体间性关系，特别强调他者的脆弱与自我朝向他者的责任。在未知他者的"面孔"面前，自我感到愧疚与罪恶，甘愿为他人付出、为他人负责。自我为他者而生。主持人节目传受双方的主体间性关系，其最高境界也在于此，即主持人朝向受众而生，为受众服务，又心怀对受众的无限责任。这最集中地体现在主持人节目信息传播者的社会责任感上，其中又以"说新闻"节目最为显著。在基本的新闻事实基础上，"说新闻"节目的主持人贵在本着强烈的人文关怀精神和强烈的社会责任感，站在普遍的价值立场上针砭时弊、辨明是非、分析美丑、呼唤真理和美好。从而潜移默化地引导受众摈弃那些丑恶、低俗和消极的价值观念和人生态度，而使心灵得到净化和升华，向真、善、美的理想精神境界趋近。当前许多民生新闻的主持人都试图在对社会百态的评说中启发受众弃恶扬善。比如齐鲁电视台《拉呱》节目主持人小么哥、济南电视台都市频道《都市新女报》主持人小啰啰，都通过自己拉家常以通俗的方式对发生在当地的大小新闻进行个性化的评说。他们对不孝子女义愤填膺地批评、对免费救治急症病人的医院发自内心的赞扬、对违反交通规则的行人的告诫、对传统手艺失传的痛惜，无不在真情流露的嬉笑怒骂中为受众树立着社会规范意识、倡导着人伦道德理想、弘扬着真善美的中华民族传统美德。通过自己内在感情的真诚表现，在正面肯定和反面讽喻的对比参照中唤起公众对高尚风气的追求，无形中提升受众的审美情操。

即使是讲述世界奇闻轶事的花边新闻，也可以在人文关怀的理性分析与善意提醒中，表现出对社会责任感的追求，下面即为一例：

女主持人：再来看也是比较悲催的一个——百万大奖得主

啊，吸毒而死啊。25 岁的女孩儿阿曼达·克拉顿前两天早上被发现死在家中，死因是吸毒过量。而就在这一年前，她刚刚赢得了百万美元大奖。所以说呢，这个人啊，得了奖得了钱之后呢，千万不要太得意，还是要知道什么才是最重要的——生命最重要。

男主持人：她这是何苦呢……①

这是一条广播新闻，讲的是一位百万大奖得主得到钱财却不好好把握，最终自我毁灭的事。搭档主持人并没有止步于新闻事实的报道，而是结合此事劝诫收音机前的听众珍惜生命。虽然事情并不重大，主持人所采用的也是闲聊漫谈的随意式话语，但其点评却是十分到位的，具有高度的价值意义，从中体现出主持人强烈的社会责任感。

在传播主体朝向受众的责任之中，一种真诚向善的传受关系赫然建立。它超越了主持人节目受众审美经验对话层与商谈层的陪伴与尊重，而向善的价值追求进发。在这里，人伦之善、关系之美得到了最为终级的表达，构成了主持人节目外文本受众审美经验的最高逻辑层次。

第三节　主持人节目外文本受众审美经验的美育功能

上述主持人节目外文本受众审美经验的基本特点，即传播主体审美素养及其所建构的和谐传受关系的直接呈现性、与受众的

---

① 源自中央人民广播电台《中国之声》节目 2012 年 10 月 1 日 12：00—13：00 时段话语实录。

自我相关性及其更为融洽理想的状态，使主持人节目各个审美元素在外文本层面的受众审美知觉意向指向中呈现得更加鲜明、强烈并亲近于受众，由此具有内在而深远的审美感染力、传达力与影响力。如果说受众对节目内文本的审美对象仅仅是一种指向性的关注，那么其在外文本对话情境的召唤结构中所观照的审美对象则是极易被融入、渗透、整合进其自身审美经验世界与审美素养结构体系的。而外文本受众审美经验具有多重层次的和谐传受关系与人际交往氛围，又为这种融合提供了更强的意愿和心理接纳程度。

从这个意义上说，节目外文本层面的审美经验就不仅仅是对对象进行审美的意向指向和体验活动，更是一个由传播主体所发起、由接受主体接受并领悟的美的传导过程，即对作为信息传播受众的大众的审美教育过程。由此，它是新时期存在于大众传媒时代背景与社会环境之下的一种特殊而新颖的美育形式；这种独特的审美经验本身无时无刻不在显性地或潜隐地发挥着美育的功能，对我国建构社会主义精神文明、和谐社会人文环境产生着深广的影响。

一　美育在视听化信息传播活动中的可能性

美育以培养人高尚的审美情操、克服人性异化和促进人之全面发展为最终目的和根本意义。其内涵不只是对特定群体的单纯的艺术教育、品德教导和美感培养，更在于人类整体深层的审美态度、审美能力的生成，以及审美趣味和审美理想的塑造，是一个十分深广的范畴和长远的课题。所以其实施的范围，不应仅限定于高等的精英教育，也应延伸普及在大众文化之中；其实施的场域，不应仅存在于学校的课堂教育，同时也应渗透在日常社会生活的方方面面；其实施的过程，也不应仅束囿于人的青少年求学时期，更应伴随着人的一生。① 在这个意义上，审美教育必然具有也特别需要通过多种途径来开展。特别是随着当前社会审美教育向大众文化扩界，深入日常生活而广泛汲取资源、寻找进路就成为必然。而广播、电视、网络这样的视听化大众信息传播活动，正是在这一点上为美育的实施提供了一条重要而有效的途径。

（一）视听化信息传媒对人类生活的广泛渗透

作为当前社会信息传播的主要方式，大众传播早已广泛渗透在人们的日常生活当中，拥有各个年龄、阶层庞大数量的接受群体。"大众传播媒介是现代文化最重要的代表及塑造者，现代人很难脱离传媒界定的社会规范而生活。"② 而与大众传播的纸质媒体相比，广播、电视与网络这些视听化媒体更是凭借其声画结合的传播特点和直观易懂的传播优势，成为人们频繁接触并广泛青睐的信息获取渠道。

以目前普遍、深入地渗透于大众信息接受环境的电视传媒为例。电视已然为人类塑成了作为传播环境与文化氛围的"生活世界"，已经深度融入人们的日常生活与行为习惯当中。"看电视、讨论电视、阅读有关电视的东西，这些事情时时刻刻地发生着：不管你的注意力是集中还是不集中，也不管你是有意识还是无意识。电视伴随着我们起床、吃早餐，伴随着我们饮茶或在酒吧里喝酒。它在我们孤独的时候抚慰我们；它帮助我们入睡，给我们带来快乐，也带来烦恼，有时也向我们提出挑战。"③ 它嵌入人类个体习以为常的每日生活，"殖民到了社会现实的基本层面"④，悄无声息地成为

---

① 参见叶朗《美在意象》，北京大学出版社 2010 年版，第 452、454 页。

② 周勇：《理解电视：从理论到方法的路径》，中国广播电视出版社 2012 年版，第 5 页。

③ ［英］罗杰·西尔弗斯通：《电视与日常生活》，陶庆梅译，江苏人民出版社 2004 年版，第 4 页。

④ ［英］罗杰·西尔弗斯通：《电视与日常生活》，陶庆梅译，江苏人民出版社 2004 年版，第 4 页。

主体自身与世界接触、对话、交往的时代背景与文化土壤。在这个前提下，英国学者罗杰·西尔弗斯通甚至把电视比作每一位电视观众的母亲形象的"转换客体"。人们在电视中找到某种发自生命本能欲望的抚慰感与安全感，在通过电视荧屏所接触到的他人与世界中确认自我、塑造信心，也被电视节目表规定着自己的日常生活惯例。被安置在房间中的电视，也构成了"家"这个概念的重要组成部分，它不仅结构着家庭成员之间的话语权力关系，更是当代社会私人行为与公共行为的结合点。经由电视，个体跨入媒体所营造的闲谈与议论的场域，一个为人类生存所必需的公共空间自此敞开。①

（二）视听化信息传媒对美育的作用

在以电视为代表的视听化大众传媒所形成的新时代生活际遇中，人们的个体生活、社会交往都被深深加上了媒介的烙印。西方传播学的培养分析理论认为："一个由具有特定目的的特定机构生产特定信息的生活环境可能培养（支持、维持、助长）特定的集体意识。"② "随着时间的推移，被广大受众收看的大量电视节目渐渐形成个人对社会现实的认知，最终成为我们文化的普遍认知。"③ 人们在媒介的信息环境中认知世界、展开行动、建立关系、维持并推进自身的存在；在信息所建构的世界中观照对象、感受生活、理解人生、形成价值观念、塑造自身的人格形态。

大众传播由此成为教育活动的重要场所，从而也承担着教育大众的基本职能。特别是"在教育已由学校教育逐步转化为终身教育的今天，人一生中绝大部分教育已不是在学校，而是在社会上接受了。这个过程之中，大众媒介的作用是潜移默化的……受教育早已

---

① 参见［英］罗杰·西尔弗斯通《电视与日常生活》，陶庆梅译，江苏人民出版社2004年版。

② 周勇：《理解电视：从理论到方法的路径》，中国广播电视出版社2012年版，第3页。

③ 周勇：《理解电视：从理论到方法的路径》，中国广播电视出版社2012年版，第3页。

突破了面对面的课堂形式。可以肯定地讲，现代人的知识结构中，相当多的部分来自各种传播媒体，而不是来自老师和父母"①。正是在这个意义上，传播学者麦克卢汉认为"真正的社会教育者在广播电视那里，而不是在传统的学校和教会"②。与学校的课堂教育、校园教育与大众传播纸质媒介所发挥的教育影响相比，广播、电视与网络传媒的影响更是在受众的信息接受心理或教育接受心理上具有先天的优势，它们"在轻松的视听享受中教育人，甚至改变人。媒介的力量首先是悦人耳目，给人以快感、刺激，形成自觉接触的习惯。"③ 这就决定了其所输出的信息内容对受众的强大影响，也由此将视听化传媒潜在地成就为审美教育的一种便利的载体和有效的手段。

当然，以电视为代表的视听化媒介本身是一把双刃剑。视听化信息的悦人耳目是受众信息接受积极性的有效保证，可以充分发挥寓教于乐的功能来实施面向大众的审美教育，但其本身所具有的直接性、快感性、趣味性与娱乐性这一系列特点，无疑又极易使受众感觉体验与意义理解的内涵消失、深度抹平。而其商业化的利益趋动也趋于拉低接受者的欣赏品位。因为"只有给观众他们想要的东西，你才可以得到市场占有率"，传播者往往特别注重对受众低层需求的满足、迎合与讨好，以此来保证自己在媒介话语世界的地位，使信息世界的建构极大地娱乐化。这些为当代学者所普遍批判的媒介弊病，甚至存在导致人类思维方式退化与精神境界堕落的危险。④ 而在一个"没有什么人会因为年幼而被禁止看电视，没有什么人会因为贫穷而不得不舍弃电视，没有什么教育崇高得不受电视

---

① 胡正荣：《传播学总论》，中国传媒大学出版社1997年版，第157页。
② 洪兵：《感觉世界：广播电视与人类感知》，中国社会科学出版社2014年版，第10页。
③ 洪兵：《感觉世界：广播电视与人类感知》，中国社会科学出版社2014年版，第10页。
④ 参见［美］尼尔·波兹曼《娱乐至死》，章艳译，中信出版社2015年版。

的影响。最重要的是，任何一个公众感兴趣的话题——政治、新闻、教育、宗教、科学和体育——都能在电视中找到自己的位置。所有这一切都证明，电视的指向影响着受众对于所有话题的理解"①的信息接受环境中，在一个"电视对教育哲学的主要贡献是它提出了教学和娱乐不可分的理念"②的时代，对视听化传媒所进行的审美教育也极有可能偏离其原初目的。

在视听化传媒已成为人类信息获取、在世存在的一个没有争议的普遍事实与际遇状态的情况下，如何使上述弊端减至最小，有效利用这一载体和手段在海量信息的传达中将美育的实施给予受众，这是兼有信息传播和精神文明建设双重使命的大众传媒必须认真思考的问题，也是其时代的使命所在。而在这个意义上，主持人节目恰恰能够通过其所生成的受众审美经验，作出积极的贡献。

二 主持人节目外文本受众审美经验对美育的实施

视听化大众传媒的信息传播活动，是通过其信息输出的主要单元——节目为实际手段来进行的。美育在其中的具体展开，也是通过节目信息内容的直接传播者来具体执行的。而由主持人节目的传播方式所决定，作为传播主体的主持人，相比于新闻文稿播音员、影视剧（广播剧）的演员或演播者、无主持人（淡化主持人）游戏节目的参与者、广告演绎者与纪录片解说者，更具有身份定位的亲和性、交流行为的人际性和信息传达的对话性，从而在类人际式传播情境的建构中以更加平等、亲切、个性的形象，鲜活地呈现在受众的信息接受视域。

（一）主持人节目外文本受众审美经验在美育中的优越性

特别是在主持人节目外文本所建构的受众审美意向指向中，受

---

① ［美］尼尔·波兹曼：《娱乐至死》，章艳译，中信出版社 2015 年版，第 95—96 页。

② ［美］尼尔·波兹曼：《娱乐至死》，章艳译，中信出版社 2015 年版，第 174 页。

众对主持人审美形象、素养及其与受众之间的传受关系的审美经验特点，决定了主持人在受众群体中拥有更加生动的"眼缘"和更加广泛的"人缘"，具有不可小觑的传播力、号召力、感染力与影响力。

主持人在受众审美视野中直接呈现，始终处于与受众的"我—你"对话当中，每一次"我"的指称和"你"的指涉，都把受众的意向指向与关注点紧紧拉回自身，聚焦于其传播话语、行为及其内在折射出来的诸种审美素养，也就是聚焦于主持人的审美形象与人格魅力，从而在无意或有意的模仿中塑造自己的形象、提升自身的魅力。主持人的话语和行为因为总处于"我—你"的交谈情境中，总是指向受众并关注到受众，所以作为与主持人交谈的伙伴与搭档，受众就不得不始终自觉关注着主持人的言行举止，总感觉到面前这个人及其所言谈、表现的一切都是与自我相关的，而不是随便一个什么他人的无关痛痒的事情，从而增强接受信息的兴趣。主持人在外文本层面与受众建构的人际交往关系更加和谐而理想，也促使受众在充分感受到人伦友善之美的同时，对其欣然聆听与观看，并极易产生共识与认同。

与此同时，在外文本层面，受众对主持人所营造的信息传受关系及其所体现的人际交往关系的审美经验，也在层层递进的逻辑组构中加强着其对主持人的精神认同、共享与依赖。在主持人节目外文本受众审美经验的对话层，受众意向指向中的主持人是自己的话语交谈者、心灵交流者、精神交往者，与我结成了亲密伙伴的关系，在其中受众的自我与世界同在。在商谈层，受众意向指向中的主持人是与自己展开商量、讨论并达成共识的尊敬者，他温和耐心、善解人意、能讲道理、诚心交往，与我结成了舒畅愉快的合作关系，在其中与受众共同建构世界。在责任层，受众意向指向中的主持人是对自己周到考虑、热情服务、真心帮助的关照者，与我结成了以我为本的责任关系，在其中与受众完善人伦的关系世界。面对这样的亲切友善的主持人，受众更加易于将心比心向其交付，以内心强大的包容度接受对方所传达的信息、认同对方的行为、努力体会并理解其中的内蕴。

于是，主持人真正成为了相对于受众的关系性的存在，与受众共同融入相互关系的整体，成为不可剥离的双方。相比于非主持人节目的那些外在于受众的信息传播者，受众更加易于也愿意与这样的交往对象生成"约会意识"，在和谐融洽的主体间性关系中接受对方的信息、认同对方的观点、接受对方的影响。

（二）主持人节目外文本受众审美经验对美育的实现

在这个意义上，主持人便相当于两级传播现象之中的"意见领袖"，把大众传播所传递的公共信息在人际传播的具体语境中向受众中转，从而对其接受效果产生更加有效的作用。两级传播理论认为，信息与观念从来不是由大众传播的公共话语直接传到每一位个体的受众，而是先流动到"意见领袖"那里，再接着从后者流向较不活跃的人群。"在不同的社会群体中均存在着这样一些个体，他们会帮助周围人形成自己的意见。"[1] "每一个社会阶层都会产生自己的意见领袖——那些在他们所处的环境中影响着他人的个体。"[2] "意见领袖"是对某类信息较为敏感活跃从而获得了更多信息占有量的人，其对公共信息积极地占有、解析，而后再以个性化解读方式将这些信息传给他人。虽然两级传播理论与"意见领袖"概念涉及的主要是纸质媒介的信息传播过程，侧重的是现实生活中同为信息受众的个体之间的信息流动与观念影响，但其信息传播的模式与

---

[1] ［美］伊莱休·卡茨、保罗·F. 拉扎斯菲尔德：《人际影响：个人在大众传播中的作用》，张宁译，中国人民大学出版社2016年版，导论第3页。

[2] ［美］伊莱休·卡茨、保罗·F. 拉扎斯菲尔德：《人际影响：个人在大众传播中的作用》，张宁译，中国人民大学出版社2016年版，导论第3页。

"意见领袖"的身份特点却与主持人节目的信息传播方式与其外文本信息话语层面的主持人特点极为相似，并在信息传播的具体过程中起到共同的作用。

从信息传播的模式来看，主持人节目虽然本质上归属于大众信息传播形式，但在具体话语呈现及传达方式上却是类似于人际传播的模式。主持人代表群体意识却以个人身份出现于受众的信息感知域，与非主持人节目力图忠实地再现、转达信息原稿不同，主持人以信息原稿为依据或蓝本进行话语的二次加工与创造，并以此为基础而直接面向受众进行人际交谈式的信息传播。在受众的信息接受视野中，非主持人节目那种大众传播式的信息给予不复存在，而主持人与自己进行亲切、随和、个性化的对话却贯穿节目全程。所以在信息的具体传输形态上，主持人节目不再是大众传播的"一对多"，而是人际传播的"一对一"。虽然主持人是面向话筒或镜头前的无数素不相识的大众进行传播，但每一位受众却都鲜明而强烈地感受到正有一位亲切友好、像朋友一样的人在向自己娓娓诉说。这与两级传播理论所依托的人际传播语境是十分相似的。

在此前提下，主持人节目的信息传播模式同样是两级的：大众传播的信息必须经由主持人的个性化调整，再由后者流向广大受众。在具体操作过程中，主持人的两级枢纽角色体现在节目内外两层信息文本的结合处。主持人首先面对信息"向内转"，以个性化的方式建构内文本信息的话语整体，再面向受众"向外转"，将加工后的信息在外文本的对话交流通道中给予受众。相比于非主持人节目将信息内容原封不动地直接呈现并传达，主持人"向内转"的信息加工和"向外转"的独特话语表达，却是将信息做个性化的主观诠释后，再通过个性化的特殊话语呈现并传达。而其中融合了主持人在预设受众形象、考虑受众回应的基础上所作出的话语调整，更体现出人际传播环境中信息传播的特点。库特·勒温为这些将人际传播网络和"外部"环境联系起来的个体起了个名字："把关人"，而主持人恰恰就是节目类人际传播中连接受众与外在信息的"把关人"。这与"意见领袖"的把关角色又具有高度的相似性。

从意见领袖的传播者身份的形成来看，类人际传播环境的节目主持人与人际传播环境中的意见领袖的成因也是相仿的。一个群体中的个体，需要"（1）与群体规范之间保持着高度一致；（2）对群体在重要事物上的意见最为熟悉；（3）知道自己被委任为领导者；（4）在群体中是最受欢迎的人。"① 而主持人作为类人际传播环境中的一员，在其所建构的与受众平等交往的群体整体中，同样也需要具备这样的特质：只有与受众的群体规范之间保持高度一致，主持人才能将自己塑造成亲和平易的谦逊主体；只有对受众群体在重要事物上的意见最为熟悉，才能精确地定位节目受众的特点与需求、恰当地预设受众的回馈与反应、有效地提升其信息传播效果；主持人也清楚地知道自己信息传播主体的身份和受众对自身的期望，从而自觉形成为受众服务、负责的职业认识，准确进行自我定位；而优秀的节目主持人作为受众的对话者、尊重者与负责者，也是深受受众欢迎的人。

从"意见领袖"在信息传播过程中的功能上来看，节目主持人在类人际传播中也是相当于"意见领袖"的。他们同样具有"意见领袖"在信息传播中的中转与提升双重功能。前者体现在主持人作为信息的二次发送者，将大众传播的信息向人际传播的情境中转；后者体现在主持人作为被受众欣然接受的朋友式对话者，其对大众传播的实际效果起到了明显的提升作用。

所以，与"意见领袖"所引导的信息两级传播有着异曲同工之

---

① ［美］伊莱休·卡茨、保罗·F. 拉扎斯菲尔德：《人际影响：个人在大众传播中的作用》，张宁译，中国人民大学出版社 2016 年版，第 93 页。

妙，主持人所主导的节目信息传播同样也是在大众传播与人际传播的两级层面进行传播的，并最终在人际传播的层面获得了最佳的效果、实现了信息传播的最终完成。从这个意义上讲，在对美的信息的传播过程中，受众的审美经验最终是在节目外文本层面的人际交往关系中得以最终生成并强化的。也就是说，凭借主持人节目所进行的美育也是在主持人节目外文本受众审美经验中得到最理想的实现的。

三　主持人节目外文本受众审美经验对美育的正面促进

在大众传播的实际环境下，主持人节目外文本受众审美经验对美育具有三重促进意义：其一是易接受性。主持人的审美素养是伴随着节目本身的感知而附加于受众的，信息获取的迫切需要和节目内容的多样性、趣味性，比起那些目标明确、强制接受的美育课程，更能让受众在相对轻松、自愿的心理环境下产生认同感。其二是潜移默化性。主体间性的传播模式所决定的交谈氛围与对话情境，更能使受众在实质上接受这位平等亲和的交谈者。当受众认可并欣赏对方的言行举止、人格魅力时，自然会在潜意识里加以模仿，进而不经意地受到"传染"。其三是影响的深广性。主持人节目作为大众喜闻乐见的一种传播方式，与人们日常生活的信息获取、知识学习、生活服务和休闲娱乐都紧密相关。从影响的深度上讲，主持人的审美素养会随着一次次节目的播出，产生对受众日积月累、步步深入甚至水滴石穿的影响；从影响的广度上讲，在当前广电传媒广泛普及并深受青睐的局面下，那些课堂之外的人们通过对节目的收听与观看同样能够受到审美素养的熏陶，这种熏陶能够在最广大的阶层、群体中实现传播和感召。

（一）主持人审美素养对视听化信息传媒弊端的矫正

然而并不止于此。前面提到，视听化信息传媒对美育的实施具有双重作用。它可以为美育提供更多与受众"见面"的机会，随着人们喜闻乐见的收听、收视行为而扩大美育实施的频率和范围，却也可能因为视听化传媒先天固有的娱乐性和商业性弊端，而对美育起到无法忽视的负面影响。而经由主持人节目受众审美经验而展开的审美教育，在这个意义上却存在矫正这种负面影响的可能性，从而为美育的实施起到正面促进作用。

这是因为主持人节目内、外文本两级传播的显著特征，使作为信息传播者的主持人能够有正当的权利和较大的空间在尊重信息的基本内核的前提下，灵活选择、调整信息的呈现和表达形式，而赋予信息审美化的外形。也就是说，来自于大众传播本质的视听化传媒那些固有的、不利于美育的缺陷与弊病，有可能通过优秀主持人高度的审美素养而在人际传播的形式下加以淡化、缓解甚至消解。比如湖南卫视同样具有浓烈娱乐、商业色彩的综艺节目《天天向上》，却在汪涵及其团队幽默搞笑又不失分寸与文化内涵的主持中，保持着较高的格调。而回顾《为您服务》节目主持人沈力对稿件原文的改动，也同样会感到类似的效果：

> 原稿：随着人民生活水平的不断提高，洗衣机进入了越来越多的家庭。目前市场上供应的洗衣机，主要以波轮式为主，而洗衣机的生产则正在向半自动和全自动方向发展，那么选择和购买哪种洗衣机好呢？我们先不忙定论，还是在洗衣机市场上浏览一下为好。
>
> 改动稿：很多朋友来信说：现在洗衣机种类比较多，不知买哪一种好，让我们给参谋参谋。因为我们不了解您家里的具体情况，这个参谋怕当不好，所以就录制了一个节目叫"洗衣机纵横"，向您介绍各类洗衣机的特点。您可以根据自己家里

的情况和条件看看买哪种好。①

如果说原稿给人带来硬性推介品牌的商业营销感受，无形中在受众心中催生功利化的处世态度，那么改动稿则转变为站在受众的立场，本着人文关怀的宗旨，应受众的要求，请受众来选择，无形中超越了功利而将一种和谐理想的人际交往行为模式注入受众的心中，客观上起到了美育的作用。

虽然主持人对信息文本的加工处理是同时在节目的内、外两个文本进行的，但相比于内文本的改动对受众来说较为隐蔽，外文本的调整则由于通过明确的"我—你"对话模式体现出来而更加直观。所以，相比而言，主持人节目外文本的受众审美经验对美育的促进作用将会更加明显。在外文本中进入受众审美知觉意向指向的主持人审美素养及其所建构的人际和谐关系，不仅愉悦着受众的耳目，更感化着受众的心灵、丰满着受众的感受、提升着受众的精神境界，以其独有的渠道和特殊的方式促动着大众审美教育活动的发生与进行。

（二）美育借主持人审美素养展开

主持人审美素养是主持人超越现实功利与官能享受、在审美的层面上观看世界、处世立身的一种人格修养。在这种修养的指导下去转化节目信息、进行传播活动，能够相当程度地革除视听化信息传媒由于其自身特点所可能发生的对美育的负面作用。它能够通过节目这种百姓喜闻乐见的形式，改观人们的生活态度，完善人们的生命感受，培养人们的高尚情操并进一步促进人性的全面发展，从而在潜移默化的传递和感染中促进广大受众的提升。

这里需要注意的是，由于主持人节目的本质也是视听化的大众

---

① 曹可凡、王群：《节目主持人语言艺术》，上海人民出版社 2005 年版，第 284 页。

传播实现形式，所以绝对的超越功利与革除弊病是不可能的。况且这里所指的主持人节目受众审美经验对美育的正面促进，也是就其理想状态来说的。不可否认，在实际的节目主持实践中，存在大量主持人审美素养不高的现象，比如有的主持人缺少敏锐的审美发现意识和生活情趣，无法超脱于功利性的生活表象而挖掘出生活本身的美妙。这也就无法引导受众站在审美的角度对待世界与人生，更无法以此为前提培养受众的审美能力、提升其审美趣味和理想、塑成人文关怀的境界与胸襟。有的主持人审美鉴赏能力不强，无法用丰富深入的审美感受、活脱跳跃的审美想象、细腻强烈的审美情感和深刻浓郁的审美领悟扩展和深化受众的美感世界，也就不能很好地影响于受众的审美心理并对受众的审美能力的提高起到示范和表率作用。有的主持人趣味不雅、格调不高，缺失向上的审美理想。为了片面追求收视率和受众缘，一味迎合大众的猎奇心理，甚至在语言、思想方面盲目媚俗，使节目的快感膨胀而美感丧失。这种对受众只管俯就而不讲提升的做法，自然难以实现主持人审美素养的美育功能。还有的主持人对自身定位不准，自恃清高，造成人文关怀的缺失。特别是在一些广播情感类热线服务节目中，面对求助听众的疑难问题自以为是，甚至声色俱厉大加呵斥，无视对人的尊重、同情和关爱，对人际交往的和谐造成恶劣影响。然而，众多的节目主持优秀案例也说明具备良好审美素养的主持人也大有人在。无论如何，本书所指的主持人审美素养是基于主持人节目传播方式及其固有特点所形成的理想状态，同时也是对当前所有主持人所提出的职业素质要求。

当那些高度具备审美素养的节目主持人，在传媒实践中将一档档优秀的节目定期带入千家万户的时候，作为信息感知者的受众无形中接受的是一场场精神的洗礼。主持人变成了受众通过广播、电视与网络视频媒介的交谈对象和精神同伴，主持人在节目中的言行举止、生活品位、价值取向和人文关怀都会在节目长期的"约会"经验中潜移默化地对对方造成影响。这种影响已不再局限于每一次节目聆听与观看中的审美感受，而是跨越媒介，延伸到受众自身的生活与人生，从而完善其人格，促进其人性的全面发展。

1. 引人向上——主持人审美素养对大众的审美引导功能

也即主持人超越常人的审美态度对受众审美态度的开启。主持人在节目中每一次以超功利的审美眼光发掘平庸生活的亮点、以积极豁达的审美胸怀开辟对困难与逆境的崭新认识角度，以幽默风趣的机智话语化解既已存在的尴尬局面，都会带给受众一种人生智慧的启示与榜样。当受众重新从节目的信息接受转向自己的生活与人生时，也会在这样的影响下不自觉地以相似的眼光、胸怀与智慧面对自己前方的道路。他们会发现世界自此变得不同。当刘思伽以充满童趣的眼光在沙尘满天的恶劣环境中发现路边的树木的新芽、车灯迷离的光亮与行人口罩的可爱图案时，也是在向受众传达世界的构成是多元多彩的，何必让那令人烦忧的东西一叶障目而忽略了本该珍惜的生活的美好呢？从这样的理念和视角出发，受众就也会感到自己生活的情趣一面，建构自己阳光、乐观的生活世界。所以从美育的意义上讲，主持人的审美态度便具有了审美引导的功能，它提示大众摆脱负能量的下坠力量，引人向上。

2. 引人向美——主持人审美素养对大众的审美传授功能

也即主持人卓越的审美能力对受众审美能力的培养。主持人在节目中以审美的方法、艺术的思维、专业的观点去剖析解读美的对象，也就是将美的欣赏技巧传达给受众。他教受众从感官经验的层面去关注对象的个别外在形象特点，再从整体上对所得来的零散错乱的感觉加以统摄整合；通过将事物自身的物理性状、内在意蕴与自身生活经验中事物的样貌与意义加以相似相关性的结合，来形成思维的飞跃，将世界联合成为生动玲珑的有机整体，并放飞内心世界的丰富想象力，在既有形象的基础上创造新的形象；通过自身情感的移入，在情感之河的潺潺流淌中体会美之事物的表现力度，再加入抽象思维的理性参与而深入对象的意义世界促成审美的领悟。也就是充分调动审美感知、审美联想、审美想象、审美理解等审美体验或艺术欣赏的心理机制来充分感触世界的美好。

在某期《交换空间》的"家装气象站"版块之中，主持人徐涛面对影视明星郭金家客厅墙壁逐级向上镶嵌的方形装饰，与受众分享着她的观察与解读：正方的形状体现着简约的风格，与现代家居的青春时尚气息不谋而合，而渐次上行的排列组合又象征着人生一步一台阶、更上一层楼的发展轨迹与境界追求。主持人精彩的分析融合着感性的体验与理性的思考，实际上是把审美感知（对形状的感官体察）、审美联想（把正方形的简约与青春的明朗相联系，把排列的方式与人生的轨迹相打通）与审美理解（在感性物象中体会内在意义）的艺术鉴赏方法和审美经验方式传达给受众。当受众转而走进自己的日常生活时，面对美的事物也会将所习得的这些方法与手段运用在自己的意向指向与审美经验之中，从而对同样的审美对象产生更为丰富、强烈的美感体验。

所以从美育的意义上讲，主持人的审美能力便具有了审美传授的功能，它告知受众如何更有力度地加强对美之事物的审美感受，引人向美。

3. 引人向优——主持人审美素养对大众的价值建构功能

也即主持人高雅的审美趣味对受众审美趣味的塑造。主持人得体的穿着、大方的举止、文雅的谈吐和优雅的品位，使其在节目受众的审美知觉意向指向中成为一个旨趣高雅的人。作为一个模型或标杆，被受众所认可、赞同并潜在地模仿。正如人际传播中的个体倾向于接受其所青睐、钦佩之人的影响，在类人际传播的主持人节目语境中，受众也会乐于接受来自其所喜爱的主持人的感染。当受众离开节目而转向自己的生活时，这种模仿与感染会不自觉地转化为指导性的标准，促使受众做出相似格调的言谈和举止。所以从美育的意义上讲，主持人的审美趣味便具有了价值建构的功能，它影响受众去选择更加高层次的生活格调、追求更有意义和内涵的人生价值，从而引人向优。

4. 引人向善——主持人审美素养对大众的境界提升功能

也即主持人细致温暖的人文关怀对受众立身处事方式的启发。主持人在节目外文本信息传受过程中建立的和谐友善的人际关系，使受众感到自己被他人亲切地陪伴、充分地尊重并负责地对待。这样平等、亲和的关系状态，使处于关系中的受众也欲以真情、真心与真诚向主持人反馈与回应，结成交往共存、良性循环，建构理想融洽的人伦环境。从受众的角度来看，这样的一种存在与交往模式意味着主客二分思维模式的消解，而代之以主体间性的共在共存意识。而在这样的关系模式与思维模式中，主持人对受众的关注、体贴、服务与责任，反过来也激发出受众的人文关怀态度，使其同样以对他人的关注与关照来做出回应。持有这样的思维，当受众走出节目而返回其现实的在世生存之时，他人似乎也无形中不再绝然是于我无甚关联的客体存在，而变成为存在论意义上与我共在于世的另一主体存在，在我与他共有享有、不可分割的本源关系中，"他"变成了与"我"相遇的"你"，我须抛弃对"他"所持的工具理性，而转而在交往理性的共处模式中对"你"关注、关心与关怀，从而建立和谐的人际关系。

所以从美育的意义上讲，主持人的人文关怀便具有了境界提升的功能，它促使受众远离斤斤计较、睚眦必报的功利层面，而向物我同一、主客融合的审美境界趋近，真正达到在世界中的栖居，从而引人向善。

参考文献

第一部分　著作

毕一鸣：《传必求通——主持传播艺术概论》，南京师范大学出版社
　　2009 年版。

蔡长虹：《主持人的个性化语言》，中国经济出版社 2004 年版。

曹可凡、王群：《节目主持人语言艺术》，上海人民出版社 2005
　　年版。

柴璠：《当代广播有声语言的创新空间》，中国传媒大学出版社 2006
　　年版。

陈虹：《节目主持人概论》，高等教育出版社 2013 年版。

陈鸣：《艺术传播原理》，上海交通大学出版社 2009 年版。

成振珂：《传播学十二讲》，新世界出版社 2016 年版。

崔恒勇：《互动传播》，知识产权出版社 2015 年版。

崔永元：《不过如此》，华艺出版社 2001 年版。

丁汉从、严国斌：《打造金身》，中国广播电视出版社 2002 年版。

高贵武：《主持传播学概论》，中国传媒大学出版社 2007 年版。

高国庆：《播音主持美学论纲》，中国传媒大学出版社 2012 年版。

《广播电视简明辞典》编辑委员会：《广播电视简明辞典》，中国广
　　播电视出版社 1989 年版。

郭建斌、吴飞主编:《中外传播学名著导读》,浙江大学出版社2005年版。

郭庆光:《传播学教程》,中国人民大学出版社1999年版。

郝朴宁:《话语空间——广播电视谈话节目研究》,中国社会科学出版社2005年版。

郝朴宁、李坚、张齐:《冲刺主持人》,云南大学出版社2001年版。

何丹主编:《电视文艺》,中国广播电视出版社2001年版。

洪兵:《感觉世界:广播电视与人类感知》,中国社会科学出版社2014年版。

胡翼青主编:《西方传播学术史手册》,北京大学出版社2015年版。

胡正荣:《传播学总论》,中国传媒大学出版社1997年版。

黄瑜:《他者的境域——列维纳斯伦理形而上学研究》,中国社会科学出版社2014年版。

季水河:《新闻美学》,新华出版社2001年版。

李凤辉:《语言传播人文精神的阙失与重构》,中国传媒大学出版社2006年版。

李红艳:《传播学研究方法》,中国传媒大学出版社2008年版。

李洪岩:《广播电视语言传播文化品位及审美趋势研究》,中国广播电视出版社2007年版。

李元授、廖声武:《节目主持人概论》,华中科技大学出版社2005年版。

李元授、谈晓明、李鹏:《知名主持人妙语评点》(上册),华中科技大学出版社2005年版。

李元授、谈晓明、李鹏:《知名主持人妙语评点》(下册),华中科技大学出版社2005年版。

凌建侯:《巴赫金哲学思想与文本分析法》,北京大学出版社2007年版。

刘思伽：《投入的说事　开心的聊天——我做广播主持人》，中国广播电视出版社2003年版。

刘洋、林海：《综艺娱乐节目主持概论》，中国传媒大学出版社2007年版。

刘云丹编著：《主持艺术概论》，中国电影出版社2009年版。

鲁健：《电视访谈节目主持艺术》，中国传媒大学出版社2014年版。

陆锡初：《节目主持人导论》，中国传媒大学出版社2013年版。

陆锡初：《中国主持人节目学》，中国广播电视出版社2014年版。

聂绛雯、苏叶编著：《节目主持艺术概论》，华中科技大学出版社2011年版。

彭吉象：《艺术学概论》，北京大学出版社2006年版。

彭吉象：《艺术学概论》，北京大学出版社2015年版。

沈华柱：《对话的妙悟：巴赫金语言哲学思想研究》，上海三联书店2005年版。

童庆炳：《文化与诗学》，上海人民出版社2003年版。

王佳一：《广播直播主持艺术》，华夏出版社2011年版。

王群、曹可凡主编：《谈话节目主持概论》，中国传媒大学出版社2007年版。

王群、沈慧萍主编：《电视主持传播概论》，华东师范大学出版社2008年版。

王为：《有所为：主持人与广播媒体竞争力》，中国传媒大学出版社2010年版。

魏南江：《节目主持艺术学》，中国广播电视出版社2006年版。

吴红雨：《节目主持通论》，浙江大学出版社2008年版。

吴洪林：《主持艺术》，上海三联书店2007年版。

吴郁：《主持人的语言艺术》，北京广播学院出版社1999年版。

吴郁等：《电视节目主持人的综合素质研究》，中国传媒大学出版社

2007 年版。

吴郁主编:《提问:主持人必备之功》,中国广播电视出版社 2008 年版。

肖建华:《主持人审美修养》,华中科技大学出版社 2005 年版。

肖建华:《主持人文化底蕴》,华中科技大学出版社 2006 年版。

谢逸溪:《新闻美学》,中国市场出版社 2007 年版。

杨澜主编:《为何执着:杨澜工作室》,现代出版社 2000 年版。

叶惠贤:《荧屏瞬间——叶惠贤即兴主持 100 例》,上海人民出版社 1998 年版。

叶朗:《美学原理》,北京大学出版社 2009 年版。

叶朗:《美在意象》,北京大学出版社 2010 年版。

应天常:《节目主持艺术论》,北京广播学院出版社 1996 年版。

应天常:《节目主持语用学》(修订本),中国传媒大学出版社 2008 年版。

应天常、王婷:《主持人即兴口语训练》,中国传媒大学出版社 2009 年版。

余秋雨:《观众心理美学》,现代出版社 2012 年版。

俞虹:《节目主持人通论》,中国广播电视出版社 2004 年版。

曾文莉、谭秀湖:《中国电视娱乐节目受众话语权力研究》,中国广播电视出版社 2012 年版。

曾致:《播音主持艺术新说》,中国广播电视出版社 2002 年版。

张涵等:《当代传播美学》,中国书籍出版社 2010 年版。

张仕勇、郭红、钟倩:《节目主持人通论》,巴蜀书社 2010 年版。

张颂:《播音创作基础》,中国传媒大学出版社 2004 年版。

张颂:《播音语言通论:危机与对策》,中国传媒大学出版社 2012 年版。

张颂:《播音主持艺术论》,中国传媒大学出版社 2009 年版。

张颂:《朗读美学》,中国传媒大学出版社 2010 年版。

张颂:《朗读学》,中国传媒大学出版社 2010 年版。

张颂:《中国播音学》,中国传媒大学出版社 2003 年版。

张颂等:《语言和谐艺术论:广播电视语言传播》,中国传媒大学出版社 2009 年版。

张云鹏、胡艺珊:《现象学方法与美学——从胡塞尔到杜夫海纳》,浙江大学出版社 2007 年版。

张政法:《有声语言大众传播的生命活力》,中国传媒大学出版社 2006 年版。

张政法:《主体的影响力:广播电视有声语言传播主体研究》,中国传媒大学出版社 2013 年版。

赵玉明、王福顺:《广播电视辞典》,北京广播学院出版社 1999 年版。

周康梁:《做最牛的主持人:英国电视名主持和他们的节目》,南方日报出版社 2009 年版。

周勇:《理解电视:从理论到方法的路径》,中国广播电视出版社 2012 年版。

朱光潜:《朱光潜美学文集》第 1 卷,上海文艺出版社 1982 年版。

主持人节目研究委员会编:《主持人 9》,中国国际广播出版社 2001 年版。

宗白华:《美学散步》,上海人民出版社 1981 年版。

宗白华:《艺境》,北京大学出版社 1998 年版。

[德] 埃德蒙德·胡塞尔:《纯粹现象学和现象学哲学的观念》第 1 卷,李幼蒸译,中国人民大学出版社 2004 年版。

[德] 埃德蒙德·胡塞尔:《纯粹现象学通论》,李幼蒸译,商务印书馆 1992 年版。

[德] 埃德蒙德·胡塞尔:《笛卡尔式的沉思》,张廷国译,中国城

市出版社 2002 年版。

［德］埃德蒙德·胡塞尔：《欧洲科学危机与超验现象学》，张庆熊译，上海译文出版社 1988 年版。

［德］海德格尔著、孙周兴选编：《海德格尔选集》（上册），上海三联书店 1996 年版。

［德］马丁·布伯：《我与你》，陈维纲译，生活·读书·新知三联书店 1986 年版。

［德］尤尔根·哈贝马斯：《公共领域的结构转型》，曹卫东等译，学林出版社 1999 年版。

［德］尤尔根·哈贝马斯：《交往行动理论》，洪佩郁、蔺青译，重庆出版社 2004 年版。

［法］埃马纽埃尔·列维纳斯：《从存在到存在者》，吴蕙仪译，江苏教育出版社 2006 年版。

［法］卡特琳·格鲁：《艺术介入空间》，姚孟吟译，广西师范大学出版社 2005 年版。

［法］米·杜夫海纳：《审美经验现象学》，韩树站译，文化艺术出版社 1996 年版。

［法］米盖尔·杜夫海纳：《美学与哲学》第 1 卷，孙非译，中国社会科学出版社 1987 年版。

［法］伊曼努尔·列维纳斯：《总体与无限：论外在性》，朱刚译，北京大学出版社 2016 年版。

［荷］泰奥多·德布尔：《胡塞尔思想的发展》，李河译，生活·读书·新知三联书店 1995 年版。

［加拿大］马歇尔·麦克卢汉：《理解媒介：论人的延伸》（增订评注本），何道宽译，译林出版社 2011 年版。

［美］查尔斯·霍顿·库利：《人类本性与社会秩序》，包凡一等译，华夏出版社 1999 年版。

［美］查尔斯·霍顿·库利:《社会过程》,洪小良等译,华夏出版社 2000 年版。

［美］哈罗德·拉斯韦尔:《社会传播的结构与功能》,何道宽译,中国传媒大学出版社 2013 年版。

［美］尼尔·波兹曼:《娱乐至死》,章艳译,中信出版社 2015 年版。

［美］尼古拉斯·米尔佐夫:《视觉文化导论》,倪伟译,江苏人民出版社 2006 年版。

［美］威尔伯·施拉姆、威廉·波特:《传播学概论》,何道宽译,中国人民大学出版社 2010 年版。

［美］沃尔特·李普曼:《公众舆论》,阎克文、江红译,上海人民出版社 2002 年版。

［美］伊莱休·卡茨、保罗·F. 拉扎斯菲尔德:《人际影响:个人在大众传播中的作用》,张宁译,中国人民大学出版社 2016 年版。

［美］伊莱休·卡茨、约翰·杜伦·彼得斯、泰玛·利比斯等编:《媒介研究经典文本解读》,常江译,北京大学出版社 2011 年版。

［美］约翰·杜伦·彼得斯:《交流的无奈——传播思想史》,何道宽译,华夏出版社 2003 年版。

［苏联］巴赫金:《巴赫金全集》,钱中文等译,河北教育出版社 1998 年版。

［英］戴维·莫利:《电视、受众与文化研究》,史安斌等译,新华出版社 2005 年版。

［英］柯林·戴维斯:《列维纳斯》,李瑞华译,江苏人民出版社 2006 年版。

［英］罗杰·西尔弗斯通:《电视与日常生活》,陶庆梅译,江苏人民出版社 2004 年版。

［英］约翰·费斯克:《电视文化》,祁阿红、张鲲译,商务印书馆 2005 年版。

［英］詹姆斯·戈登·芬利森:《哈贝马斯》,邵志军译,译林出版社 2015 年版。

第二部分　文章

一　学位论文

（一）博士学位论文

崔智英:《电视访谈的语体特征研究》,复旦大学,2011 年。

代树兰:《电视访谈话语研究》,上海外国语大学,2007 年。

林毅:《电视节目主持人形象传播研究》,华东师范大学,2009 年。

（二）硕士学位论文

陈胜男:《电视综艺节目主持人公众形象研究》,东北师范大学,2018 年。

范晨虹:《电视娱乐节目审美解析》,西北大学,2007 年。

韩勇:《音乐真人秀节目的受众心理研究》,曲阜师范大学,2018 年。

李媛媛:《受众主体与受众话语研究——以电视综艺节目为例》,河南大学,2014 年。

刘宁:《主持传播的人际化研究》,河南大学,2014 年。

刘鑫:《传播学视野下电视谈话类节目主持人话语研究》,西北师范大学,2011 年。

刘洋:《论电视综艺节目主持艺术审美风格》,吉林大学,2007 年。

马琳林:《电视新闻谈话节目主持人言语交际行为研究——以主持人柴静为个案分析》,陕西师范大学,2012 年。

邱婷婷:《中国电视新闻评论节目主持人语言研究》,贵州民族大学，2015 年。

桑薇：《电视访谈节目主持人的素养研究》，东北师范大学，2014 年。

孙秀忠：《论央视春晚受众审美心理的伦理向度》，山东师范大学，2012 年。

王娇娇：《央视春晚主持人语言样态研究》，河南大学，2013 年。

王婷婷：《我国电视新闻类主持人节目的审美研究》，河北大学，2004 年。

吴福顺：《央视传统文化类节目的大众美育研究》，扬州大学，2019 年。

杨黎黎：《春晚主持人文化影响力研究》，湖南大学，2017 年。

易军：《审美接受与主持人语言艺术》，四川师范大学，2014 年。

袁雯：《中国电视节目主持人文化影响力研究》，云南师范大学，2008 年。

张嘉琳：《文化情感类电视节目的受众研究》，湖南大学，2018 年。

周建：《浅谈电视节目主持人的沟通意识》，河南大学，2014 年。

周媛媛：《电视谈话节目的传播特点及主持艺术研究》，郑州大学，2006 年。

二　期刊论文

艾健：《论广播电视播音主持人的心理素质》，《新闻采编》2019 年第 2 期。

班闯：《主持与审美》，《新闻传播》2010 年第 5 期。

曹智、杨阳、杨慧：《电视节目主持人的美学品质》，《新闻知识》2009 年第 10 期。

陈沨韵：《音乐节目主持人应具备的素质及语言情感研究》，《传媒论坛》2019 年第 8 期。

陈虹:《解析节目主持人对受众的移情功能及培养路径》,《新闻界》2006 年第 1 期。

陈娟:《新时代大型晚会主持人语言风格特征及审美体验》,《戏剧之家》2018 年第 23 期。

陈盼盼:《主持人文化影响力之语言魅力》,《声屏世界》2018 年第 7 期。

陈思雨:《电视综艺娱乐类节目主持人的"控场"艺术》,《西部广播电视》2014 年第 14 期。

陈月华:《论主持人的美学意义》,《当代电影》2014 年第 1 期。

陈竹:《广播节目主持人的"听众形象"》,《湖南社会科学》2006 年第 5 期。

程俊:《"内心视象"——广播文艺节目主持人与受众心灵间的桥梁》,《视听界》1994 年第 3 期。

杜凯:《浅析主持人语言的互动性》,《新闻传播》2015 年第 2 期。

段文红:《健康养生节目主持人对受众媒介素养的培养》,《青年记者》2018 年第 35 期。

符彤:《电视节目主持人的人文关怀》,《青年记者》2008 年第 18 期。

高贵武、杨奕:《节目主持人的影响力及其生成》,《中国广播》2012 年第 5 期。

高国庆、马玉坤:《言约意丰:播音主持创作准备阶段的美学追求》,《中国广播电视学刊》2013 年第 5 期。

郭红岩、张美东:《广播电视节目主持人与受众的感情交流》,《中国地市报人》2015 年第 4 期。

侯亚光:《论主持人的语言审美意识》,《现代传播》1995 年第 3 期。

虎小军、张世远:《主体间性:哲学研究的新范式》,《宁夏社会科学》2007 年第 2 期。

扈航:《娱乐节目主持人形象设计的创新性与审美导向性研究——以〈快乐大本营〉2015 年节目主持人形象为例》,《沈阳大学学报 (社会科学版)》2016 年第 5 期。

黄玲:《主持人,审美的元素——浅论主持人审美意识的培养》,《今日科苑》2009 年第 15 期。

霍铭姝:《论电视节目主持人人文关怀意识的重要性》,《传媒论坛》2019 年第 1 期。

贾毅:《节目主持人话语实质特征解析——基于巴赫金话语理论与符号学原理》,《河南大学学报 (社会科学版)》2013 年第 4 期。

金惠敏:《从主体性到主体间性——对西方哲学发展史的一个后现代考察》,《陕西师范大学学报 (哲学社会科学版)》2005 年第 1 期。

乐晋霞、徐伯勋:《谈话节目主持人话语构建原则探析》,《渤海大学学报 (哲学社会科学版)》2005 年第 4 期。

李伯冉:《浅论电视综艺娱乐节目主持人演播状态的构成》,《电影评介》2015 年第 7 期。

李成家:《主持人人文素养的缺失与重构》,《声屏世界》2011 年第 9 期。

李虹靓:《电视媒介文化类节目主持的美学价值——以董卿主持的节目为例》,《艺海》2018 年第 10 期。

李琳:《主持艺术的几个美学误区》,《视听界》2003 年第 5 期。

李敏:《文艺节目主持人的语言传达与受众审美》,《山东视听》2004 年第 9 期。

李涛涛:《论广播电视节目主持人受众意识》,《西部广播电视》2019 年第 7 期。

李文宁:《关于主体间性在本体论上的探讨》,《文学教育》2008 年第 8 期。

李晓林:《杜夫海纳的主体间性美学》,《厦门大学学报（哲学社会科学版)》2009 年第 1 期。

李怡娜:《探讨节目主持人语言风格与受众心理的衔接》,《西部广播电视》2016 年第 4 期。

李颐:《浅议广播新闻访谈节目主持人的角色定位和素质修养》,《传播力研究》2019 年第 23 期。

李音冷、冰茹:《浅谈主持人形象的审美创造》,《新闻传播》2006 年第 7 期。

李永吟:《审美活动的主体性与主体间性》,《厦门大学学报（哲学社会科学版)》2002 年第 3 期。

李云凤:《浅析电视节目主持人的话语规则》,《广西大学学报（哲学社会科学版)》2006 年第 S2 期。

刘丹:《由"情感表现"到"审美态度"：主持人的心理路径研究》,《电视研究》2017 年第 2 期。

刘广、卢小平:《审美传播与素质培训》,《当代电视》2004 年第 5 期。

刘剑:《论音乐节目主持艺术及主持人的受众期望》,《西部广播电视》2015 年第 18 期。

刘平、周翔:《节目主持人的审美素养》,《声屏世界》2011 年第 3 期。

刘维娅:《主持人的文化素养和审美能力》,《新闻前哨》2011 年第 10 期。

刘莹、朱晓晶:《新时期播音员主持人的语言艺术分析》,《传媒论坛》2020 年第 3 期。

柳艳辉:《"心"有多大，舞台就有多大——试论主持人心理素质》,《传媒》2009 年第 3 期。

龙薇薇:《娱乐节目主持人对受众的把握》,《中国广播电视学刊》
　　2006 年第 4 期。

罗岩、李亮:《论电视谈话类节目主持人的基本素质》,《新闻传播》
　　2019 年第 19 期。

马锐:《浅析播音主持人才的美学素质培养》,《新闻传播》2017 年
　　第 12 期。

木哈拜提・艾则孜:《培养播音主持人才美学品质的重要意义》,
　　《电视指南》2017 年第 10 期。

钮嘉昂:《晚会主持人应具备的素养与能力探讨》,《传播力研究》
　　2019 年第 12 期。

欧阳夏丹:《浅谈主持艺术中的美学修养》,《电视研究》2014 年第
　　10 期。

邱红:《谈亲和力在播音主持中的作用》,《西部广播电视》2019 年
　　第 6 期。

申兴华:《访谈类节目主持人的提问技巧和控场艺术》,《西部广播
　　电视》2019 年第 9 期。

施玲:《广播电视节目主持人与受众的互动关系透视》,《现代传播》
　　2003 年第 1 期。

石竹青、赵婷婷:《新媒体时代电视节目主持人的凤凰涅槃:赢得
　　美才能赢得受众》,《新闻研究导刊》2018 年第 24 期。

史加辉:《论电视谈话类节目主持人的话语方式》,《电影评介》
　　2009 年第 19 期。

苏宏斌:《论现象学的主体间性文艺思想》,《华中师范大学学报
　　(人文社会科学版)》2005 年第 1 期。

孙为:《节目主持人的明星化影响力》,《新闻研究导刊》2016 年第
　　18 期。

孙亚平:《电视节目主持人树立人文关怀意识的途径》,《西部广播

电视》2019 年第 10 期。

汤丽娜：《播音员主持人综合素质及角色定位》，《传播力研究》
2018 年第 26 期。

汤清寅：《浅析语言文化类节目对受众的影响——以〈朗读者〉为
例》，《新闻研究导刊》2019 年第 14 期。

王剑：《谈主持人在节目中的人文关怀》，《中国电视》2012 年第
8 期。

王晶：《心理咨询类节目主持人与受众的心理互动》，《记者摇篮》
2005 年第 5 期。

王诗禹：《论播音员主持人的文化修养和素质培养》，《西部广播电
视》2019 年第 13 期。

王文凤：《人文关怀：主持人感动受众的魔术棒》，《东南传播》
2008 年第 2 期。

魏南江：《论电视节目主持艺术的审美特性——兼析当今节目主持
中的误区》，《当代电影》2004 年第 6 期。

吴坤：《试论节目主持人的交流意识》，《重庆科技学院学报（社会
科学版）》2009 年第 2 期。

吴郁：《21 世纪主持人的新标高》，《现代传播》2001 年第 1 期。

夏岩：《论节目主持人在传统媒体受众本位实践误区中的纠偏功
能》，《西部广播电视》2019 年第 7 期。

徐广超、焦维华：《论受众意识变化对电视新闻节目主持人的影
响》，《西部广播电视》2014 年第 7 期。

徐珂莉：《受众心理需求与娱乐节目主持群现象》，《新闻爱好者》
2012 年第 16 期。

徐庆：《浅论播音与主持艺术的审美特征》，《当代电视》2018 年第
10 期。

徐树华：《略论节目主持人的受众期望》，《现代传播》2002 年第

1 期。

薛建国：《浅析广播电视节目主持人与受众的互动》，《中国广播》
　　2005 年第 10 期。

杨春时：《本体论的主体间性与美学建构》，《厦门大学学报（哲学
　　社会科学版）》2006 年第 2 期。

杨春时：《文艺理论：从主体性到主体间性》，《厦门大学学报（哲
　　学社会科学版）》2002 年第 1 期。

杨春时：《中国美学的主体间性转向》，《光明日报》2005 年 2 月
　　22 日。

杨春时：《主体性美学和主体间性美学》，《东南学术》2004 年增刊。

杨恺琴：《论节目主持人话语风格的美感形态》，《新疆师范大学学
　　报（哲学社会科学版）》2005 年第 2 期。

杨晓英：《主持人审美取向探析（上）——主持人审美取向的偏误
　　和原因》，《西部广播电视》2019 年第 7 期。

杨晓英：《主持人审美取向探析（下）——主持人审美取向的展
　　现》，《西部广播电视》2019 年第 8 期。

杨允：《主持人与受众关系新论》，《新闻爱好者》2006 年第 4 期。

姚馨雨：《论电视节目主持人的播音与主持艺术风格——以何老师
　　为例》，《传媒论坛》2019 年第 4 期。

阴旭宏、赵心怡、段金龙：《播音主持艺术美学浅析——以〈朗读
　　者〉为例》，《当代电视》2018 年第 10 期。

于卉：《电视节目主持人构建人文关怀的必要性》，《新闻传播》
　　2015 年第 3 期。

袁芳：《中西方电视访谈节目女性主持人对受众的影响力——以美
　　国访谈节目〈艾伦秀〉为例》，《西部广播电视》2019 年第 8 期。

袁晓寒：《大众传媒视野下主持人素养存在的问题及建议》，《传媒
　　论坛》2018 年第 17 期。

岳婷婷:《播音主持的美学探析》,《今传媒》2014 年第 4 期。

曾晓:《电视节目主持人提升人文关怀与发挥文化引领的路径讨论》,《戏剧之家》2016 年第 9 期。

曾志华:《论中国电视节目主持人文化影响力的本质特征》,《现代传播(中国传媒大学学报)》2007 年第 5 期。

曾志华:《中国电视节目主持人文化影响力命题的提出及思考》,《现代传播(中国传媒大学学报)》2007 年第 1 期。

曾志华:《追问主持人之魂——从主持人文化影响力的角度》,《视听界》2009 年第 6 期。

张超:《从受众认知视角看电视节目主持人的形象塑造》,《西部广播电视》2014 年第 22 期。

张军:《论节目主持人的受众意识》,《中国传媒科技》2012 年第 22 期。

张珊珊:《电视节目主持人的文化影响力》,《视听纵横》2015 年第 5 期。

张雪:《电视节目主持人的心理素质以及风格个性化探究》,《西部广播电视》2018 年第 13 期。

张再林:《关于现代西方哲学的"主体间性转向"》,《人文杂志》2000 年第 4 期。

赵智勇:《互动型节目主持人的受众意识》,《传媒观察》2008 年第 9 期。

郑宝:《节目主持人语言风格与受众心理衔接探究》,《新闻研究导刊》2015 年第 19 期。

周静:《浅谈节目主持人的文化影响力——以〈中国诗词大会〉为例》,《采写编》2018 年第 1 期。

周甄陶:《主持人的文化影响力分析》,《青年记者》2015 年第 6 期。

周子云:《论节目主持艺术的内涵与审美》,《今传媒》2018 年第
　　5 期。

朱良志:《新时代广播电视节目主持人话语体系建构研究》,《传媒》
　　2019 年第 18 期。

朱良志、王小翠:《论广播电视节目主持人话语传播力的组成要
　　素》,《传媒论坛》2019 年第 9 期。

邹立红:《当下播音员主持人审美观的养成》, 《西部广播电视》
　　2016 年第 18 期。

三　网络文章

新浪娱乐:《〈欢乐总动员〉:海峡两岸模仿秀对抗赛花絮》,http://
　　ent. sina. com. cn/c_film/2000 - 05 - 12/6034. shtml, 2000 年 5 月
　　12 日。

附　录

调查问卷

亲爱的朋友们，"主持人节目受众审美经验研究"是我们正在开展的一项科学研究项目。为了便于更好地完成研究，得出更加科学合理的结论，请您结合自身实际情况填写这份调查问卷。可能会占用您几分钟的时间，请将您的真实答案反馈给我们，我们确保不会将您的信息透露给第三方。万分感谢，祝您愉快！

---

1. 您的性别是：

A. 男　　　　　　　　　　B. 女

2. 您的年龄处于哪个阶段？

A. 18—30 岁　　　　　　　B. 31—40 岁

C. 41—50 岁　　　　　　　D. 51—60 岁

E. 60 岁以上

3. 您正主持或主持过什么类型的节目？（可多选）

A. 新闻评论类　　　　　　B. 社教类

C. 生活服务类　　　　　　D. 文化类

E. 综艺娱乐类　　　　　　F. 情感类

G. 访谈类

H. 其他：_____

4. 您的教育背景是：

A. 小学   B. 中学

C. 大学   D. 硕士研究生

E. 博士研究生   F. 其他：_____

5. 您认为主持人节目和非主持人节目的区别在哪里？（可多选）

A. 主持人节目的形式更加灵活多样

B. 主持人节目的现场氛围更热烈

C. 主持人节目的对话性、交流感更强

D. 主持人节目的受众参与性更大

E. 其他：_____

其中，您认为最重要的区别是：_____

6. 您认为具体到语言这个方面，主持人节目和非主持人节目的区别在哪里？（可多选）

A. 语言上没有什么本质的区别

B. 主持人节目的语言更加个性化、有更多灵活发挥的余地

C. 主持人节目的语言更加具有亲和力

D. 主持人节目的语言具有对话性、交流感更强

E. 其他：_____

其中，您认为最重要的区别是：_____

7. 您认为是什么成就了一档优秀的主持人节目？（可多选）

A. 节目内容信息量大

B. 节目形式独特、新颖

C. 节目包装精良

D. 节目有品位、有深度

E. 节目邀请的嘉宾比较有吸引力

F. 节目主持人具备较强的主持能力、鲜明的主持风格和人格

魅力

G. 其他：_____

其中，您认为最重要的是：_____

8. 您认为对于做好节目来说，主持人应当具备哪些能力和素质？（可多选）

　　A. 外形出众

　　B. 口齿伶俐

　　C. 声音悦耳动听

　　D. 口才出众，语言表达力强

　　E. 有思想、有文化、有品位

　　F. 平易近人、亲和力强

　　G. 善于妥善处理节目现场的突发情况

　　H. 其他：_____

其中，您认为最重要的是：_____

9. 您认为主持人跟受众之间是一种怎样的关系？

　　A. 信息传播与接收的关系　　　B. 话语交谈双方的关系

　　C. 类似朋友的友好交流关系　　D. 服务与被服务的关系

　　E. 引导与被引导的关系　　　　F. 提升与被提升的关系

　　G. 其他：_____

其中，您认为最主要的关系是：_____

10. 在您做节目时，节目的受众在您心目中处于什么状态？（可多选）

　　A. 没有纳入您的考虑，您做节目时的注意力只在节目本身

　　B. 他们正与您面对面，正在收听或收看您的节目，您的言行举止都时刻出现在他们的视野中

　　C. 他们是否喜欢您的主持，关系到您节目的收听/收视率，他们很重要

D. 您在节目中感到自己是在跟受众会话，您的每一句话都会激起他们的反应，您的言行必须考虑到他们的感受

E. 受众是您节目的服务对象，您必须心向受众，一切从受众的需求出发

F. 受众是有待指引的对象，需要您去提供信息、引导方向、提升境界

G. 其他：＿＿＿＿＿＿＿＿＿＿＿＿＿＿＿＿＿

其中，您认为最主要的状态是：＿＿＿＿＿＿＿＿＿＿

11. 如果您做节目时会考虑到受众，那么在哪个工作环节您会考虑到？（可多选）

A. 节目策划时

B. 节目准备时

C. 节目进行时（您现场主持的过程中）

D. 节目回访或跟踪调查时

E. 其他：＿＿＿＿＿＿＿＿＿＿＿＿＿＿＿＿＿

其中，您在哪个工作环节考虑得最多：＿＿＿＿＿＿＿

12. 如果您做节目时会考虑到受众，那么哪些方面是您会考虑到的？（可多选）

A. 受众对节目提供的信息是否满意

B. 受众对节目的质量、品位和档次是否满意

C. 受众是否喜欢节目的形式

D. 受众是否接受并喜欢您的形象

E. 受众是否接受并喜欢您的语言

F. 受众是否愿意与您交流

G. 其他：＿＿＿＿＿＿＿＿＿＿＿＿＿＿＿＿＿

其中，您考虑得最多的是：＿＿＿＿＿＿＿＿＿＿

13. 您在节目中说话时，会考虑到受众对您话语的反应吗？

A. 会

B. 不会

C. 有时会（请说明在什么时候会考虑：＿＿＿＿＿＿＿＿＿）

14. 如果您在节目中说话时会考虑到受众对您话语的反应，那么您会考虑到什么方面？（可多选）

A. 受众是否认为您言之有物，能从您的话语里得到充足的信息

B. 您的话对受众来说是否清楚明白，通俗易懂

C. 受众是否认为您的话语不肤浅，是否觉得您的分析有深度

D. 受众是否认为您有口才、有文采，喜欢您的语言风格

E. 受众是否认可您说话时的态度，认为您平易近人，愿意听您说话、与您交流

F. 受众是否能从您的话语中感到您的真诚服务与真心关怀

G. 其他：＿＿＿＿＿＿＿＿＿＿＿＿＿＿＿＿＿＿＿＿

其中，您考虑最多的是：＿＿＿＿＿＿＿＿＿＿＿＿＿＿

15. 您认为主持人在节目中说的话能被受众接受并且喜爱、信服，因素在哪里？（可多选）

A. 主持人说的话信息丰富

B. 主持人说的话有文化、有内涵、有深度

C. 主持人说的话通俗易懂

D. 主持人说的话有文采

E. 主持人说的话生动或者幽默

F. 主持人说的话平易、亲切、考虑受众的感受

G. 其他：＿＿＿＿＿＿＿＿＿＿＿＿＿＿＿＿＿＿＿＿

其中，您认为最重要的因素是：＿＿＿＿＿＿＿＿＿＿＿

16. 您认为主持人节目能够给受众带来美感吗？

A. 能

B. 不能

C. 有的能（请写出是什么样的节目：＿＿＿＿＿＿＿＿＿＿＿）

17. 您认为什么类型的主持人节目能给受众带来美感？（可多选）

A. 新闻评论类   B. 社教类

C. 生活服务类   D. 综艺娱乐类

E. 文化类   F. 情感类

G. 访谈类

H. 其他：＿＿＿＿＿＿＿＿＿＿＿＿＿＿＿＿＿＿＿＿＿

其中，您认为最能带来美感的是：＿＿＿＿＿＿＿＿＿＿＿

18. 如果主持人节目能给受众带来美感，您认为这种美感源于何处？（可多选）

A. 节目内容   B. 节目形式

C. 主持人魅力   D. 嘉宾

E. 其他：＿＿＿＿＿＿＿＿＿＿＿＿＿＿＿＿＿＿＿＿＿

其中，您认为最主要源于：＿＿＿＿＿＿＿＿＿＿＿＿＿

19. 如果您认为主持人节目的美感源于主持人的魅力，那么这种美感又主要源于：（可多选）

A. 主持人外形好看或声音好听

B. 主持人口才出众、语言有文采

C. 主持人平易近人，和蔼可亲、善解人意、尊重他人、关怀他人

D. 主持人妥善处理突发情况，营造和谐氛围

E. 主持人对节目场面调度、环节连接的连贯自然

F. 主持人有文化、有内涵

G. 主持人分析问题有思想深度

H. 其他：＿＿＿＿＿＿＿＿＿＿＿＿＿＿＿＿＿＿＿

其中，您认为最重要的是：＿＿＿＿＿＿＿＿＿＿＿＿＿

20. 您认为您的主持会对受众产生什么影响，或者说，您希望您的主持能对受众产生什么效果？（可多选）

A. 为他们提供所需要的或者有用的信息，扩展他们的见闻、知识

B. 能够改良他们的人生态度，为他们带来某方面的启迪

C. 能够增添他们的生活情趣

D. 能够提升他们的人格品位和精神境界

E. 其他：_____

其中，您认为最大的影响或者效果是：_____

问卷到此结束，衷心感谢您的配合，祝您愉快！

后 记

2010年博士毕业后，我来到山东青年政治学院文化传播学院，主要面向播音与主持艺术专业的学生从事艺术学和美学的教学工作。在基础理论的教学实践中，也是在文化传播学院和播音与主持艺术专业的氛围影响下，我对节目主持传播活动有了越来越多的了解，也产生了日益浓厚的研究兴趣，开始不自觉地以自己的学科背景——文艺美学的视野关注这一类型的传播活动。在具体过程中，求学期间以审美经验为研究方向的我，被这种节目形式既以信息传播本质为基础、又超越信息传播本身的受众审美经验所吸引，并在《播音主持美学》课程的讲授和山东省社会科学规划课题"主持人节目受众审美经验研究"的探索中逐渐形成了更加理性而深入的思考。即使在后来调赴舞蹈学院之后，我的这一思考仍在继续。

主持人节目是大众传媒中一种十分独特的信息传播形式。其以主持人为主导而展开的对话交谈的组织方式，带来了信息传受结构的悄然改变，突出地体现在主持人受众意识的增强和受众话语地位的抬升上，在信息传播主体——主持人和受众之间形成了一种更为和谐、融洽的关系，从而为信息传播活动注入了绵延不绝的活力，也成为主持人节目被大众广为青睐的重要原因之一。在这一主体间性的交互关系中，主持人不再一味地满足于向受众做单纯的信息传达，而更加注重对信息做审美化的加工并营造节目中美的氛围，带给受众以美的感受。而一旦摆脱了与传播主体单纯的信息传达关系，改变了被动的信息接收状态，受众对节目本身自觉体验、品味、审视与思考的主动性也就相应地加强，其在信息获取行为之外的一种审美经验也随之凸显了出来。

也许是由于对主持人节目的信息传播本质的认识已经深入人心，也许是由于当前不少主持人节目存在商业化、娱乐化的现象，这样一种审美经验还尚未引起文艺美学界的足够重视。但这都不能掩盖主持人节目受众的审美经验已经成为人类的一种崭新的审美经验的事实。在大众传播特别是视听化的大众传播已成为人类获取信息的重要来源而浸入人们日常生活甚至生存状态的背景下，情况尤其如此。对这种审美经验的研究可谓势在必行。

当然，主持人节目受众的审美经验因新的信息传播环境与新的社会时代背景因素的介入，必然是丰富而复杂的。本书的研究只能算是一次初步尝试，尚存在许多不足之处。特别是对这种审美经验的内在结构有待进一步深入地挖掘剖析，对不同类型的主持人节目受众审美经验的差异性有待更加细化地区分和探索，对当前新媒体平台中涌现的各类主持人节目新形式的关注还有待加强。而以自身的尝试为美学审美经验的研究提出时代发展中崭新的具体对象、开辟更加广阔的视野，并引发学界对这崭新对象的关注和后继的研究，也是我作为本书的作者所殷切期望的。

在这些思考即将成书之际，我要感谢对本书的写作、研究和出版提供了帮助的人们。感谢我在文化传播学院任教时的院长武传涛教授，他的不断鼓励和支持是我研究信心和动力的来源；感谢播音与主持艺术专业的王海燕教授，她对教学的认真负责和对创作实践的执着与热爱，让我充分感受到节目主持传播活动的美；感谢播音与主持艺术专业负责人、播音教研室王杨主任，她提供的大量调查数据有力地支持了本书的研究；感谢文化传播学院的全体老师给予过我的工作和生活上的帮助。感谢我攻读硕士和博士学位阶段的导师、山东大学文艺美学研究中心的王汶成教授在繁忙的工作之余为本书作序，他严谨治学、正直为人的品质一直以来都为我树立着前进的榜样。

感谢我所任教的学校——山东青年政治学院。没有学校长期以来对科研工作的高度重视和大力支持，就没有这项研究的顺利开展。而本书的出版更是得到了"山东青年政治学院第九届学术专著出版基金"的资助。

还要感谢中国社会科学出版社的张昊鹏主任、彭莎莉编辑及其他有关工作人员，他们的辛勤付出促成了这本书的最终问世。

尹航

2020 年 3 月于济南东部山青苑